阅读成就思想……

Read to Achieve

阅想·心理学普识系列

人类 如何 思考

社会心理学大师的
人生回忆录

[美] 理查德·E. 尼斯贝特（Richard E. Nisbett）◎ 著

潇檬 等◎译　　　彭凯平◎审译

THINKING
A memoir

中国人民大学出版社
· 北京 ·

图书在版编目（CIP）数据

人类如何思考 ： 社会心理学大师的人生回忆录 /
（美）理查德·E.尼斯贝特（Richard E. Nisbett）著 ；
潇檬等译. -- 北京 ： 中国人民大学出版社，2025. 3.
ISBN 978-7-300-33480-6

Ⅰ．C912.6-0

中国国家版本馆CIP数据核字第2025053QX2号

人类如何思考：社会心理学大师的人生回忆录

［美］理查德·E. 尼斯贝特（Richard E. Nisbett） 著

潇 檬 等译

彭凯平 审译

RENLEI RUHE SIKAO : SHEHUI XINLIXUE DASHI DE RENSHENG HUIYILU

出版发行	中国人民大学出版社		
社 址	北京中关村大街 31 号	**邮政编码**	100080
电 话	010-62511242（总编室）		010-62511770（质管部）
	010-82501766（邮购部）		010-62514148（门市部）
	010-62515195（发行公司）		010-62515275（盗版举报）
网 址	http://www.crup.com.cn		
经 销	新华书店		
印 刷	天津中印联印务有限公司		
开 本	720 mm×1000 mm 1/16	**版 次**	2025 年 3 月第 1 版
印 张	17.25 插页 1	**印 次**	2025 年 3 月第 1 次印刷
字 数	205 000	**定 价**	69.90 元

彭凯平

清华大学心理与认知科学系教授

1982 年盛夏的一个下午，我和几位北京大学心理学系的同学跑到北大勺园外国专家招待所，去拜访来自美国密歇根大学心理学系的尼斯贝特教授和他的太太苏珊·艾萨克斯（Susan Isaacs）女士。尼斯贝特教授是受中国心理学会的邀请来北京大学心理系开设一门名叫社会心理学的暑期课程。在这次暑期课程之前，我从来没上过社会心理学的课程，更不认识尼斯贝特先生。刚刚走出十年浩劫不久的中国，对外部世界还知之甚少，也很谨慎，很多学科都方兴未艾。而且，社会心理学在当时还算是一个比较敏感与陌生的领域。可恰恰因为这个原因，初闻社会心理学的我仿佛发现了一块新大陆，也极大地改观了我对心理学的看法。从来不爱记笔记的我，居然认认真真地在尼斯贝特教授的课堂上记了满满一大本笔记。

勺园外国专家招待所的房间并不大，尼斯贝特教授夫妻加上我们这几个北大的同学一下子就把屋子挤得满满当当。不过，我们一点都不在乎，反而乐在其中。除了可以当面与这位大受同学们欢迎的帅气又风度翩翩的心理学教授近距离接触之外，还能难得地享受到那个时代绝少有的空调房的待遇。而且，他的太太苏珊女士也颇令我们这些年轻人着迷。苏珊女士气质出众、和蔼端庄，并且身材高大，彼时正怀有身孕。她虽然挺着大肚子，但一点都不影响行动，充满活力。能看出来，苏珊女士和她的丈夫尼斯贝特教授十分恩爱，一点也没有因为一大堆陌生的年轻人的突然来访而显得拘束，也不回避在我们面前展现恩爱。苏珊热情地招呼我们这几个年轻人，那种西方白人女性典型的开朗大方与活力四射的性格，与那个时代我们身边大量东方女性的内敛沉静甚至保守羞涩形成了强烈的反差。这让基本上没怎么接触过外国人的我们对"老外"的家庭关系与文化心理充满好奇，也特别羡慕这对中年夫妻能把我们中国人所定义的情投意合推向情感外放，溢于言表。

直到今天，我还清楚地记得那天的场景，每每回忆起来就如同昔日重来：夕阳的余晖透过勺园外国专家招待所某个房间的窗口投射进来，照在一群挤挤插插的人身上。一位帅气潇洒的美国中年教授坐在椅子上与他的周围几位慕名而来的北大学生你来我往、对答如流。笑容可掬的苏珊女士挺着大肚子欣慰地看着我们，满眼都是对她的丈夫的爱意。一屁股坐在地上的我，伸长脖子如醉如痴地听取这个中年男人讲述如此新鲜的社会心理学，问着今天来看还相当稚嫩的问题……

是的，那时候的我的确很稚嫩，刚刚 20 岁的我血气方刚，对于社会心理学与文化心理学更是完全的"小白"。与尼斯贝特教授的相遇完全是意外之事，却不想后来居然成为我在心理学道路上一路走下来的重大机缘。

1989 年，当我踏上美国的土地来到密歇根大学做访问学者，再次拜访尼斯贝特教授的时候，尼斯贝特教授居然清晰地记得勺园招待所里度过的那个下午。他问我："你当时是不是坐在地上啊？"这令我十分诧异！没想到，一个普通得不能再普遍的中国学生，他还记得那么清楚。他似乎看出了我的疑惑，笑着对我说："当时就觉得你跟别的同学不太一样，性格很开朗，也比较主动积极。嗯，最主要的是你一直带着发自内心的微笑，和我的眼神接触也比较多。"

"噢，原来是这样。"我在心里嘀咕。

◆　◆　◆

微笑，我们每个人都会，但这个世界上知道微笑的文化差异有多么大，并且对人的社会生活有多么不可思议的影响的人显然并不是特别多。眼神对视也一样，东西方人在这一点上有着明显的不同。当我们看到美剧或者007电影里，那些外国人毫无违和感地彼此对视的时候，我们会很不适应，特别在生活中如果那样的话更是不得了。在东方文化的浓厚氛围里，长时间地盯着另外一个人的眼睛并不代表着专注，反而会被认为不够礼貌。但是对于一个西方人来说，人们交流时如果不盯着对方的眼睛，则很大程度上代表着不尊重与心不在焉。

或许正是因为当时我对尼斯贝特教授所讲述的文化心理学太过于沉浸，完全没有意识到我的微笑与我的眼神。多年后，当我进入积极心理学领域的研究后，我知道了我那个时候的表现正是被我称之为"福流"的一种全情投入、物我两忘的状态之中。发自内心的微笑、积极的情绪、全情的投入、找到新的意义与和谐的人际沟通，被20世纪90年代末兴起的积极心理学证明是一个人获得真实幸福的关键支柱。一个积极而幸福的人的人生会发生奇妙的改变，这种听起来有点玄妙的事情，也被大量心理学家的科学研究所证实。可能在那个时候，进入"福流"状态中的我也在冥冥中被命运所青睐了。

可以肯定地说，与尼斯贝特教授在夏日午后共聚的那一刻，就是我后来从实验心理学、人格心理学最终走向社会心理学与跨文化心理学的学术命运改变的触发点。而再一次令我没有想到的是，与我这个中国学生的相聚竟然也成为尼斯贝特教授学术生涯一次新的历险的契机！

回到 1989 年的密歇根大学。本来，根据申请访问学者项目的要求，我是要投奔"大五人格"研究最早的学者之一、人格心理学家威廉·诺曼（William Norman）教授。但彼时诺曼教授已经退休，在学术上已经不太能支持到我的研究。我又转而去求教当时密歇根大学人格心理学专业的主任、后来的进化心理学奠基人戴维·巴斯（David Buss）教授。但因为一些不可抗的外部原因，我的数据调研工作无疾而终。正当我对之后的学术研究方向一筹莫展之时，我再一次见到了尼斯贝特教授。尼斯贝特教授当时正在申请一个文化心理学方面的美国自然科学基金。在闲谈中，我们聊到了中国和美国大概存在着 11 个文化差异。让我没想到的是，这些差异引起了他很大的兴趣，于是就问我有没有意愿从事这方面的研究。就这样，兜兜转转，我与尼斯贝特教授于六年前在北大勺园外国专家招待所中结下的缘分，终于变成了真实的命运。

在尼斯贝特教授这本名为《人类如何思考》的自传中，他花费了不短的篇幅来讲述他与我对比东西方文化的种种异同所进行的跨文化心理学与跨文化沟通的研究工作。正如他在书中所说："1982 年，我在北京大学担任客座教授，我和第一批文化心理课程的学生中的一个中国学生曾经有过交集，而这段经历对我产生了非常大的影响……10 年后，他作为社会心理学专业的研究生与我共事。他观察到'中国人和美国人的思维方式非常不同——美国人的思维方式是分析性和线性的，中国人则是辩证的和整体性的'。我被这个想法吸引着，也准备相信中美文化在推理习惯方面可能存在实质性的差异……彭凯平和我开始了比较东西方思维方式差异的研究，随后迈克尔·莫里斯（Michael Morris）、崔仁哲（Incheol Choi）和阿拉·洛伦萨扬（Ara Norenzayan）也很快加入其中。说起来，我们小组的第一个东西方思维方式差异研究是由迈克尔和彭凯平来做的。"

在他的另一本更早出版的著作《思维版图》（*The Geography of Thought: How Asians and Westerners Think Differently...and Why*）中，尼斯贝特教授也把我和他的这个故事特别作为序言最开始的部分介绍。对于尼斯贝特教授对我的接纳与肯定，我真的十分感动。一位大师级的心理学巨匠在介绍自己工作的时候，居然说他的灵感来自地球另一边的一个年轻的中国研究生。并且不止一次在不同的出版物中提及，的确令我吃惊之余更心生感激。他帮助我进入了文化心理学的广阔天地，也成就了我在这个领域上走得更远。

20 世纪 80 年代与 90 年代，是文化心理学蓬勃发展的黄金时代。如果您愿意花点时间认真阅读尼斯贝特教授的这本回忆录《人类如何思考》，您会看到有太多优秀而卓越的研究与研究者在那时如雨后春笋一样破土而出。幸运的是，我遇到了尼斯贝特教授，并得到了他的悉心栽培，也使我成为这一代文化心理学新人中的一员。就我们所谈论到的 11 个东西方文化差异，尼斯贝特教授与我共同发表了不少文章。同时，在尼斯贝特教授的主导下，我和密歇根大学的同学们进行了很多有趣的实验设计并发现了更多有趣的事实。例如，中国人对个人行为的解释很可能归因于情景因素，比如其他人的行为；而美国人对同样行为的解释则倾向于归因于个体的人格特征和动机。再例如，亚洲人对社会影响加诸于个体行为的影响表现得十分敏感，而西方人对此则非常缺乏敏感度。还有，中国人和美国人对动物行为的解释也有所不同：美国人更有可能将一条鱼的特定行为的原因解释为其动机或意图，而中国人更可能将同一行为解释为这条鱼对其他鱼的行为的反应。

当时，一个我们特别感兴趣的研究领域是关于"西方人和亚洲人的推理过程在比使用逻辑规则更为根本的层面上差异化的研究。"正如尼斯贝特教授在书中所说的那样，自亚里士多德时代以来，西方思想的逻辑特征一直以"同一律""不矛盾率"与"排中率"三个原则为基础。而中国人的思维方式很明显是辩证的，变化原则、矛盾原则与整体性原则构成了中国人思维逻辑的核心。经由这项研究，尼斯贝特教授与我得以探索到更多东西方文化差异的证据，包括：东方的民间智慧经常以一种包含矛盾的谚语来表达；中国人比美国人更喜欢辩证的谚语；中国人更喜欢辩证的论证方式，美国人更喜欢基于避免矛盾的论证方式等。

在密歇根大学里与尼斯贝特教授共同进行的这些研究在当时得到了主流心理学界的认可，也客观上成功帮助我在博士毕业时敲开了加州大学柏克利分校心理学系的大门。

◆　◆　◆

尼斯贝特教授 1941 年 6 月 1 日出生于得克萨斯州的利特尔菲尔德。1969 年与苏珊·艾萨克斯完婚。他们养育了两个优秀的孩子马修与莎拉。在北大勺园外国专家招待所时，苏珊怀的正是他们第一个孩子马修。尼斯贝特曾就读于塔夫茨大学和哥伦比亚大学，师从斯坦利·沙赫特（Stanley Schachter）。1966 年至 1971 年间，他在耶鲁大学任教，然后被罗伯特·扎荣茨（Robert Zajonc）聘用到他的第二故乡密歇根大学。

尼斯贝特教授早期的科研工作很大程度上推进了当时心理学界对归因过程

的理解与研究的拓展，他关于推理中的自我差异以及内省和自我报告的局限性等许多富有成效的研究直到今天依然广受关注。之后，他与李·罗斯（Lee Ross）一起极大地扩展了人类推理中因果归因过程的研究，该研究将社会心理学的见解与当时新兴的判断和决策领域的思想相结合，对人们如何解释过去、理解未来进行了深入的探索。

之后，尼斯贝特教授的兴趣转向了研究解决归纳和演绎难题时人们所遵循的规则，以及如何通过教育来提高人们遵循抽象规则的能力。这个研究带动了学术界对智力以及如何增强智力更广泛的兴趣。如他之前的科研成果所引发的涟漪效应一样，关于智力的研究在今天也依然长盛不衰。而尼斯贝特教授在科研领域上的天赋直觉与强大的科研能力，总是能让他成为那些最早投出石子的"幸运儿"之一。

从 20 世纪 90 年代开始，尼斯贝特教授在促使社会心理学家关注人类行为的文化决定因素的重要性方面发挥了重要作用。他在文化方面的研究体现了他特有的方法论技巧和天赋，并出版了两部著名的畅销书《思维版图》和《荣誉文化》（*Culture Of Honor: The Psychology Of Violence In The South*）。

再之后，尼斯贝特教授开始深入人们在推理习惯和认知习惯的巨大文化差异。进入晚年，他把自己的研究转入了人类智力的可塑性与教育对人类的发展方面。到今天，他已经 83 岁高龄，依然保持着对时事与政治的思考与洞见。

正如他自己在这本人生回忆录《人类如何思考》一书中所说："我一直致力于研究人们如何对世界进行推理和推论，人们应该如何推理和做出那些推论、推理中常见的错误类型、推理错误产生的原因、人们可以在多大程度上改进推理、哪些问题最好由有意识的思维解决、哪些由无意识的思维解决、IQ与其他类型的认知技能相比有多重要，以及我们应该如何根据这些问题的答案来思考智力。在试图回答这些科学问题时，我通过与其他社会心理学家以及认知心理学家、发展心理学家、人格心理学家、神经科学家、行为遗传学家、经济学家、哲学家、统计学家、计算机科学家、精神病学家、政治学家和法律学者合作，构筑了我作为社会心理学家的训练。"

尼斯贝特的人生取得了巨大的成功，无论是他的家庭还是他的学术，包括他所获得的荣誉与影响力。1982年，他荣获由人格与社会心理学会颁发的"唐纳德·T.坎贝尔社会心理学杰出研究奖"；1991年，他荣获美国心理学会颁发的"心理学杰出科学贡献奖"；1992年，他成为美国艺术与科学院院士；1995年，他荣获"实验社会心理学会杰出资深科学家奖"；1996年，他荣获美国心理学会颁发的"威廉·詹姆斯杰出科学成就奖"；2002年，当选美国国家科学院（National Academy of Science）院士；2007年，获德国维尔茨堡大学奥斯瓦尔德·屈尔佩奖。

对于如此巨大的成就，尼斯贝特一直保持着谦逊与坦诚。在《人类如何思考》中，他说："如果不与如此广泛的人合作，我不可能学到这么多关于人类思维的知识。合作使得发展一种与专门从事该领域的科学家的智力观点截然不同的观点成为可能。我开始相信，存在于20世纪末的关于智力的共识在关键方面很大程度上是错误的。从本质上讲，我认为学者的共识过分重视遗传因素而过分忽略环境因素，最终导致人们没有认识到基因与环境交互作用的重要性。我认为强调IQ型人才而排除有价值的认知技能和知识的共识也是错误的。此外，关于基因在白人和黑人的IQ方面存在的差异中所扮演的重要角色，这一结论在绝对意义上也是错误的。"

从尼斯贝特上述的话语中，我们能感受到一个在马丁·路德·金著名演讲《我有一个梦想》现场激动不已、对肯尼迪总统遇刺时心生悲愤的世界主义者的强烈情怀。他把这种普世的情怀深刻地植入自己的学术生涯，并贯穿始终。他超过半个世纪的学术之旅都是像一位哲学家一样在不断地追问"这个世界的样子"，又同时以一位科学家的身份孜孜不倦地寻找证据，并且不断地突破自己。而他一生所向往的就是如何把这个世界变得更加美好。

◆ ◆ ◆

如果你打开谷歌搜索引擎，在 GOOGLE SCHLOR（谷歌学者录）上查找 Richard Eugene Nisbett，你会在这个名字下面看到 394 篇被收录的重要的文章与著作。最早的一篇可以追溯到 1966 年尼斯贝特 25 岁时发表在《心理学》（*The Journal of Psychology*）杂志上的一篇关于"共识与归因"的实验论文。从 1985 年 GOOGLE SCHLOR 开始正式设立论文引用统计时起，尼斯贝特的论文始终处于高被引的状态。特别是从 2012 年起，他的论文被引次数均超过5000 次大关（这相当于微信公众号上的"超百万 +"阅读量爆文）。

维基百科对于尼斯贝特的成就也进行了高度的概括与评价。这家全球最具影响力的百科网站认为尼斯贝特最有影响力的文章是《人们说的其实比知道的多：关于心理过程口头报告的问题》[Nisbett，R & Wilson，T（1977）. *Telling More Than We Can Know：Verbal Reports on Mental Processes*. Psychological Review，84，231-259]，这是他发表的最常被引用的心理学文章之一，超过13 000 篇引文。这篇文章是心理学领域第一篇全面的、系统、基于实证的针对人们表达与偏好、选择和情绪有关的各种心理过程是意识无法触及的科学成果。而那一年尼斯贝特年仅 35 岁！

中国有句俗语，"成名需趁早"。尼斯贝特在很年轻的时候就建树颇丰，35岁时做出这一项经典研究，更是把他推向了新的高峰。但正所谓任何的成功都不是天上掉馅饼，在《人类如何思考》一书中，我们通过尼斯贝特教授的人生讲述，似乎能看到他之所以能够取得成功，是因为在他的人生岁月中积累了大量值得我们学习的人生智慧。父母的爱护、朋友的帮助、自我的觉醒与勇敢的尝试，包括战胜人生的至暗时刻都是成功的种子。这里我将书中这些智慧大致总结如下，读者们可以参考我的这个思路在书中发现更多。

- 从童年就建立起强大的好奇心并加以勇敢探索与尝试。
- 真诚感恩父母与帮助过自己的人。
- 保持大量而持续的阅读。诀窍是，在理解、记忆和再加工上缓慢而稳定的获取回报——"入眼、入脑、入心"，让素材成为你自己的财富。
- 学会很好地表达。如果你认为某件事是可以学习的，你就会学得很好。如果你认为你所拥有的任何能力都是天生的，那你就不太可能提高。
- 建立使命（无论是来自家庭社会或者信仰）。你必须有一个使命、一个你注定要做的事情，这个使命必须致力于服务你的人类同胞，让更多的人变得更好。责任和良心是格言，坚忍不拔是生活方式。
- 尽量早地意识到自己的使命并找准定位。我从研究生生涯的最初就意识到我不再是上学了，我正在学习成为一名科学家。
- 找到好的伙伴，哪怕他们脾气不太好。
- 保持普世性的善意与坚定。
- 冲破人生的枷锁（生活上、工作上、心灵上），富有成效和创造力对于我的幸福至关重要。
- 保持一定的幻想并恰当地为之努力（我觉得自己注定要成就伟业）。
- 为理想做出明智的选择，抵制诱惑。
- 坚信合作的力量。我通常都会和我的学生交朋友。我认为学生和导师之间

　　情感纽带的重要性被低估了。

　　在我与尼斯贝特教授相处的日子里，我强烈地意识到他不仅睿智，而且他的思想张力十足。他曾经说过一句话："一个优秀的学者一辈子不应该只做一个课题的研究，因为学者的天职是不断创造知识，那就一定要在不同的时候想很多的问题。"在尼斯贝特的学术世界里，没有静止，只有流淌。他认为，学者做一项研究专心致志殚精竭虑是必要的，但是与之相比，对世界永远保持如童年一般的好奇心更重要。所以后来，我发现尼斯贝特做学术的一个规律：他大概每隔 10 年就会换一个课题方向。具体做法就是先做一些实证研究，对其中有可能的关键部分发表一些重量级的研究论文；积累差不多了，就做一次相关理论的综述；然后，再把这个综述加工出版成一部专著。通常来说，专著的出版也就标志着这个阶段的课题正式结束。

　　综观尼斯贝特超过半个世纪的学术生涯，我们发现，从他攻读博士的 20 世纪 60 年代开始，他的学术方向是对归因的研究，这期间的成果最终使他的"人类归因的研究"成为社会心理届有名的那本"橘黄封皮的书"。到了 20 世纪 70 年代，他开始涉猎人类的思维领域的研究，特别是人类思维的误区，包括根本归因误差、观察者与被观察者间误差等，1980 年，他出版了著名的《人类推理：社会判断的策略与缺陷》（*Human Inference: Strategies and Shortcomings of Social Judgment*）。从 20 世纪 80 年代初到 90 年代初，他的学术兴趣转向人和环境的关系，1991 年，他与罗斯联合出版了《人与情境》（*The Person and the Situation: Perspectives of Social Psychology*）的社会心理学专著。整个 20 世纪 90 年代，他的学术焦点都聚焦于人类的心理与文化，我也正是在这个阶段开始成为他的学生。尼斯贝特在文化心理学方面的研究，整整持续了 10 多年，2003 年出版的畅销书《思维版图》为这段激动人心之旅画上了圆满的句号。在 21 世纪的第一个 10 年，尼斯贝特教授又回归到对人类的思维的进一步研究中，但是他的研究风格与理论建构发生了重大的改变，其中之一就是他更多地将目光投向遥远的东方民族，而不再只是针对西方人。在 2009 年与 2015 年，他相继出版了《认知升级》（*Intelligence and How to Get It: Why Schools and Cultures Count*）与《逻辑思维：拥有智慧思考的工具》（*Mindware: Tools for Smart Thinking*）两本书。再之后，就是我们现在看到的这本回忆录《人类如何思考》。

与他同时代的其他顶尖的心理学家相比，尼斯贝特并不算是一位高产的作者，但是他在每个领域所起到的引领作用则是毋庸置疑的。

著名畅销书作家马尔科姆·格拉德威尔（Malcolm Gladwell）在接受《纽约时报》（*The New York Times*）采访时表示："对我的一生最有影响力的思想家是心理学家理查德·尼斯贝特。他基本上给了我对世界的看法。"

他的另一位中国学生纪丽君（Li-jun Ji）说："迪克①总是为他的学生能够发挥最大的潜力提供有效的帮助。他对学生真诚地关心和奉献。迪克培养了如此多的优秀博士生，其中许多人后来成为有影响力的研究人员，这一事实证明了他是出色的导师。"

以发现"聚光灯效应"闻名全球的心理学家托马斯·吉洛维奇（Thomas Gilovich）认为："迪克以其在实验工艺和理论整合方面的天才而闻名。《人类推理》和《人与情境》清晰而响亮地展现了他的理论天赋。他很搞笑，和他在一起总是无比开心。如果詹姆斯·布朗（James Brown）是'演艺界最勤奋的人'，那么尼斯贝特就是'社会心理学界的詹姆斯·布朗'。迪克是一位杰出的

---

① 尼斯贝特教授的昵称。——译者注

合作者！想象一下与迪克坐下来讨论社会心理学和相关行为科学的广泛领域，以便绘制出地图是多么有趣，也是多么荣幸……我怎么会这么幸运？"

尼斯贝特的第一个博士生蒂莫西·威尔逊（Timothy Wilson）说："迪克教给我像心理学家一样思考不仅是一种职业，而且是一种生活方式。各种各样的个人经历都是假设和理论的基础，思考想法并不是朝九晚五的工作。如果没有迪克的专家指导，社会心理学就不会成为我的职业，我将永远感激他。"

他的另一个学生阿拉·洛伦萨扬说："如果没有迪克对我个人的影响，我的生活将会不一样。与迪克出色的科学头脑一起工作，深刻地塑造了我对人类状况的看法。迪克才是真正的麦考伊①！"

对尼斯贝特来说，上述的赞誉之辞只是沧海一粟。事实上，在漫长的人生旅途中，几乎所有与他有过交集的人士都对他另眼相看。他所崇尚的"寻找自己本质上感兴趣甚至让自己着迷"的研究态度与研究方法，启蒙了无数年轻学者因此走向学术高峰。他对学术的直觉与执着、他发现有趣想法的能力、他的审美和科学意识，以及他对问题和悖论的原始洞察力总是让人们叹为观止。他对家人、对同事、对学生、对朋友真诚与坦率，始终慷慨地投入时间和友谊，总是愿意倾听并提供他的"两分钱"（美国俚语，表示微薄之力）。

他赢得了几乎所有人的尊重与感激，大家都将与他保持良好的关系视为人生的滋养。

◆　◆　◆

这么多年来，尼斯贝特教授对我影响最深的有三句话。

---

① 真正的麦考伊（the real McCoy），英语俚语，指真品、最好的东西。——译者注

第一句话："跳出固有的框框是一种更有效的学习方式。"在我们进行大量跨文化研究的过程中，他言传身教地向我传递这句话的精髓。我甚至认为，这其实并不仅仅是对我的指导，而是他自己与世界相处的模式。他在每一个研究领域取得的成功有力地证明了这一点。

第二句话："一个学者在思考的时候，应该极致跳跃。"尼斯贝特教授认为，一个人在紧迫状态下会激发出更大的潜力与创造力。他从不否认人们所喜欢的深思熟虑（就是什么事都要提前准备好，例如一大套逻辑、制度、体系等），但是他发现人类最能产生创意与创新的还是极致状态中的"急中生智"。尼斯贝特教授并不知道在古老的中国有着与他这个想法所对应的一句成语。但对我来说，在他这里找到的文化共鸣让我激动万分！事实上，极致跳跃思想对我影响颇深。因为我们大部分的中国人还是提倡先把事情想清楚、弄明白，深思熟虑之后再去说、去做。但在尼斯贝特这里，思维其实是被作为人类的一种先天的创造力。我对他这句话当时的理解是，早期人类实际上是一边走、一边动、一边思考的。想想原始人，一定是拿着棍子左顾右盼，慢慢行走，再继续思考。如果这个原始人一坐下来，那基本上就开始休息放松了，警觉与思考也会大幅度下降。所以尼斯贝特认为，人就是一定要在动态中思考才更具创造力。某一天，我审视自己这些年的学术与人生，突然意识到我为什么喜欢上课时不停地讲话，喜欢畅所欲言地交流与沟通，喜欢与人们专注地讨论新的想法，并对新生事物从来都没有违和感等，绝对与尼斯贝特教授这句"极致跳跃"有关系。"极致跳跃"与"急中生智"一样，都是能够产生智慧的场域！而那些准备好的、经过精挑细选的事物，虽然看起来也很美，但总是好像缺少那么一点点新奇、创意与遐想。

第三句话："选择什么不重要，选择对你的人生有真正意义的事情最重要。"这句话对我影响最大，也塑造了我的人生走向。在我从密歇根大学毕业前，我接到了来自包括福特汽车公司、香港中文大学等几个高薪的工作机会。尼斯贝特教授知道后，没有给出我去或者不去的直接建议。他把我邀请到他的家里，在他的小花园里与我促膝而谈。他说的第一句话就是"人应该做对自己最有意义的事情"。为了让我理解到他的意图，尼斯贝特教授甚至用上了"玄学"。他说："我们这两个人来自天南海北，素不相识。一个中国人、一个美国人，居然聚在一起做了这么多有意义的工作，那就肯定不是简单地只是工作，而是冥冥之中的命运之轮在发挥着作用。这里面也一定有更大的意义等着我们。"接着，他对我说，我的意义就是研究心理学与传播心理学，意义的实现可以达成所有人生的期待。尼斯贝特教授与我的那次谈话对我触动相当大，我完全听懂了他想表达的意思。于是，就毅然放弃了为了高薪而离开主流心理学界的想法。因为，尼斯贝特教授对我报以如此大的期待，也为此指明了我人生意义的归宿，那就是全心全意投身于心理学，并为之不懈努力。再后来，我回国到清华大学复建心理学系，其实很大程度上也是因为这是一件特别特别有意义的大使命。

回想往事，我真的很幸运地从踏入心理学的大门就得到前辈大师们的帮助与提携，让我有机会站在巨人的肩膀上。在北大时，有周先庚先生、陈仲庚先生，来到密歇根又有尼斯贝特先生。更幸运的是，广袤无限的太平洋与不同的意识形态没有隔断世界两端追求极致跳跃的优秀心理学家们的交流。

回到文章开头的 20 世纪 80 年代初，其实那也是尼斯贝特教授第一次来到遥远而陌生的中国。当时，美国心理学会和刚刚成立不久的中国心理学会开启了一个学者交流的跨国项目。尼斯贝特教授是作为美国社会心理学的代表，与他同行的还有后来世界唯一获得"诺贝尔奖""图灵奖""人工智能终生成就奖"

三奖集一身的认知心理学家赫伯特·西蒙（Herbert Simon）、著名儿童心理学家哈罗德·史蒂文森（Harold Stevenson）以及美国心理学会当时的负责人保罗·马森（Paul Mussen）等。

从那之后，尼斯贝特教授就与中国结下了不解之缘。多年来，他与中国心理学会一直保持着紧密的联系，多次在密歇根接待来自包括中国心理学会、中国科学院心理研究所、北京大学、清华大学等学术机构的访问团体。我是他招的第一个中国留学生，而在我毕业之后，他又继续招募了两位中国留学生，客观上与中国的关系更加紧密。

最重要的是，他在文化心理学领域长期用中国作为一个关键的对照样本来比对美国人的心理。所以，从这个意义上来说，中国一直是他研究的主体和他进行跨文化比较的主体。并且，他也总是以一种积极的、正面的、理性的、科学的声音来分析、传播与介绍中国社会、中国人的心理与中国文化。换句话说，他推动了美国心理学界对中国人心理的理解、对中国社会的理解、对中华文明的理解。所以，他是中国人民的好朋友。他后来两次来中国参加中国心理学会的年度会议，都是我负责接待的。除此之外，他每次都极其认真地为他的著作的中文版撰写新的序言，还欣然接受传媒的邀请和我们中国心理学家一起做科普直播。他对中国、中国文化、中国人充满感情与尊重。就像1982年的那个夏天，他们夫妻两位"老外"去故宫参观的时候，因为太太身材高大还正怀着孕，穿得也比较少，肚子又特别大，在人群中特别显眼。当时，很多中国同胞就围着他们俩端详。这对于初来中国的尼斯贝特夫妇来说也是一种别样的体验。后来，我们聊到这个片段的时候，他自己也觉得很滑稽，但是他也很高兴。因为他用最直观的"自我实验"证明了两种不同文化对新鲜的人、新鲜的事的迥然不同的表现。

　　可能正是因为这看似滑稽的场景却引动了他内在的思考之故，在文化心理学领域，尼斯贝特对自己的研究进行深刻的反思。他说，他以前做的心理学其实不是心理学，而是种族人类学。因为他第一次意识到，自己所研究的对象都是美国的大学生和美国人，在来到中国后，他发现那并不能代表人类的整体，这对于他之后研究风格的转向产生了巨大的影响。他自己也坦然地承认，自己是从一个对中国文化一无所知的"小白"，开始对东方文化产生浓厚兴趣。在他的这部自传里，我们能看到这种转变的真实历史发生。在他《思维版图》那本书的序言里，他把这段心路历程讲得很清楚。也肯定了我的出现对他的影响。

　　因为中国，他个人在学术上、思想上和生活上发生了很多变化。在我看来，一个典型的美国白人男性、新教基督徒、学术顶流社团中的精英，最后成为一个用他自己的话来说成为一个"佛学的实践者"，正是因为他接受了中国文化的影响，并对这个文化投入了最大的激情与敬畏。无论如何，这都算得上是一个不大不小的奇迹。

　　2021年，整80岁的尼斯贝特教授出版了他总结一生的回忆录《人类如何思考》。今天，这本书的中文版终于得以面世。作为他的学生、他的合作者，在为这本作序的时候，我有太多想说的话。然而，我更希望读者能够自己去阅读一位耄耋老人的生命历程。

　　的确，尼斯贝特教授是一位享誉全球的心理学家，但是他更是一个终生充满激情、与我们一样的人。他一直都是那个站在得克萨斯艾尔帕索火车站站台上、头脑里各种想法激烈碰撞的少年，用一生不息的极致跳跃去发现这个世界的样子……

2024年1月于清华园明斋

推荐序二

许 燕

北京师范大学心理学部教授

写书序是我非常看重的一项写作，为什么？这源自我在读博士研究生期间的一段经历。一天，我来到导师张厚粲先生办公室，见她正在看一本新的国外教材的前几页，一般来讲，前几页都是书序。我那时读书从不看书序，而是直奔主题内容，我就问张老师："为何这么忙，您还看书序？"张老师歪着头看着我说："我看书都是先看书序，再看正文。因为书序能够让我了解作者的核心思想与写作脉络，书序具有引领作用，会对学习后面的内容有很大的帮助。"由此，我形成了一种习惯，先看书序再读正文。

每次出版社或作者让我写书序时，我都会认真对待，通读全书后，再抽取出我对作者思想的理解与感受。潇檬这次让我写理查德·E.尼斯贝特回忆录的推荐序，我接受了。因为理查德是著名的社会心理学家，我想看看他的人生会给我们带来什么样的人生启示。因为是回忆录，满满的人生叙事，所以我的推荐语也以回忆的方式开篇。

读着理查德的回忆录，我也在思考着他的人生思考方式——微观且学术。

我将我读后的"思"与"感"分享给大家。

我们应该如何思考人生

理查德回忆录的书名是以"人类如何思考"为题，看他的回忆录要有思考，符合他的社会认知专业背景。在这本回忆录中，看似理查德在碎嘴皮子式唠叨他的一件件点滴经历，但是他通过对每件事的思考，给出了他的人生思考建议。这常常是人们忽略的思考，我们很多人在日常经历中只有体验，没有思考，所以被情绪所绑架，无理智地慌乱。而理查德则平静地思考着所遇的人与事，对遇到的不公事情不做过激的情绪反应。例如，对自己研究成果被合作者发表，他只做出了"人际疏离"的冷静表达。

人生需要思考，没有思考过的人生一定是混沌浊碎、毫无色彩的人生；反之，以思考的方式回顾人生是心理学家的人生范式。那么，心理学家是如何思考人生的，最具思考力的社会心理学家理查德·E.尼斯贝特在他的回忆录中给我们做出了示范。所以，读理查德的回忆录，需要带着思考的大脑去细品。

人生应该怎样思考？查理德用了前置思考和后置思考，即前思后想。在人生选择时他常用前置思维做出预测与规划，我在总结理查德的前置思维时发现，他有两个选择原则：一是选择社会心理学专业方向，二是喜欢与聪明人共事。他坚定地认为："社会心理学是心理学中唯一从未被行为主义化的子领域，美国社会心理学家是认知革命中最早的战士之一。对于各种理论倾向的社会心理学家来说，一直都很明确，社会相关行为的主要驱动因素是对事件的心理解释，而不是学习到的刺激－反应联系。"他可以错过哈佛大学美国人格心理学大佬戈登·奥尔波特（Gordon Allport）的学习邀请，选择了哥伦比亚大学年轻的社会心理学导师威廉·J.麦奎尔（William J. McGuire）。麦奎尔极为聪明但脾气不好，把理查德骂出了办公室，导致二人关系破裂。理查德对自己的选择后悔了，不是对专业的后悔，而是对人选择的后悔。他马上启动了后置思维，及时止损，他换了更有名气、好共事的社会心理学导师斯坦利·沙赫特（Stanley Schachter）。

境遇会带给我们什么

人生有两大影响因素：环境与遗传。理查德认为，很多研究人类思维的学者所共识的观点是，重视遗传基因的作用而忽略社会文化环境因素对人类思维的影响。他用自己的人生对抗了这一观点。

自由环境中的自由童年

童年对成年有什么影响？自从弗洛伊德提出这一问题后，这就成为一直争论不休的问题。在理查德的童年时代，母亲对他的作用很关键，更多地体现为心理帮助。母亲美貌动人，拥有不同寻常的活力、卓越的才智、令人捧腹的幽默，是个极具魅力的说书人，是个好母亲，也是个好妻子。母亲为孩子提供了自由成长的环境，让小理查德的性格不受制约地发展，形成了很多特立独行的人格。"爱游荡"，为其思维发展提供了丰富性；"逆恐行为"，让其不断地冲进思维禁区；"博览群物"，让他接纳一切事物，他在自家鸡舍里建了自己的"博物馆"，训练了其科学观察力；"顽皮出格"，让其形成了不拘一格的言行风格。

而父亲的奋斗也为理查德提供了经济帮助，让他人生走上了比原本更顺达的道路。但是，理查德也有着来自父亲身上的问题基因的遗传，父亲有双相情感障碍，让理查德在上学时显示出患上这种疾病的先兆，但是这并没有影响他的人生发展与成就。

理查德说他得到的最好教育来自妈妈而不是学校，妈妈给了他很多书去阅读，以"治疗"具有"注意缺陷多动障碍"的小理查德，也为他提供了广阔的思维基础。我发现，很多人格心理学家在面对人生困境百思不解时，选择了博览群书。理查德的妈妈给了他思考问题的钥匙，让他从书中找答案。在努力了解父亲精神疾病的过程中，理查德阅读了卡尔文·霍尔（Calvin Hall）的《弗洛伊德心理学入门》（*A Primer Of Freudian Psychology*），这本书对他来说就如同一把钥匙打开了一扇紧闭的门，他从中阅读到关于人们脑海中发生了什么事情以及这些想法如何决定他们的行为方式的理论，这令他激动不已。之后，在理查德面对自己出现的双相情感障碍时并未恐慌，而是有效应对。他说："轻度躁狂发作过后的冷静时光成为我最富有创造性思维的阶段。"在那些时期，他开启了后置思维，整理和改进轻度躁狂时涌现的最佳思维火花。

自由环境中的学术风格

理查德在塔夫茨大学读本科时，有苦有乐。但是，他回忆道："这些难忘的文化经历都为我打开了新世界的大门"。同时，他也在不停地思考个人经历的答案，在塔夫茨大学的几次经历都成为他后来的研究问题，如失眠悖论等。

密歇根大学是社会心理学的重镇，聚集着一群才华横溢的社会心理学家，理查德的职业选择落在了社会心理学研究的"老巢"。密歇根大学的学术环境是以非评价性的氛围和跨学科的交流为特点，学者们可以更自由地探索思想和合作，依据问题组合研究团队，不同的专业视角激发出他们的创造力和学术活力。理查德认为，这是推动学科进步的关键因素，也是密歇根大学一直以来的学术优势，这是许多大学所无法比拟的。理查德说，我们应当珍惜这样的环境。

之后，在密歇根大学，理查德和李·罗斯合著了一本书《人与情境》（*The Person and the Situation: Perspectives of Social Psychology*）。在书中，也回答了我们的问题——境遇会带给我们什么？

与谁共事会给我们带来何种职业状态

理查德的回忆录不仅是个人回忆，还回忆了一群形形色色的学术人。在理查德的学术生涯中，其周围不乏各种我们在很多教科书里读到的心理学杰出人物。他们有什么特点值得我们思考？

如何选择聪明的共事者

理查德认为与聪明的同事与学生在一起，会获得很多有价值的思想。但是，如何才能找到聪明人呢？理查德给出我们一条有趣的经验——聪明人能识别天才，而平庸人……

面对这些心理学大咖，我们自动就会将自己放入平庸之列。但是，我们更想知道如何像聪明人一样去识别好的共事者。聪明人身上有什么特点，"他们身上有一束光"这是理查德称赞天才的用语。他告诉我们判断一个人是否杰出的诀窍："当某人经常在我所熟悉的领域而非他熟悉的领域提出新颖而有趣的观点时，我就有可能认为他是天才。"

书中描述了理查德与同事阿莫斯·特沃斯基（Amos Tversky）的一段趣事，理查德认为，"与阿莫斯聊天可以衡量你自己的智商。你越聪明，你就会越快地意识到他比你更聪明；只有不聪明的人才没有办法发现这一点！"正如另一位同事阿瑟·柯南·道尔（Arthur Conan Doyle）所说："平庸的人不了解比自己更高明的存在，而有才华的人却能立刻识别出天才。"

而社会心理学家沙赫特也是一位天才的教师，他也说出了鉴别聪明人的特征——能够简洁清晰地讲明自己思想的核心，他非常赞同一句格言："任何科学家如果不能向一个 10 岁的孩子解释他做了什么，都是江湖骗子。"

内卷与被内卷同事如何共事

理查德发现自己在中年时期变成了工作狂。之前，他可以找同事喝杯咖啡，扯些八卦，或者以一种慵懒的、漫无目的的方式去阅读杂志，甚至阅读自己根本不感兴趣的文章，悠闲地看着广告。20 世纪 80 年代，这种状态戛然而止。这一时间点也说明了美国的内卷从那时就出现了。

他与同事罗伯特·扎荣茨讨论为何会出现这种转变？扎荣茨分析，因为系里出现了一些不顾一切努力工作的人，他们给我们树立了一个糟糕的榜样，特别是努力的女同事。罗伯特·扎荣茨说："如果你周围的人一次走两级楼梯，并抱怨他们有多辛苦，你就会开始自己更努力地工作了。"理查德不太接受对职业女性的解释，但是，他意识到这样做的代价太大，不利于创造性思考，因为很多非常好的想法只有在放松的时候才会出现。理查德开始分析如何破解内卷。

聪明的工作狂一定会有卓越成就吗

聪明加努力是成功者的标配，但理查德给了我们不同的思考。他比较了身边两位导师麦奎尔和沙赫特的不同工作特点，其中有对当下内卷的别样解释。麦奎尔是位超高智商且有成就的科学家（麦奎尔曾任美国心理学会社会与人格分会主席，1988 年获美国心理学会杰出科学贡献奖），而沙赫特智商不如麦奎尔，但工作更具成就（1969 年获美国心理学会杰出科学贡献奖，1983 年当选为国家科学院院士）。麦奎尔的研究风格是追求复杂性且每周工作 70~80 小时，他工作很扎实，但却得到了不多的赞扬；反之，遵循简单性原则的沙赫特，每周工作只有 40 小时（每天工作 8 小时），但其研究更具影响力。理查德从中悟到，工作狂并不能保证工作做得出色，即使对智商极高的人来说也是如此。工作时间并不与业绩成正比。理查德为当今的年轻人提供了一个理想的职业榜样——沙赫特。

理查德认为，研究也需要时间管理，要运用经济学家的规则来判断课题的投入成本。有时在你已经投入很多的研究课题上没有得到很好的收获时，你就越不想放弃，就越会投入更多的时间。你可能会通过付出更多的努力或金钱来挽救"沉没成本"。理查德提醒我们"不要花钱填无底洞"，不要指望在已经消耗了很多时间的那个问题上找回你已经失去的时间，要及时止损，不要用赌博心理去做科研。

怎样成为快乐的共事者

沙赫特比麦奎尔省下的那一半工作时间在做什么？据理查德说，沙赫特是一个很八卦的人，喜欢聊天。用天才同事阿莫斯·特沃斯基的话说："做好研究的秘诀是始终保持一点不务正业。"换言说，如果你总是很忙的话，那你就没有时间去胡思乱想。而胡思乱想有时候会使你的想法以某种有趣的方式表达出来。在阿莫斯办公室里大家总是笑声不断，阿莫斯是个很风趣的人，爱玩、享受生活，是位快乐的工作者、丰富的生活者。他最大的特点是不给共事者带来压力。

在比较阿莫斯和丹尼尔·卡尼曼（Daniel Kahneman）两位学者的不同工作风格时，也给我们带来了一些启示。阿莫斯才华横溢，丹尼尔慢条斯理；阿莫斯乐观，丹尼尔悲观；阿莫斯幽默，丹尼尔古板；阿莫斯是自信的化身，而丹尼尔则对自己的成就和能力充满了焦虑与怀疑。丹尼尔会在项目快要结束时开始挑剔其中的一些问题，然后不停地纠结，直到最后整个项目变得支离破碎。与阿莫斯不同，由于丹尼尔的喜怒无常与情绪内耗，致使在他身边的共事者也不快乐。

心理学的研究也证实了这一点，学生更喜欢热情版教师，而不是冷漠版教师。

怎样处理好师生关系

高校里最密集的是师生关系，而不是同事关系。理查德认为，在最理想的情况下，导师与学生的关系应该是一种美好的共生关系。

学生如何从导师那里获得成长的资源？理查德认为，真正可行的诀窍——学生通过亲眼目睹科学研究过程是如何完成的，来掌握研究技能。那么，导师呢？每位导师都希望招到好学生，因为学生素质好，导师也会得到"一个有用的评论家和另一个额外的大脑"。理查德认为，自己与研究生在工作中的共处一直是他职业生涯中最令人满意的方面。为此，他也赢得了美国心理学会颁发的首届"终身导师奖"。

理查德之所以能够与学生形成美好的共生关系，源自他在与导师共处时的经验总结与社会学习。在与沙赫特相处时，他发现了导师的为人之道，沙赫特很喜欢八卦，但从不使用刻薄词语谈论别人，而是以有趣的方式说出别人的差错，他批评学生是为了启发思维，这使他的批评尽显温柔。

理查德还继承了沙赫特用来教学生如何从事科学的技术——咕哝法。"呃"意味着"你的想法不是很好","嗯"的意思是"可能不会,但我现在还不排除","啊"意思是"老天爷,你明白了"。理查德发现"咕哝法"比讨论学生想法的好或差更有效。

沙赫特是一位富有魅力的导师,他与学生交朋友,并对他们的生活充满兴趣与关注。沙赫特对学生很慷慨,他带学生去避暑胜地,出钱让学生去高级餐馆用餐,介绍学生去结识学术界和艺术界名人。在社会心理学系的每一次学术讨论会后都会有一个鸡尾酒会,沙赫特经常会和师生们一起吃饭。这种接触对学生来说是无价的,可以学到其他地方不能获得的东西。

综上所述,理查德的回忆录给我们带来了很多人生思考,点点滴滴地叙事,真真切切地体验,实实在在地思考。在读回忆录时,我给读者的一个建议是,先让大脑活动起来,带着思考去读书,你会获得更多的人生收益。

2024 年除夕夜于三亚红塘湾

推荐序三

钟 年

武汉大学哲学学院教授

这是为尼斯贝特的回忆录《人类如何思考》所写的推荐序。

尼斯贝特的名字是从我大学的室友彭凯平那里听说的。凯平告诉我，在我们读大学的时候，尼斯贝特曾到北京大学心理学系来讲过学，我应该听过他讲授的社会心理学。但是对这件事情以及尼斯贝特这位教授，我却一点记忆都没有。不过，在尼斯贝特的这本回忆录中，确实提到了 1982 年在北大心理学系教授社会心理学的事情。那我到底听过他的课没有，这已经成了我个人生命史中的"历史悬案"。如果当时我听过课，那我认识尼斯贝特教授就已经有 40 多年了。

尼斯贝特在为自己回忆录写的短短的序言里，一开始就解释了他为什么用"思考"作为回忆录的标题。他写道："每个人不都在思考吗？是的，但对'人类如何思考'进行深入思考的人并不多，至少我是这么认为的。此外，只有极少数人付出一生的心血从事思考方面的科学研究。"我记得我国著名社会学家费孝通先生晚年提出了"文化自觉"的概念。他提到，自觉是每一个人对自己、对自己所处的时代、对自己所传承的文化有一种反思和批判。能做到这一点并不容易，所以我相信尼斯贝特的话是对的，对"人类如何思考"进行深入思考的人确实是凤毛麟角。

这本回忆录十分坦诚，作者回忆了自己的童年、自己的父母和自己的家庭。他谈到自己母亲的一些问题，也谈到自己父亲的一些问题，包括自己父亲的心理问题。作者承认，父亲的心理问题也影响到了自己，只不过自己的症状比父亲轻微一些。作者后来学会了用积极的态度和方法应对自己的心理问题，例如发病的时间就用来专心写作。这是积极的转化，我们甚至可以说，这完全就是自发的积极心理学。

我觉得这本回忆录有以下的价值可以着重提到。

首先，由于作者参与了社会心理学领域的许多重要事件，我们可以把这本书看作近半个世纪的社会心理学简史，当然主要是美国社会心理学的简史。由于美国心理学的世界性影响，美国社会心理学的简史可以大部分地反映过往几十年世界社会心理学研究的基本状况。"读史使人明智"，学科史可以让人们把握学科发展的脉络，从而获得启发、少走弯路。目前在国内西方心理学史的作品能看到不少，但是西方社会心理学史的作品却很难找到，这本回忆录弥补了这方面的一些缺憾。

其次，回忆录大致按时间序列回顾了自己的一生，尤其是学术研究的生涯。里面谈到的很多研究内容是我们在社会心理学教科书里面耳熟能详的。作者详细地回忆了这些研究是如何发生的、在研究过程中是如何设计和实施的，以及客观展示了不同的心理学家对于同一研究话题的讨论乃至争论。我们从中可以看到一名优秀的社会心理学家是如何成长起来的，这对于我国的心理学研究者来说，无论是资深研究者还是刚刚入门的学术新兵，都有极大的示范意义。

最后，这本书还可以看作尼斯贝特的个人生命史和心理传记。在心理学的质性研究方法中，受到其他学科如历史学、人类学、社会学的影响，目前也十分注重个人叙事的研究。本书就是一个社会心理学家的自我叙事，正因为是心理学家，里面涉及的关键内容与个人的心理发展、人格成长密切相关，本身就是一本个人叙事的研究范本。专门从事质性心理学的研究者，还可以对这本回忆录进行再研究，写出新的生命史和心理传记作品。

这本回忆录当中还有很多其他的内容也引起了我的兴趣，例如作者多次谈到自己的读书经历。在年纪很小的时候，尼斯贝特就阅读了马克斯·韦伯（Max Weber）以及弗洛伊德的相关著作，这些都对其日后的个人成长和职业选择起到了很大的影响。尤其是阅读与弗洛伊德相关的著作，结合到作者的父亲以及其本人遇到过的心理问题，尼斯贝特选择心理学作为自己的职业就十分顺理成章了。目前，国内的心理学界不太注重读书，只强调读论文，我觉得这是一个学科的隐忧。我不反对读论文，甚至坚决支持读论文，但我反对只读论文不读书。尼斯贝特的经历告诉我们，一名优秀的心理学家在自己的成长历程当中，是一定要有大量的读书经历的。

回忆录中还多次谈到了作者从小就有的抱负，以及这种抱负对自己一生的影响。谈到抱负的时候，作者还提到宗教里面的"使命的召唤"。我想，一名优秀的科学家一定是一个胸怀抱负的人。作者在这方面的描写，让我联想到孔子在《论语》里面说的话："吾十有五而志于学。"中国文化很看重一个人从小要立大志，只有立大志的人，将来才会有更大的成就。心理学的研究也反复证明了这一点。我想，心理学在今后的人才培养当中，也应该用抱负、担当、使命来提醒同学们，用立大志来促成一个人成大才。

尼斯贝特最后任职于密歇根大学，他对密歇根大学是无比热爱的。作者在书中反复谈到密歇根大学的文化氛围，谈到密歇根大学优秀的同事们。他对密歇根大学的热爱，主要基于学校里面有非评判性的良好氛围，他认为这一点是让每一位研究者能健康成长、充分发挥自己主观能动性的重要保证。我们知道，发展心理学的研究表明，一个孩子的健康成长需要有一个非评判性的良好环境，可是我们今天的状况正好与此相反。同样地，一所好的大学也应该有非评判性的氛围，但可惜今天这样的氛围也很难遇到。

作者在回忆录里面还反复提到了学科交叉的意义。他认为自己一生当中能做出来的很多重要研究、取得的重要成果，往往都是与多学科学者协作的结果。他谈到自己在大学参加了大量的交叉学科讨论的小组，按尼斯贝特自己的说法，除了社会心理学领域的学者，与他合作过的还包括认知心理学家、发展心理学家、人格心理学家、神经科学家、行为遗传学家、经济学家、哲学家、统计学家、计算机科学家、精神病学家、政治学家和法律学者，等等。说到这里，他再一次夸奖了密歇根大学："能与这么多优秀的人共事，完全是因为我的大部分职业生涯都是在密歇根大学度过的。那里汇聚了来自各领域的杰出学者。同样重要的是，密歇根大学鼓励教师之间的合作。我相信，行为科学领域的合作在密歇根大学比在美国任何其他大学都更为普遍。"

回忆录当中还谈到了一些趣事。例如作者提到了自己做的梦，梦中发现自己备不好课，十分地焦虑。读到这样的梦，让我会心一笑。因为我自己哪怕已经做了多年的大学老师，依然有时候会做梦，梦到自己的课没有备好、没有备完，但糟糕的是已经到了上课的时间。原来尼斯贝特也有这样的经历，这让我有了一些释然。

作者谈到了自己的性格，说他自己非常独立和个人主义，但作为一名科学家，他却非常相互依存和集体主义。作者在回忆录中反复提到的合作，就是这种相互依存和集体主义的表现。尼斯贝特还花了相当的篇幅谈了自己和研究生的关系，提到他很多著名的研究都是与研究生合作的。在回忆录的最后一段，尼斯贝特写道："我现在在做什么呢？主要是关注政治和时事。我经常提出一些研究想法。如果有一个好的研究生在我身边合作就好了！"在这里，我们感受到作者怀念良好人际关系的情感，也看到了一位真实、淳朴、谦逊的社会心理学家。

推荐序四

周欣悦
浙江大学管理学院教授

当我还是一个刚入行的年轻心理学家的时候，我有幸读到了一篇理查德·尼斯贝特教授关于东西方文化差异的研究论文。正是这篇论文，将我吸引到了社会心理学这个领域，让我深深爱上了这个充满魅力的学科。

读了尼斯贝特教授的书就像是给我们大脑的一次全身体检，而且是一次充满欢乐的体检。你可能会惊讶地发现，你引以为傲的决策能力，其实常常被各种奇怪的因素影响。比如，当你在商场里犹豫要不要买那条看起来很贵的牛仔裤时，旁边音响里正好放起了法语音乐，突然间，这条裤子就变得"高级"了。没错，这就是我们的大脑，总是被一些不相关的因素轻易左右。近期爆红的"国货之光"现象。为什么某些国产品牌突然成了年轻人的新宠？也许不仅仅是因为产品本身的质量，更多的是一种集体认知的转变。

我个人尤其喜欢的是理查德和彭凯平老师在文化心理学上的研究。举个例子，当看到一幅鱼缸的图片时，西方人更容易注意到那条大鱼，而东方人则更容易注意到那个鱼缸。这让我想起了我父母，他们不管到哪里旅游，都会在景区的大门那边跟写着景区名字的牌子拍照。对东方人来说，重要的不是"我是谁"，重要的是"我在哪里"。背景比人要更加重要，所以有一些犯错的孩子会告诉别人"我爸爸是×××"，试图以此减轻给自己的惩罚。

这本书跟理查德的上一本畅销书《思维版图》一样，会让你看到很多曾经被你忽视的真实的多样性和复杂性。比如说里面提到一个有趣的实验：让人们估计一个小镇的人口。有趣的是，当实验者告诉被试"这个小镇有一家麦当劳"时，人们的估计值会显著增加。看到这里，我不禁想到自己曾经因为看到一家星巴克就觉得这个地区非常繁华，决定租下附近的公寓，不由地哑然失笑。

在本书中，你会发现自己时而点头称是，时而哑然失笑。当你读到人们如何被小概率事件吓得不敢坐飞机，却毫不犹豫地超速驾驶时，你可能会想起自己曾经的类似经历。当你了解到我们如何被自己的文化背景所影响，甚至在看到相同的图片时会得出不同的结论时，你可能会重新思考自己对世界的认知。

作为一个被尼斯贝特教授"洗脑"多年的心理学家，我不得不承认，这本书再次刷新了我对人类思维的认知。它让我意识到，我们的大脑就像一台复杂的老式电脑，有时运行飞快，有时却无比卡顿，但正是这种不完美，造就了我们独特的人性。因为正如尼斯贝特教授所说："认识到自己有多蠢，才是真正聪明的开始。"在这个"后真相"时代，面对铺天盖地的信息和日益复杂的世界，我们更需要理解自己思维的局限性。

此时此刻，人工智能正在各个领域超越人类。人工智能甚至可以在我们过去引以为豪的写诗和作画这样的需要创造力和想象力的领域战胜绝大部分的人类。我最近阅读到的研究表明，跟人工智能聊天，甚至比跟人类聊天还要让人感觉自己被"理解"和被"共情"。那么，还有什么是我们独特的呢？我们要如何跟人工智能合作互补呢？读完这本书，你可能意识到，也许有一天，AI能在棋盘上打败所有人类，但它永远不会因为赢棋而感到快乐，也不会因为输棋而沮丧。这种情感体验，才是真正让我们成为人的东西。

所以，亲爱的读者，当你在阅读这本书时请记住：尽管我们的思维可能不像我们想象的那么理性和可靠，但正是这些"不完美"造就了我们独特的人性。我们的情感体验、道德判断和自我意识，这些都是 AI 难以企及的珍贵特质。甚至我们的冲动性，在你看来冲动并不是好事，但这却是我们大脑快速决策节省能量的好办法。当前训练一个大型语言模型可能需要消耗数百万瓦时的电力，相当于数百个家庭一年的用电量。而人类大脑每天只需要约 20 瓦的功率，相当于一个节能灯泡的能耗。如果我们的大脑像电脑一样耗能，我们可能需要背着一个小型核电站才能正常工作。在这个人工智能快速发展的时代，了解并珍惜这些人类特质变得尤为重要。让我们一起探索人类思维的奥秘，在认识自己局限性的同时，也更加珍惜那些使我们成为人的宝贵品质。

译者序

萧 檬

中国人民大学心理学系

在当代社会心理学图景中，理查德·E.尼斯贝特是一个载入史册的名字。自20世纪80年代文化心理学革命从美国密歇根大学社会心理学学派诞生以来，逐渐影响到了全世界的心理学界和人文社会科学界，让社会心理学、文化心理学和认知心理学及其彼此之间的交叉融合成为了心理学和人文社会科学的主流话语体系，而理查德·E.尼斯贝特教授正是这一伟大革命的创始者、引领者和开拓者。他不仅以其在社会心理学、文化心理学和认知心理学方面的开创性研究而著称，更因其在人类如何思考、人类如何推理、人类如何归因等文化与认知范畴的学术贡献和独特见解而享誉世界。《人类如何思考》是尼斯贝特教授对自己传奇人生历程的叙事和反思，是一部从其孩童时代、学术生涯和人生见闻生动鲜活的回忆录。

尼斯贝特教授以其独到的眼光、敏锐的洞察力和卓越的科学研究，在心理学研究中揭示了许多关于人类思维方式、智力理论以及推理方式等范畴的深层次奥秘。通过探索东西方文化在思维系统和推理模式方面的文化差异及其为什么形成这些文化差异，他的学术研究和深刻见解不仅拓展了我们对人类如何思考这一终极命题的认识和理解，还促进了不同文化之间的跨文化对话。尼斯贝特教授和我的导师彭凯平教授之间的师生之缘是国际心理学界的一段传奇佳话。作为《心理新青年》主编，我们曾经有幸在线采访过尼斯贝特教授，他带着幽默和耐心回答着学生们提出的问题，谈及他的学生时，他多次提及了他和凯平在美国密歇根大学共同创造的美好时光。他笑着回忆道：

> 凯平曾经在北京大学听过我的心理学课，而我在美国再次见到凯平，尽管他的英语不是特别流畅，但是我一眼就能看出，他是一个非常聪明的人。我研究了一辈子的认知心理学、思维方式和推理方式，而凯平笃定地告诉我"中国人和美国人的思维方式是不一样的"。我带着好奇和疑惑开始问他："你能更加具体地给我解释一下吗？"后来，凯平通过博览群书和认真思考，提出了中国人和西方人在思考方式上的 11 个文化差异，奠定了文化与认知这个研究领域的理论基础。

正是尼斯贝特教授对多元文化的好奇和求索，以及他和来自不同文化背景的学生们的思想碰撞与平等对话，最终诞生了诸多文化心理学的奠基理论，比如享誉全球的辩证思维 – 分析思维理论。辩证思维 – 分析思维理论之所以具有重大的理论贡献，是因为该理论让我们从心理学的视角更加深刻地理解了西方人的思维模式以及为何形成中西方文化差异的社会文化机制，包含古希腊的哲学思想、亚里士多德的形式逻辑以及分析思维、归纳、演绎、推理，等等；反之亦然，该理论也让西方人更加深刻地理解了中国人的思维模式以及中国人如何思考和推理，包含儒释道的核心思想以及辩证思维、整体思维、天人合一，等等。有意思的是，尼斯贝特教授的合作者和研究团队由来自全世界不同国家和不同文化背景的人构成，比如其中几位著名的代表人物有迈克尔·莫里斯、史蒂夫·海涅（Steve Heine）、彭凯平教授、纪丽君教授、北山忍（Shinobu Kitayama）、崔仁哲等。尼斯贝特教授尊重并喜爱人类的多样文化，怀着永不枯竭的好奇心和想象力和他的学生共同探寻人类思维方式、推理方式、归因方式及其中西方文化差异的现象及其背后的理论解释。同时巧妙结合了中西方哲学思想底蕴和实验社会心理学的研究范式，为哲学的思辨和论证提供了科学的实证依据，同时使得心理学的实证研究蕴含着深邃的哲学底蕴，融合了心理学的三种美：自然科学的实验美、人文学科的思想美和社会科学的宏观美。

在这本娓娓道来的人生回忆录中，尼斯贝特教授不仅追忆了他的童年时代、他的父母、他的老师、他的同事、他的太太等，同时给我们生动鲜活地叙述了他在不同的人生阶段、不同的城市、不同的大学和不同的心理学系经历了什么有趣好玩的故事，让我们仿佛代入角色、置身其中、身临其境，体验了另一种人生。作为一名读者，相信您能从本书的字里行间中走入尼斯贝特教授的思想世界，感受他对心理学的热爱和执着，品味学术研究的魅力和乐趣以及心理学家如何将自身的人生经历融合到了他们的心理学思想和人生故事之中。从早年的阅读启蒙，到美好的大学时光，再到遇见自己的人生伴侣，再到密歇根大学的教书生涯，再到心理学与不同学科之间的紧密合作，再到今天依然保持对心理学的思考和好奇，每一段故事都充满了跌宕起伏的人生体验。本书不仅是对尼斯贝特教授无比辉煌的学术生涯的致敬，更是送给读者的一份宝贵礼物。通过阅读这本大师回忆录，我们可以深深体会一位伟大的心理学家如何观察时代、如何思考问题、如何批判权威、如何与最聪明的人合作以及如何享受心理学的乐趣和魅力。

在此，特别感谢各位翻译者的辛勤工作，具体分工如下：埃尔帕索和梅德福两部分的章节由武汉大学哲学学院张春妹老师翻译，纽约这部分的章节由武汉大学哲学学院王志云老师翻译，纽黑文和图森这两部分的章节由清华大学心理与认知科学系户呈曦老师翻译，安娜堡这部分的章节由福建师范大学心理学院尹彬老师和美国亚利桑那州立大学社会与行为科学学院王宝玉老师翻译，全书内容由我统稿、编辑、校对，同时由我的导师清华大学心理与认知科学系彭凯平教授全篇审校。正是各位老师的共同努力使得这本杰出的大师回忆录能够与更多的中文读者见面。同时，特别感谢彭凯平老师、许燕老师、钟年老师和周欣悦老师为本书撰写才华横溢的推荐序。非常感谢中国人民大学出版社张亚捷先生对本书认真细致的策划和编辑。衷心希望读到此书的每一位读者都能从中获得灵感、智慧和心灵的滋养，感受到尼斯贝特教授对科学的热爱、对真理的追求和对心理学的杰出贡献。

最后，希望本书能够启蒙每一位读者在自己的人生道路上追寻属于自己的热爱和旷野，叩问自己的人生的价值和意义，将心理学的知识、智慧和大爱之心融入自己的生活，活出幸福、阳光、灿烂、蓬勃、恬静、丰盈之人生。

潇 檬

2024 年 10 月

自　序

　　为什么将《人类如何思考》作为本书的书名？每个人不都在思考吗？是的，但对"人类如何思考"进行深入思考的人并不多，至少我是这么认为的。此外，只有极少数人付出一生的心血从事思考方面的科学研究。

　　我一直致力于研究人们如何对世界进行推理和推论，包括：

- 人们应该如何推理和做出那些推论？
- 推理中常见的错误类型有哪些？
- 导致推理错误的原因有哪些？
- 人们可以在多大程度上改进推理？
- 哪些问题最好由有意识的思维解决？
- 哪些问题最好由无意识的思维解决？
- 智商与其他类型的认知技能相比有多重要？
- 我们应该如何根据这些问题的答案来思考智力问题？

　　为了回答这些科学问题，我以作为社会心理学家接受过的训练为基础，加之与其他社会心理学家以及认知心理学家、发展心理学家、人格心理学家、神经科学家、行为遗传学家、经济学家、哲学家、统计学家、计算机科学家、精神病学家、政治学家和法律学者进行了通力合作。

如果不与如此广泛的人合作，我不可能学到这么多关于人类思维的知识。通过合作，我们才有可能形成一种与专门从事该领域的科学家截然不同的对智力的看法。我开始相信，20 世纪末关于智力的共识在很大程度上是错误的。从本质上讲，我认为学术界过于看重遗传因素而忽视了环境因素的影响，最终导致人们没有认识到基因与环境交互作用的重要性。我认为，强调智商类型的才能而忽略了宝贵的认知技能和知识也是错误的，尽管这些技能和知识并不能帮助你在智商测试中获得高分。此外，得出有关"白人和黑人在智商方面存在差异，基因扮演重要的角色"这一结论也是绝对错误的。

能与这么多优秀的人共事，完全是因为我的大部分职业生涯都是在密歇根大学度过的。那里汇聚了来自各领域的杰出学者。同样重要的是，密歇根大学鼓励教师之间的合作，我相信，行为科学领域的合作在密歇根大学比在美国任何其他大学都更为普遍。本书提供了一些关于是什么使得大学里的合作成为可能的推测。

作为合作的成果，本书不同于你可能读到的任何学术自传。虽然我本人非常独立、个性十足，但作为科学家，我则是一名相互依存的集体主义者。这些研究团队在知识上的多样性使得它们能够研究极其广泛的课题，其中一些课题甚至与思考主题相去甚远，包括如何正确理解人格对社会行为的影响、微观经济学原理在我们日常生活决策中的应用、为什么典型的求职面试毫无价值、有一种"荣誉文化"可以解释美国南部的暴力现象、不同文化的成员如何看待世界的不同方面、为什么不同文化背景的人会以不同的方式看待世界、生态如何决定经济、经济又如何决定特有的社会关系，以及社会关系又如何决定了人们认知和思维方式。

献给苏珊

她让我们 50 年来的生活更美好

目　录

第二部分　梅德福

17岁时，我考入塔夫茨大学主修心理学。就在毕业前几个月，我以优异成绩被哈佛大学心理学专业录取了。

第三部分　纽约

我放弃了哈佛大学来到哥伦比亚大学读研，先后师从麦奎尔博士和沙赫特教授。我发现，导师－学生关系是一种美妙的共生关系，跟沙赫特一起工作是我莫大的荣幸。

我的导师沙赫特是个极具魅力、社交广泛的人物，他和他的学生交朋友，真正关心他们的生活，并乐于把他的学生推荐给学术界和艺术界的名人结识。

麦奎尔和沙赫特在各方面都有不同之处，这对学生是很有启发性的。通过观察麦奎尔和沙赫特对我的工作习惯也有很大的影响。

第四部分　纽黑文

从哥伦比亚大学毕业后，我来到耶鲁大学执教。我在耶鲁大学的头几年主要研究肥胖和饮食行为。但我并不喜欢耶鲁大学，那里的许多教师都自命不凡。

在哈佛大学认知科学中心的推动下，认知革命在 20 世纪 60 年代末开始发力。我自己对认知革命的贡献始于研究人们如何理解他们的情绪和唤醒状态。

20 世纪 60 年代后期，沙赫特和他的学生们（包括我）所做的研究，对归因理论的发展起到了重要作用。

第五部分　安娜堡

在密歇根大学，来自不同领域的专家们齐聚一堂，互相学习，共同研究，为推动科学的进步添砖加瓦，而这正是密歇根大学的魅力所在。

我在哥伦比亚大学和耶鲁大学所进行的大量研究表明，我们所认为是有意识做出的决策和评估实际上可能是潜意识和无意识因素的结果。

1980 年，我与李·罗斯合著的《人类推理：社会判断的策略与缺陷》一书出版，有关推理方面的研究成果在书中进行了展示，并对认知心理学和社会心理学产生了深远的影响。

我们的研究得出，理性和非理性之间的界限并非始终清晰，而且可能受到文化、教育和个体差异等因素的影响。

我的教学推翻了大多数心理学家认为无法教授抽象推理规则的观念。让人们尝试解决简单的大数定律问题，是我发现自己对哲学中"归纳问题"所做贡献的关键。

在密歇根大学期间，我有幸与阿莫斯工作过很长一段时间，他是我认识的人中最聪明的。阿莫斯不仅仅是在学术上才华横溢，而且在处理日常生活的问题上也有着令人惊叹的智慧。

第六部分 图森

第一部分　埃尔帕索

- 在我的记忆中，从很小的时候起我就喜欢四处游荡。我认为，我的独自游荡对我的智力发展至关重要。

- 我获得的最好的教育不是在学校，也不是在上大学之前的任何时候，而是来自在家里的阅读。

- 我认为，这有一个发展过程，尤其是对男孩子来说，阅读小说会越来越少，而读历史、传记和科学题材的书籍会越来越多。

- 从十几岁开始，我就或多或少地觉得自己想尽可能多地了解一切重要的事情。

- 我在高中没有做但应该做的一件事就是，尽可能多地学习物理和数学。我当时很自信，自己将走文科生之路，不需要这些课程知识。错了！对于一名心理学家来说，不学习这些课程的内容真是大错特错。

- 我觉得自己注定要成就一番伟业，于是就决定到得克萨斯州以外的地方上大学，因为我确信这里并不是我想要影响伟大世界的地方。

——理查德·E. 尼斯贝特

THINKING
A memoir

河谷上游

1947 年 6 月 1 日，在我六岁生日那天，我从火车上下来，踏上了得克萨斯州埃尔帕索（El Paso）火车站的站台。就在这时，突然有两个不协调的想法在我的脑海中激烈碰撞：（1）我正被一股极其燥热的空气冲击着，这不可能是大自然产生的；（2）我肯定是站在火车外的蓝天下。

我之前从来没有遇到过像 6 月的埃尔帕索这般燥热的天气。我和母亲从阿肯色州的小石城乘坐空调火车来到这里，我们曾在那里住过两段时间。小石城是我来埃尔帕索之前住过的六个地方之一，另一个是得克萨斯州的利特尔菲尔德，一个非常小的小镇，就在我出生的潘汉德尔以南。

搬了这么多次家是因为我父亲在我出生几年后应征入伍，所以这几年我们都没有固定住所。我和母亲曾在得克萨斯州的纳塔利亚住过一段时间，这里靠近外公外婆家，离圣安东尼奥约 30 英里①，我母亲后来把那里称作"油布棚"。我对纳塔莉亚最深刻的记忆是，外公把我的名字画在了生活在庄园里的一只大陆龟的壳上。我们还在得克萨斯州的威奇托福尔斯住过一阵，当我母亲用晾衣绳把我绑住防止我在邻里跑来跑去的时候，外公有时候会给我带来胡桃逗我开

---

① 1 英里 ≈1.61 千米。——译者注

心。在我的记忆中，从很小的时候起我就喜欢四处游荡。在我还是一个十几岁的孩子时，我经常离家远行，要么徒步要么骑自行车。我总感觉自己像是在探险，天知道会有什么事情发生。

父亲在火车站等我和母亲，然后把我们带到了埃尔帕索的上谷（格兰德河）他租的房子那里。那是一间非常小的用石头砌成的房子，后面有一个简陋框架卧室，我就睡在那里，而杂草时不时会从墙上的缝隙中长出来。房子后面还有几个外屋，包括一个鸡舍。房屋的后面是一条灌溉沟渠，将附近格兰德河的水引进一片棉花田。附近只有另外三座房子，其他地方就都是棉花田、苜蓿田、养马场和灌木丛生的沙漠，以及墨西哥农业工人在种植季和收获季才居住的居住区。从我们的房子可以看到美丽的克里斯托雷山，这是一座将埃尔帕索和墨西哥的华雷斯隔开的沙漠山。对我来说，这就是天堂。但对我母亲来说却不是，她一看到房子就哭了，说她没法住在这个垃圾堆里。我父亲安慰我母亲，只要她不哭了会马上再租一套房子。我们在这所房子里住了四年。

对于我这样一个爱游荡的人来说，这个地方简直是完美的。我最喜欢做的事情之一就是骑自行车到一英里外的格兰德河边。格兰德河在一年中的大部分时间都是涓涓细流，而到了灌溉季节，新墨西哥州的象鼻山大坝会放水，格兰德河就会汹涌澎湃。有好几次，当河水汹涌时我跳进去，并漂浮了四分之一英里才爬上岸。即使水性很好，这也是个很危险的行为，何况我并不怎么会游泳。格兰德河有漩涡，河底有些地方是流沙。当然，我的父母对我的河流冒险一无所知。

我认为，我的独自游荡对我的智力发展至关重要。毫无疑问，我的潜意识在那些探险中做了很多工作，如果我只是和邻居家的孩子一起玩，这些工作必定无法做到。有趣的是，预测成为一位成功的科学家的少数因素之一是一个人童年时生病的时间长短，这给了孩子大量的时间用于思考和阅读。

在游荡中，我会拎起我遇到的每一条蛇和蜥蜴（我知道要避开该地区常见的菱形响尾蛇）。我抓住蜥蜴的尾巴，它们会立即断尾而逃，留给我的是不停扭动的尾巴，而跑了的蜥蜴还会长出新尾巴来（尽管它们很容易长出新尾巴，但我必须承认它们可能宁愿不这样做）。由此看来，我是不是很喜欢爬行动物？根本不喜欢，事实上，我有轻微的爬行动物恐惧症。后来，我接触到了"逆恐"行为的概念，即人们特意接触令其感到恐惧的事物，希望这种经历可以减轻他们的恐惧。我认为，我捕捉爬行动物的行为就很好地诠释了这一概念。

在童年的后期，我又尝试了另一种逆恐行为，这种行为却带来了非常不幸的后果。我会从高处跳下来，试图克服我的恐高症。10岁那年，我从自家的房顶跳下来，把我右膝的前交叉韧带摔坏了，导致一大块软骨被撕裂，最终在我30多岁时切除了它。那次从屋顶跳下后，我不再恐高，而是极度怕高。

我的游荡范围延伸到了埃尔帕索市中心。8岁时，我会穿过棉花地步行一英里，乘坐30分钟的公交车到城里，甚至还去了很多其他地方。我是在我的父母并不知情的情况下，打着去看电影的旗号才被他们允许的。我会走进商业大厦和大酒店，包括新墨西哥州商人康拉德·希尔顿（Conrad Hilton）建造的第一家酒店。我特别喜欢去南埃尔帕索玩弹珠游戏，当时我是周围街区打弹珠唯一的白人孩子。我每次去都会光顾市中心广场，广场中央有一个池塘，池塘里有鳄鱼。直到我上了大学，向朋友们提起鳄鱼时，他们大吃一惊，我才意识到它们在广场池塘里出没的确很不寻常。有一次，我的牙齿矫正医生喝醉了，竟然从池塘里捞起一只鳄鱼，放进了一位同事的汽车后备厢里。与其他大多数地方比，在得克萨斯州发生这种事情并不那么令人惊讶。

在大城市里，父母能让一个8岁的孩子乘30分钟的公交车去看电影，这在今天是很难想象的。当我有了自己的孩子后，我问我母亲为什么让我这样做。她说："因为我们从未听说发生过什么不好的事情。"感谢上帝，我有一个美好的童年。而自那以后，成千上万的孩子极少能享受到这样的童年。

除了游荡探索，在其他很多方面我都充满了好奇心。我第一次参观博物馆时兴奋异常，很快就在自家的鸡舍里建了一个自己的博物馆。我的馆藏有岩石、贝壳、邮票和一只鸟巢。我还找到了一只死蜥蜴，把它放在一个罐子里，想观察腐烂的过程。我每隔几天就检查一次，可是几个月过去了，没有看到任何变化。在埃尔帕索干燥的气候下，死蜥蜴之所以不腐可能和埃及木乃伊的情形差不多。我还在父母不知情的情况下，在外屋前面的院子里挖了一条地道。如果地道塌了，可能要花很长时间才能找到我的木乃伊尸体。

来到埃尔帕索三个月后，我成了一名一年级小学生。上学的第一天，我们的老师德明特（Demint）讲了开场白，她说"作为一年级的同学，彼此要互相关爱"，于是我向旁边的小女孩献上了一个飞吻。我很清楚，这是一种非常不得体的行为，德明特老师被我激怒了，在接下来的一年里她经常生我的气。当我表现不好时，她会让我坐在教室外的台阶上。我却很喜欢这样，坐在台阶上看小鸟儿、看车水马龙、看小灌溉渠给草坪浇水，真是一种优待与享受。后来，德明特老师可能看出了这一点，开始把我送到医务室以示惩罚。真是无聊透了，所以我的不端行为也因此有所收敛。

我一直有一种强烈的冲动，想要做一些出格的事，尽管有些认识我很多年的人根本没有察觉到这一点。在我的记忆里，第一次做出格的事是我四五岁在小石城母亲带我去拜访邻居的那次。那天很热，邻居去开风扇时说："我有点害怕这台风扇，它可能会短路。"就在她触碰风扇开关的那一瞬间，我发出了"兹——"的一声，那位女士吓得跳将起来，随手扇了我一耳光。我和母亲都认为，挨这记耳光是对我恶行最恰当的惩罚。从我的角度来看，这种淘气获得的快乐是值得的。

◆ ◆ ◆

我获得的最好的教育不是在学校，也不是在上大学之前的任何时候，而是来自在家里的阅读。我的母亲基本上没有接受过高中以上的教育，但她肯定知道哪些经典之著该给我读，比如童谣集《鹅妈妈》（*Mother Goose*）、鲁德亚德·吉卜林（Rudyard Kipling）的《如此故事》（*Just So Stories*）、《绿野仙踪》（*The Wizard of Oz*）系列、罗伯特·路易斯·史蒂文森（Robert Louis Stevenson）的《金银岛》（*Treasure Island*）和《绑架》（*Kidnapped*），以及路易莎·梅·奥尔科特（Louisa May Alcott）的《小妇人》（*Little Women*）。我自己读的第一本书是《汤姆·斯威夫特与黄金之城》（*Tom Swift and the City of Gold*），我一口气读了几个小时，尽管眼睛酸痛得流泪，但我还是强忍着读完最后一章。

20 世纪初，记者 H. L. 门肯（H. L. Mencken）曾写道："我发现了《哈克贝利·费恩历险记》（*Huckleberry Finn*），这可能是我一生中最了不起的事件。"我几乎也可以这么说。很长一段时间，没有什么比《哈克贝利·费恩历险记》更精彩的事情出现在我的生活里。不知怎的，我的老师也都知道了我对这本书的迷恋。四年级时，我被允许在麦康奈尔（McConnell）老师的二年级班上朗读这本书的几个章节。麦康奈尔老师是我第一个也是我唯一一个喜爱的老师，也许部分原因是当她因为我的一些违规行为打我屁股时，她总是显得很心疼。

后来，我问母亲为什么经常给我读书听。"为了让你保持安静。按照今天的话来说，那时候的你可能有注意缺陷多动障碍①。"我可能确实患有注意缺

---

① 是一种以注意力无法持久集中、过度活跃和情绪易冲动为主症的神经发育障碍，俗称多动症。——译者注

陷多动障碍，直到40岁我才能专心聆听。在之前，即使是最有趣的讲话，我的思维也会不断地游移。

另一个重要的事件是我在米奇·卢蒂奇（Mickey Lutich）家的留声机上听到一首美妙的钢琴曲。有人告诉我，那是一首肖邦创作的波兰舞曲，这开启了我一生对古典音乐的热爱。我14岁沉迷于古典音乐，并开始为自己买唱片，其中大多数是出色的老哥伦比亚公司大师级的唱片。每当我放学回家，一发现新寄来的唱片时，就会无比兴奋大叫"舒伯特！贝多芬"。

我恳求我的父母让我学习弹钢琴。他们告诉我，他们负担不起这个费用。我相信他们说的是实话。这是我第一次有关家庭财务状况的记忆，当然肯定不是很好。我父亲从事的是一份已经不复存在的低薪工作——信贷信誉调查员，他会到他负责的受审查人居住的社区走访，向可能的知情人问一些诸如"他喝酒吗？他的车被收回过吗"的问题。我父亲曾告诉我，信贷调查员对油漆工、泥瓦工、裱糊工和水暖工等从事建筑行业的人特别警惕，他们往往饮酒过量。

我10岁那年，发生了两件大事，让我的人生轨迹变得更加幸运。一是我父亲被保德信保险公司（Prudential Insurance Company）聘为销售员。他在这个职位上表现得很好，并最终靠这份工作让一家人过上了中产阶级的生活。二是我们也搬到了下谷的新家——距离上谷那个小石头房子15英里远。这次搬家使我升了半年级，即从"四年级高部"升到"五年级低部"。这次跳级与我自身的天赋无关，只是因为上谷的学校比埃尔帕索东侧的郊区学校好。这次升级意味着我将在1月而不是6月从高中毕业。我不得不选一所在2月招生的大学，而这一事实决定了我的人生轨迹。

THINKING
A memoir | 河谷下游

搬到河谷下游的那天令人难忘。就在下午，我三岁的弟弟不知什么时间找不到了，父亲立刻想到去距离我们家四分之一英里远的格兰德河那边寻找。当他走近河边时，看到两个墨西哥裔美国男孩架着我弟弟迎面走来。他们在我弟弟失足落水之前抓住了他。

我们新家后面有一台大型挖土机，这对我这样的人来说太有吸引力了。我爬进驾驶室去一探究竟，发现地板上有一个可以按下的大按钮。于是我就按下了它，挖掘机前端臂长 10 英尺^①的铲斗立刻运转起来。母亲慌忙冲出家门去寻找邻居，希望在我找到启动挖土机前进的办法之前，能够让这个机械臂停下来。

河谷下游的房子虽然比上游的大不了多少，却是新建的，而且由原来的两间卧室变成了三间小卧室。这所房子的屋顶上安有一个蒸发冷却器，它的工作原理是把热空气吹到水上，水顺着稻草一样的垫子淌下来，从而带走空气中的大部分热量。这一装置类似中央空调，这是新房子的一个巨大优势。

新环境让我大失所望。这座小粉刷房位于一个小区的中间，该小区到处都

① 1 英尺 ≈ 0.3048 米 。——译者注

是这种小粉刷房。棉花地离这里很远，骑自行车一时半会儿根本到不了。下游的河道远没有河谷上游那么有趣，河边没有树木或其他植被，河的一侧也没有平行的、两旁长有一排盐雪松、河里有很多鲶鱼和小龙虾的大运河。不过，我还是喜欢骑着自行车到河堤的顶端，那里是城市大量未经处理的污水流入河中的地方。雷克斯是我们搬家时养的一只斯普林格猎犬，骑行的一路它一直陪伴着我。

我的主要活动是阅读，为了寻求更多的知识也为了多看些故事。我的童年和青少年时期都是为小说而活，但后来就不怎么读小说了，16 岁时我就只看科幻小说。我认为，这有一个发展过程，尤其是对男孩子来说，阅读小说会越来越少，而读历史、传记和科学题材的书籍会越来越多。小说的刺激力对我来说日渐衰退，但是加布里埃尔·加西亚·马尔克斯（Gabriel Garcia Marquez）所著的《百年孤独》（*A Hundred Years of Solitude*）则是一个值得称道的例外。我必须重温《哈克贝利·费恩历险记》，才能找到一本能够如此彻底地把我带入另一个世界的书。

我曾读到托马斯·爱迪生小时候立志要读完俄亥俄州米兰市图书馆的所有书的故事，他在读完 A 开头的书籍后才意识到这个志向是无法实现的。我认为自己年轻时类似的决心尚未达到意识层面，但我确实记得，在我 12 岁左右的时候就决心要把家藏《科利尔百科全书》（*Collier's Encyclopedia*）附带的所有科学书籍通读一遍。一个月来，我随身携带着这个系列的第一本书——《力学的故事》（*The Story of Mechanics*），前六页被我翻得很脏，但是我并没有读懂。当然，我要读完第一本书才能开始第二本书。直到我上了大学，才允许自己放弃已经开始读的书。这是个愚蠢、偏执的特质，没有任何可取之处。

从十几岁开始，我就或多或少地觉得自己想尽可能多地了解一切重要的事情。直到最近，我才开始浏览而不是细读《纽约书评》（*The New York Review of Books*）。我不再觉得自己需要了解拉斐尔前派（pre-Raphaelite）运动在艺术上的根源，我也真的不需要更多关于弗吉尼亚·伍尔夫（Virginia Woolf）和20世纪初布鲁姆斯伯里团体（Bloomsbury Group）的信息。最近，我读到了一个有趣的观察文章，说最后一个知道所有值得知道的事情的人是列奥纳多·达·芬奇。所以说真的，我永远都无法接近我的目标！

直到成年早期，我都是一个阅读速度极慢的人。如果你读的是重要的东西，这可能是一个优势。缓慢而稳定的学习方式有助于理解、记忆和再加工，让材料成为你自己的。另一方面，我也缓慢地读过很多无价值的东西。我曾尝试着教自己速读，但一直没有掌握窍门，直到我不得不阅读大量的科学文章。如果你想尽可能多地阅读，就必须在段落层面而不是句子层面进行处理，更不用说单词层面了。你的座右铭必须是"无论如何眼睛都要快速移动"。当然，这只适用于我桌子上出现的大部分内容。当我有真正重要的东西要读，或者只是为了消遣而阅读时，我的慢读习惯就会有恢复。

从河谷下游乘坐公交车30分钟就能到达的市中心图书馆，是我在埃尔帕索生活的一抹灿烂。这座建筑本身就是一座美丽的现代建筑，由华丽的奶油色、镶嵌着化石的石灰岩建造，馆内摆放着散发出美妙气味的石灰橡木书架。选上几本狄更斯、阿西莫夫、弗洛伊德的书回家，坐在公共汽车上吃着图书馆对面街上买的甜甜圈，生活中没有什么比这样的经历更令人陶醉的了。

◆　◆　◆

我10岁时加入了幼童军，11岁成为童子军队员。童子军活动是我所经历的最棒的事情之一。我从未有过和其他同龄孩子生活在一个社区里的经历，所以我的社交能力相当初级，抑或许我的社交能力不太好跟我内向的性格有很大关系。连续几天和其他男孩子在一起，大大提高了我的社交能力。据说，我所在的由古尔利（Gourley）老师率领的童子军24队是最好的队伍。我们在新墨西哥州克劳德克罗夫特的松树林里有自己的宿营地，该营地位于埃尔帕索以北100英里的林肯国家森林公园内。每年夏天，我们还与来自埃尔帕索和新墨西哥州的其他十几支队伍一起，到新墨西哥州鲁伊多索的一个有山涧流经的营地驻扎两周。

从到达鲁伊多索营地的那一刻起，大家就在讨论哪个男孩能在营地活动结束时徒步登上巴尔迪山顶。巴尔迪的峰顶距离营地有2500英尺，要经过13次跨越溪流的崎岖山路才能到达。我对自己体能的信心甚至比对社交能力的信心还要低。不过，在我参加夏令营的最后一年，十三四岁的我决定要去尝试攀登巴尔迪峰顶。我的童子军伙伴们显然也和我一样，对自己缺乏信心。在那些有望登顶的童子军中，从来没有人提到过我。

虽然在最后一个半小时的徒步攀爬中我非常疲惫，但我还是登上了山顶。我从森林边缘跑到四分之一英里外的山顶，穿过一片野花地。在我之后的生活中，几乎没有什么比这更让我感到振奋的了。从山顶可以看到100英里外的埃尔帕索的富兰克林山脉，以及大约50英里外的白沙国家纪念碑的黑色熔岩区和刺眼的白色沙丘。这一成就深刻地影响了我对自己的定义：我很坚强，我很勇敢，我是个男子汉。如果有一天你对自己有了这种感觉，那么，你会感觉到其他人也会对你有这种感觉。

童子军24队的足迹遍布美国西南部，包括长途旅行前往大弯国家公园、布莱斯峡谷、锡安峡谷、梅萨维德国家公园、石化森林、大盐湖和美国大峡谷，真是美不胜收、妙不可言。在那些日子里，就我们这一支队伍完全独享这些地方的大片美景。在大多数的旅途中，孩子们一字排开，坐在一辆老式军用卡车的无安全带长椅上。尽管这在当时是最好的，但在今天也是不可想象的。这与把五六个孩子塞进几辆城市越野车里的体验是不一样的。

尽管在正常情况下我不太可能有这样的勇气和毅力，但我还是成为一名鹰级童子军。古尔利老师给我们安排了足够多的荣誉徽章课程，最终我们22人全都获得了这一奖项。这却引发了一场需要调查的全国性奇闻事件，因为历史上没有任何一支童子军队伍在同一时间颁发过如此多的鹰级童子军徽章。但事实证明，我们并没有违规，徽章也都得以保留了下来。

我在上斯蒂芬·F.奥斯汀高中期间，做了很多对我以后的生活有影响的事情，其中最重要的是我提升了辩论的能力。辩论对年轻人来说是一项非常有价值的活动，你必须学会紧扣笔记要点进行流畅的表达。这对今后你所从事的很多职业来说，擅长辩论真的是一笔巨大的财富，能够促使你所表达的观点简明扼要、条理清晰。辩论还有一个我未曾听闻的优点——它能给你上宝贵的一课，即有人可以在不歪曲任何事实的情况下，提出一个流畅、清晰、令人信服的观点，而这个论点仍然可能是一派胡言。当你深刻认识到这一点时，你就能更好地适应我们当下的世界。

奥斯汀高中设有一个由学生担任的管理岗位，每逢学校有大型集会时承担司仪工作。在毕业那年，我担任了这一职务。这个学生管理的职责之一是为周五晚上的足球赛组织好呐喊助威工作，其中包括为本球队加油鼓劲，为对手喝倒彩。在与镇上另一所重点高中——埃尔帕索高中的年度比赛中，我们各自都会通过广播播报组织的助威活动，所以双方都能从广播里获得对方助威情况。比赛之前，校长把我拉到一边嘱咐道："我以前是校队的足球教练，我曾让队员们在更衣室听比赛助威播报。每当对方学生管理员说一些贬损我们球队的话时，我便会说'孩子们，知道他们是怎么看你们的吗'，这样可以很好地激励他们。反之，不要说任何可能被对方教练利用的话。记住，我们是弱者。"

我点了点头，但并没照做。我对埃尔帕索高中及其球队进行了全方位的抨击，比如"埃尔帕索自称山上的学校，今晚它将成为山沟里的学校"这样的俏皮话，每一次抨击都会引起全场观众的阵阵欢呼。可以说，我绝对知道煽动人心的刺激。当然，校长很生气，但我已经被大学录取了，不会有什么影响，而且我们赢了。我没有功劳也有苦劳。

我上高中时还演过不少戏，曾在参加地区比赛的独幕剧中担任过主角。我还在让·吉洛杜（Jean Giraudoux）的《狂女查洛特》（*The Madwoman of Chaillot*）中扮演过拾荒者，演出结束后，我坐在观众席上，一边为自己出色表现感到高兴，一边观看埃尔帕索高中的独幕剧。可是不到五分钟，我便感到了羞愧，他们的男主角绝对棒极了，说他是个天才演员也绝不为过。相比之下，我发现自己简直是个业余演员，评委的点评也证实了这一点，诸如"你对所演的角色没有真正领悟，你只是在随意地表演"这样的评价。数十年后，埃尔帕索高中的领衔主演 F. 默里·亚伯拉罕（F. Murray Abraham）凭借影片《莫扎特传》（*Amadeus*）中的安东尼奥·萨列里一角获得奥斯卡奖。

有一次，我突发奇想，想包一列火车去奥斯汀高中所在的小镇踢一场足球赛。我冒充学校官员给南太平洋公司打电话。我没想过会成功。如果是面对面协商，他们则会发现他们对面是一个 17 岁的孩子。不过，令人惊讶的是，包火车这事竟然通过了。一些家长和校方管理者听闻了我的策划，认为这是个好主意，于是我们包下了火车！火车在很多人的陪同下出发了，这并不是我计划的一部分，而且这件事后续实施的过程显然没有我酝酿的过程那么令人兴奋。

我在高中没有做但应该做的一件事就是，尽可能多地学习物理和数学。我当时很自信，自己将走文科生之路，不需要这些课程知识。错了！对于一名心理学家来说，不学习这些课程的内容真是大错特错。我很少学数学的部分原因是，我认定自己在数学方面不会再有什么出色的表现。四年级时我的数学成绩还不错，可到了五年级却遇到了真正的困难：当时同学们开始学习分数，我却因单核细胞增多症在家养病。此后，我的数学成绩一直不理想。我父母的说法是："尼斯贝特家的人的数学从来都不怎么好。"我很满意这种托词。同样，对于体育运动我也是能躲就躲。那是从三年级开始的，学校要求我们打垒球，而我真的打得很糟。当时我真应该找一个信任的人来做我的生活导师的，比如社会心理学家卡罗尔·德韦克（Carol Dweck）。他就说过："如果你认为某件事是可以学习的，那么你就很有可能学会它；如果你认为你所拥有的任何能力都是与生俱来的，那么你就不太可能进步。"

我在高中的理科学习止步于化学。我不喜欢化学，部分原因是教化学的老师有口臭。几十年后，当我第一次闻到腐烂的紫丁香花的味道时，我一下子有了法国大文豪马赛尔·普鲁斯特（Marcel Proust）所描述的吃了玛德莱娜小蛋糕的体验。奥斯汀高中、化学课以及海明格老师（别担心，这不是他的真名，他的后代不会感到尴尬）的气息突然扑面而来。

高三那年，我尝试过多种身份。当时，得克萨斯州的高中有陆军预备役军官训练团（Reserve Officer Training Corps，ROTC），能身着军装用 M1 步枪射击让我很兴奋。于是，我加入了陆军预备役军官训练团操练队，在那里你可以穿上整齐的绳状肩祥。但是，我应该早料到的，剩下的便是齐步走、齐步走、齐步走。我在那里没待多久。后来，我加入了疯帽匠热血赛车俱乐部（Mad Hatters Hot Rod Club）。我的确喜欢汽车，尽管我那辆 1949 年产的雪佛兰四门轿车几乎不被认为是可改装的提速车。俱乐部里充斥着油脂、香烟烟雾和青少年意气的混合气味。我不喜欢那种气味，而且我几乎不知道化油器和歧管之间的区别，所以我很快又放弃了这个身份。

同年，我读了菲利普·怀利（Philip Wylie）写的一本书，书名是《21 号作品》（ Opus 21 ）"opus" 这个词我还特意查了一下。这本书涵盖了怀利对生活、社会和文学的观察。他让我认识了一个新词"知识分子"（intellectual）。就是这个词！说的就是我！我加入了一个自称"哲学俱乐部"的团体。我开始在每周六晚上参加社团发起的激烈的自由讨论（这会让你了解俱乐部成员的社会生活质量）。我们讨论文学、电影、人生哲学，以及在埃尔帕索除我们之外其他人令人遗憾的狭隘主义。我找到了自己的身份，至少在我心中是这样的。

THINKING
A memoir

富兰克林山

读高中时，我家搬到了富兰克林山山坡上一栋非常漂亮的房子里，埃尔帕索市就是围绕着这座大山建造的。我就读的高中在某种程度上是当地的非典型学校，因为它是完全种族融合的。这所学校大约有 75% 的白种人和 25% 的拉丁裔。除了体育活动外，我们两个群体在课外几乎不接触。我们生活在完全不同的世界里。我从未见过与种族有关的争执。今天被称为"戏剧性"的争吵事件也总是发生在族群内部。

我有一个拉丁裔朋友，但他并不是我的密友。我的一个真正亲密的朋友的母亲是拉丁裔，但我从未见过任何他吸收了很多拉丁文化的迹象。当我七岁的弟弟上学时，学校里的情况已发生了变化，不同族群之间的交往更加频繁了。我弟弟的女友和几个朋友都是拉丁裔。

埃尔帕索与墨西哥的华雷斯市（Juarez）隔河相望。在我成长的记忆里，华雷斯市是大多数埃尔帕索居民生活的重要组成部分。在那里，上至高级龙舌兰酒和高级珠宝，下至墨西哥传统披肩和西班牙响板，各种商品应有尽有。到访华雷斯夜总会的人均数量超过世界上任何一个城市，市里还有大量的妓院。华雷斯为什么会有这么多的娱乐场所呢？答案是，在埃尔帕索建有两个美军军事基地，一个是陆军的布利斯堡（Fort Bliss），另一个是空军的比格斯机场（Biggs Field）。

夜总会有相当一部分的顾客是我这样的埃尔帕索高中生。我们会在晚上开车过桥，在那些从未听说过需验明身份证的夜总会里喝啤酒甚至是烈酒。通常，学生们都会喝得酩酊大醉。有好几次，我都不清楚自己是怎么把车开回埃尔帕索的。

我喜欢华雷斯除了那里的夜总会还有其他原因，但跟墨西哥文化却毫不沾边。今天看来倒是很奇怪，因为我最终成了一名文化心理学家，并深受墨西哥文化的熏陶。现在，一年中有一半的时间我会住在位于图森市（Tucson）的一栋圣塔菲土坯风格的房子里，我和我的妻子每年都会去墨西哥几次。

我的高中女友琼可谓百里挑一，她就读一所天主教女子学校，那里有很多学生是墨西哥人（跨境通勤者）或是墨西哥裔美国人。琼觉得墨西哥文化很有趣，鼓励我去了解，但我不为所动。琼还要我了解她的宗教信仰，并劝说我每周二晚上跟她一起参加奥康纳（O'Connor）主教的慕道班。我对宗教很感兴趣，放弃宗教的原因和许多聪明的青少年一样，即无法将全能上帝的概念与完全仁慈的上帝相调和。

我对琼更感兴趣。我从天主教中学到的最有趣的内容不是来自主教，而是来自琼那里。至于性方面的问题，她告诉我，只有通奸才是弥天大罪；其他一切都是简单的官僚问题，只涉及《圣母颂》（Ave Maria）里的几句话。

我自己的宗教背景是卫理公会教派（Methodist churches）。在我成为不可知论者的几年里，我确信我的宗教教育对我没有任何影响。人到中年时，我读到了马克斯·韦伯所著的《新教伦理与资本主义精神》（Protestant Ethic and the Spirit of Capitalism）。这本书写于100年前，描述了至今200年前的英国约翰·卫斯理（John Wesley）的卫理公会。认识到自己的身份给了我极大的震撼。我意识到，撇开上帝的部分不谈，我在种族上是卫理公会教徒。例如，从路德教经由加尔文主义传下来的"使命的召唤"（calling）的概念，是卫理公会的核心。你会明白，你必须有一个使命的召唤、一件你注定要做的事情。这个召唤必须是致力于服务你的人类同胞，服务得越多越好。"尽职尽责"和"一丝不苟"是他们的口头禅，他们在平时的生活中处处表现出顽强与坚韧。我的同教希拉里·克林顿（Hillary Clinton）就是这样的人。

我不得不承认，如果你问我"是谁在召唤"，我也说不清。当然，我的使命是心理学。而且我认为，我在心理学上进行的研究和教学工作确实在为人类同胞服务。令我好奇的是，我的犹太朋友没有"使命的召唤"概念，至少不是新教意义上的"使命的召唤"。当我告诉他们我必须有一个使命时，他们感到很困惑。

除了琼之外，我的社交圈还有三名至交：罗伊，来自工人家庭；雷克斯，一个出身中产阶级的哥们儿（跟我家狗的名字一样，我从他那里获益良多）；以及佩吉，她也许是中上层阶级出身。我们四人一起去看电影、去打台球、去汽车餐厅、去华雷斯市。我相信，我们的平均绩点①（GPAs）在班上一定名列前茅。

我的这些朋友最终都拥有了非凡的人生。罗伊成为海军的一名王牌飞行员，并最终成为一名高级海军军官。雷克斯经营着一家舞蹈工作室，开过餐厅，为美国著名的橄榄球赛事"太阳碗"游行设计和制作过花车，并与他的合伙人理查德·盖伊（Richard Guy）一起策划了 29 届埃尔帕索美国小姐

---

① 在美国，平均绩点是衡量学生所有高中课程学术表现的指标，也是衡量学生学业成功的主要标准，不管是在大学招生选拔还是奖学金申请中，平均绩点都显得尤其重要。——译者注

（29 Miss El Paso USA）大赛，主办了 16 届得克萨斯美国小姐（16 Miss Texas USA）大赛，并指导六位女性摘得美国小姐（Miss USA）桂冠，其中五位是连续夺冠！佩吉高中毕业后考入位于丹顿（Denton）的得克萨斯女子大学（Texas Woman's University），第一学期获得了五个 A+，并下定决心让自己的人生更加精彩。后来她搬到好莱坞，本想当一名演员，但最终成了《不是冤家不聚头》（The Odd Couple）和《那个女孩》（That Girl）等大片的编剧。她最终与小塞缪尔·戈德温（Samuel Goldwyn, Jr.）结婚，并与他一起经营电影工作室多年。

◆ ◆ ◆

我在埃尔帕索见到的黑人只有军人，而且在城里很难见到他们。这座城市本身只有不到 1% 的黑人。尽管如此，在城市公交车上还是开辟出一个"有色人种区域"。在我的记忆中，从来没有见过有黑人坐在里面。我喜欢坐在这个区域，因为它是公共汽车上唯一一个座位与行驶路线成直角的区域，你可以看到你平常如果面朝前方看不见的风景。埃尔帕索在早期的民权运动中曾有过昙花一现的名声，当时它成为美国旧邦联中第一个废除公交车有色人种区的城市。这是一个相当不痛不痒的让步。

我上高中时，摇滚乐刚刚流行起来。我喜爱摇滚乐，也特别喜欢它的前身黑人音乐，尤其是它的节奏和蓝调音乐。我过去常常在晚上 11:00 之后打开汽车的收音机，那时大多数广播电台都停播了，来自新奥尔良 R&B 电台的信号却很清晰地传来。我 16 岁那年，在埃尔帕索的体育馆举办了一场摇滚音乐会，费兹·多米诺（Fats Domino）、查克·贝里（Chuck Berry）和 Coasters 乐队都参加了演出。我和埃尔帕索方圆 300 英里内的所有非洲裔美国人都去了现场（我是为数不多的白人之一，也许是唯一的白人）。那是一次无价的经历，光是看到了查克·贝里的鸭步就够本了。

我的第一篇出版物是写给《埃尔帕索时报》（*El Paso Times*）并刊登的一封信。有人写信给报社，说他是一名 15 岁的基督教男孩，反对猫王和摇滚乐，说摇滚乐是邪恶的，因为它来自非洲。我写的一封信说我也是一名 15 岁的基督教男孩，喜欢猫王和摇滚乐，摇滚乐并不邪恶，它起源于非洲并不能成为反对它的理由。

我的母亲美貌动人，从多方面来看，她是典型的 20 世纪 50 年代美国郊区家庭的母亲。不过，她精力充沛、智慧超群且幽默感十足，讲起书来极具魅力。后来，她还当上了埃尔帕索妇女俱乐部的主席。她是位好母亲，也是位好妻子，尽管有时言辞尖刻。我逐渐意识到，她生活的那个年代并不适合她的才情，她理应成为一名职业女性。而我的父亲作为一个 20 世纪中期的丈夫，觉得自己有权坚持不让我母亲外出工作。这很可能是出于嫉妒，我母亲在父亲去世后曾告诉过我，他的嫉妒心极其强烈。20 世纪 60 年代，我很早就成了女权主义的拥护者，部分原因是我深知这一价值观可以解放我的母亲，让她过上更充实的生活。我是母亲的心头肉，但如果你的母亲是一个充满激情、挫折和经常愤怒的女人，这种角色可能是甜蜜与苦涩交织的。我的弟弟则更容易受到母亲的关注。

我的父亲身材高挑（23 岁结婚时身高 6 英尺，体重 125 磅[①]），英俊潇洒，虽然不到 30 岁就基本谢顶了。他是一个好人，有时热情，但通常很冷漠，妥妥 20 世纪 50 年代的父亲形象。除了偶尔会给我讲个故事，他从未真正陪伴过我。我下定决心，如果将来我有了孩子，我绝不能成为那样的父亲。相比之

---

① 1 磅 ≈0.454 千克。——译者注

下，父亲对我弟弟的感情投入要多得多。母亲告诉我，父亲年轻时极有抱负，他曾制订过一个从零售信贷公司调查员晋升至首席执行官的宏伟计划。

我 15 岁那年的 6 月，我们一家人即将从下谷搬到富兰克林山的新居，那段时间我度过了一个又一个灿烂的日子。天气好得难以置信，我的社交和学校生活都很顺利。而即将到来的暑假能让我一整天要么读书要么闲逛，正所谓"人生得意须尽欢"。

可就在 6 月一个繁星闪烁的夜晚，我的父亲走到后院，脱光了衣服，撕坏了我在父亲节那天刚送给他的手表带，并宣称世界末日即将来临。母亲将他哄上了床，然后告诉我他做了什么。我含泪问他为什么要撕坏我送他的父亲节礼物。母亲设法请来了他最好的朋友。这位朋友建议打电话给他认识的一位精神科医生斯特恩大夫。但是父亲却对这位精神科医生大喊大叫，不欢迎犹太人来他家。我真的相信，我的父亲从骨子里绝对没有反犹太人的成见（或者对任何族裔的恶意）。斯特恩医生没有理会他的侮辱，而且在接下来的 30 年里一直是我父亲敬重和爱戴的精神科医生。

我父亲后来是如何平静下来的我记不太清楚了，但他一定在医院住了不长的一段时间。在经历了几周的狂躁之后，他陷入了深深的抑郁。这种情况在第二年的 6 月又重演了一次。我后来从书上看到，春天往往是狂躁症的诱发因素。在那两次狂躁期之后，父亲再也没有出现过类似情况，只是不时陷入抑郁期，这让我和母亲感到痛苦不堪。

我父亲的躁郁症预示着我自己也会患上轻度躁郁症。我从未得过精神病，对我最亢奋的状态的最恰当的描述应该是轻度躁狂。这种亢奋状态常常在春天出现，并且并不总是令人愉悦的。在高潮过后，我通常会度过一段低潮期，从长时间的无精打采到连续数周的精神痛苦。几十年来，轻度躁狂发作过后的冷静期是我创造性思维最富有成效的阶段。实际上，在那段时间，我对轻度躁狂发作时涌现的最佳创意进行了筛选和整理。

富有成效和创造性对于我的健康至关重要。至少从 15 岁起我就雄心勃勃，我的意思是真正的抱负，我甚至估算过自己成为美国总统的概率。首先，我注意到在美国的 2 亿人口中，我可以立刻因性别原因将其中一半人排除在竞争之外。然后，我可以把一半的男性排除在外，因为他们还有很大一部分是因为他们不是白人，还有一小部分是因为他们不太聪明，等等。但我始终无法使概率超过千分之一 ——这还不足以促使我投身政治。这种抱负从何而来呢？几年前，我读过一篇关于得克萨斯州西部豆农子女的人类学研究，其中一半的男孩子都打算成为总统。也许正是得克萨斯州西部的尘土或者那辽阔的天空，让人心生这样的抱负。

幸运的是，在我意识到自己无法成为总统之后不久，在我努力了解父亲精神疾病的过程中，我阅读了卡尔文·霍尔的《弗洛伊德心理学入门》。这本书对我来说就如同一把钥匙打开了一扇紧闭的门。读到关于人们头脑中发生了什么，以及这又如何决定他们的行为方式的理论时，我感到兴奋不已。我觉得我自己也能提出这样有趣的观点，并觉得能成为像弗洛伊德这样的人物我也会很知足。

我觉得自己注定要成就一番伟业，于是就决定到得克萨斯州以外的地方上大学，因为我确信这里并不是我想要影响伟大世界的地方。

据我所知，美国有代表性的文学作品大多出自 19 世纪的东北部新英格兰地区。我也隐约（并正确地）认为，全美最好的学校有一大部分都在那个地区。于是，我选择了新英格兰。我听说过文理学院的概念，"文科"这个词听起来不错，"艺术"听起来也很好。由于我上高中时跳了半级，所以 1 月就毕业了。我想马上开始我的大学生活，于是我在《洛夫乔伊大学指南》(*Lovejoy's College Guide*)上查找那所位于新英格兰地区、二月份开学、大学入学平均考试成绩最高的文理学院。结果发现，那所学院位于一个我之前从未听说过的、名为塔夫茨（Tufts）的地方。

在我离开埃尔帕索火车站前往波士顿时，告别场景令我紧张得无法自已。站台上有我的父母、女友以及三个挚友。我是一个高度自我审视的人，也就是说，我通常对自己给别人营造的印象极度敏感，并会针对不同的人定制不同的印象。然而，不幸的是，我给父母、女友和朋友们留下的印象截然不同。在朋友眼中，我玩世不恭、蛮横无理；在女友眼中，我深情、高尚且浪漫；在父母眼中，我是……不管怎样，我在父母面前从不戴上任何面具，但他们肯定不了解我深埋内心的真实想法。在等火车的时候，我几乎说不出话来。我的亲友们彼此之间也和我一样尴尬。他们彼此不熟悉，没有什么共同话题，而我也无法给他们提供任何话题，因为我都快废掉了。

我无法找到一个最优的、能同时满足站台上所有角色需求的解决方案，当我登上火车时就在想："每个人会不会想'我要告别的这个人到底是一个什么样的人呢'？"

当我在驶向东方的列车上落座后，我也在自问同样的问题。

第二部分　梅德福

- 最有天赋或出身名门的学生都去了常春藤名校，或者去了非常难进的文理学院。而我报考的塔夫茨大学的学生几乎都来自美国东北部，他们的天赋范围很窄，从不笨到不聪明都有。

- 我在塔夫茨大学主修心理学，读完卡尔文·霍尔的《弗洛伊德心理学入门》后，我对自己将来会成为一名心理学家深信不疑。

- 在塔夫茨大学时，我经常感到非常沮丧。我惊叹自己的自制力，正是这种自制力让我能够在几乎所有醒着的时间里都在学习，而大部分时间里却很痛苦。

- 在埃尔帕索，我只认识几个和我一样聪明的人，而且我认为没有人比我更聪明，在塔夫茨大学也是如此。如果是在哈佛大学，我定会被比我聪明的人包围。那么，我还会追求有朝一日成为一名伟大心理学家的梦想吗？

——理查德·E. 尼斯贝特

04

THINKING
A memoir

| 极好的世界

"你傻了吧？"波士顿南站的一名非洲裔行李搬运工目瞪口呆地问我。这是我在梅森–迪克逊线①（Mason-Dixon Line）听到的第一句话。实际上，也是我在得克萨斯州狭长地带以北听到的第一句话。

这回轮到我目瞪口呆了。因为我只是问了一个简单的问题："我该怎么去地铁站？"行李搬运工看着我因惊讶而张大的嘴巴问道："要把这三个大行李箱弄上地铁，你是怎么想的？"其实，我没有想过这个问题。我对地铁只有一个模糊的概念，即地铁就跟火车一样，只是没有那么好，也不那么适合长途旅行罢了。我同样没想过，地铁上可能没有行李箱。

我怎么会带上三个大行李箱？我和母亲把我们认为在新英格兰大学生活的一切必需品都塞了进去，其中包括我的留声机和一大堆唱片，而且我母亲觉得要带上一件白色无尾晚礼服。

行李搬运工很同情我。他动身帮我把行李搬到了出租车站。打车花费了 6 美元，这对于从埃尔帕索坐火车吃了两天汉堡的我来说，6 美元可是所剩无几

---

① 美国北方和南方的分界线，也是美国内战奴隶州与非奴隶州之间的分界线。在美国历史上，一直被用来标志美国南北之间的文化、经济和政治差异。——译者注

的现金中的大头。

◆ ◆ ◆

我经常开玩笑说，我17岁时离开了得克萨斯州，到异国他乡上大学，而这正是我那年2月第一次乘坐灰色出租车从南站前往马萨诸塞州梅德福市的感受。波士顿那些深色的砖砌公寓楼、深色的褐石屋，以及剑桥、萨默维尔和梅德福那些阴森、昏暗、灰白相间的三层框架式私人住宅和公寓房，都是我以前从未见过的。当然，这里与埃尔帕索的牧场风格和人造土坯房是完全不同的。

我在大学选择上的高度理性化导致了一个不太好的结果，至少在短期内是这样的。我不了解东部大学的层级结构：最有天赋或出身名门的学生都去了常春藤名校，或者去了非常难进的文理学院，比如阿默斯特学院、威廉姆斯学院和斯沃斯莫尔学院；塔夫茨大学、科尔比大学、卫斯理大学和罗切斯特大学等学校的学生几乎都来自东北部，他们的天赋范围很窄，从不笨到不聪明都有。当然，我也能找到一些聪明人一起玩，但我想象中的一大群才华横溢的人却没能出现在塔夫茨大学里。

我去了新英格兰，以为自己能和那里的人打成一片，这是依据我不是典型的得克萨斯州的人这一事实得出的，这是一个并非不合理但却是错误的推论。事实还证明，我与新英格兰的基督徒并不合群。我遇到的有趣的人往往是来自纽约地区的犹太人，所以我的朋友几乎都是犹太人。这让我开始了一个漫长的文化适应过程，这个过程使我对犹太文化有了很深的了解。到目前为止，在我认识的人中，很少有人比我知道这么多的犹太笑话。

我并不清楚，为了能够攀上我为自己设想的成功阶梯的第一级，我需要做些什么——上大学、读研、出名——但我不想冒任何风险。我只想在每门课上都取得最好的成绩。

这听起来是个合理的计划，但需要付出一定的代价。我认为（我想我是对的），冒着在某些课程中经常得 B+ 或更差的风险与几乎保证每门课都得 A 之间的差别，相当于每周学习 20 小时与每周学习 40 小时之间的差别，所以我每周学习 40 小时。不幸的是，每周学习 40 小时的学习收获并不是每周学习 20 小时的两倍。20 个小时的学习可能是一种快乐，而 40 个小时的学习则是一种苦役。

◆ ◆ ◆

当然，我主修心理学。读完卡尔文·霍尔的《弗洛伊德心理学入门》后，我对自己将来会成为一名心理学家深信不疑。幸运的是，塔夫茨大学包括心理学在内的所有学科的教学都非常出色。最好的心理学老师是泽拉·卢里亚（Zella Luria），她是印第安纳州的博士，嫁给了后来获得诺贝尔奖的麻省理工学院的化学家。卢里亚传授给了我学习理论、人格和精神病理学等相关知识。我逐渐明白，在精神分析和刺激 – 反应（stimulus-response，S-R）学习理论的帮助下，我们对人类行为有了大致的了解，从那时起，我们只需要解决细节问题了。这就是当时许多心理学家教授心理学的学派路线。在这样的背景下，我对即将接受的认知、格式塔启发的研究生内容就有些准备不足了。

在塔夫茨大学的第二年，我修了心理学专业所要求的统计学入门课程。我当时非常忐忑，因为我知道自己数学不好。如果我要成为一名心理学家，我就必须学习统计学；如果我无法成为心理学家，我想我会去死。在学习这门课的前六周，我一直被恐惧笼罩着。后来，我开始意识到，统计学和数学几乎没有什么关系。在本科阶段，它只是算术和一些像烹饪书似的操作规则。多年后，我与著名统计学家戴维·克兰茨（David Krantz）合作进行了一些研究。他告诉我，统计学根本不是数学的一个分支，而是一门自然科学，这一观点在统计学界被广泛认同。当我意识到统计学是一门科学而不是数学时，我便迷上了统计学，并开始将统计学和后来的概率论应用于日常生活中。这是我与李·罗斯合著的《人类推理：社会判断的策略与缺陷》一书的大部分内容的基础，在这本书中，我们将统计学、概率论和逻辑学的书面标准与日常推理联系起来。

我本没有在大学里选修任何真正数学课程的想法，但泽拉·卢里亚是能够说服我去选数学的人。她告诫我说："微积分与心理学息息相关，你应该选修它。"于是，在塔夫茨大学的最后一年，我真的修了微积分。为了毕业，在最后一个学期我必须拿到所修所有课程的学分，包括微积分。我的第二学期的微积分考得很差，以至于在毕业那天我都不知道自己是以优异成绩毕业抑或根本就毕不了业。好在结果是前者。微积分确实与心理学有关，包括我所做的一些研究。

◆　◆　◆

塔夫茨大学食堂的伙食很难吃，他们给我吃的肉可能本该扔到监狱的。大四那年，我基本上只吃碳水化合物和牛奶。晚饭我难得吃饱，我会急切地等待着比萨饼售卖车，它通常在晚上 10 点左右才能来到学校。

与我对到达学术殿堂（也就是哈佛大学）的渴望相比，我对美食的渴望就显得太微不足道了。大学毕业多年后，我读到了维多利亚时代作家托马斯·哈代（Thomas Hardy）的《无名的裘德》（*Jude the Obscure*）。裘德是一个工人阶级家庭的孩子，他梦想着去克赖斯特彻奇（哈代笔下牛津大学的代称）。裘德搬到了克赖斯特彻奇，希望这样能让他每天都可以在大学里闲逛。我非常理解裴德的感受。每天，我都希望自己是在哈佛大学而不是在塔夫茨大学。同时，每天我也会安慰自己，我在塔夫茨大学的优异成绩可能会让我进入哈佛大学读研。

如果我是在哈佛读的本科，情况会比现在更好吗？有一篇关于"大鱼小池塘效应"（big-fish-little-pond effect）的文献介绍到，具有一定智力水平的人，当他们周围的大多数人在智商测试中获得更低分时，相比周围很多人的得分相当或更好时，他们对自己才能的看法会更加夸大。在埃尔帕索，我只认识几个和我一样聪明的人，而且我认为没有人比我更聪明，在塔夫茨大学也是如此。可以肯定的是，在哈佛大学，我会被比我聪明的人包围。那么，我还会追求有朝一日成为一名伟大心理学家的梦想吗？

塔夫茨大学的一位熟人时不时会提到一些我认为很深奥的知识点，比如"马克·吐温自学了法语和德语""母鬣狗比待在窝里照顾幼崽的公鬣狗个头要大"，我很惊讶这个人竟然知道这么多。于是我便问他是怎么知道的，他们的回答通常是"从学校学来的"。但对我来说，学校不是我获得这类知识的地方。我没有像塔夫茨大学的许多朋友那样接受过一流的高中教育，埃尔帕索的学校不会布置太多的家庭作业，但因我喜欢阅读，所以我读了很多书，只不过这些书并不是美国东北部学校指定的经典必读书。作为一个近乎自学成才的人，我知道很多在东北部名校接受教育的人所不知道的知识。如果你想成为一名学者，我认为了解别人不知道的东西有助于培养独创性，即使你不知道大多数人知道的东西。

虽然我在塔夫茨大学的社交生活并不丰富，但我还是交到了一些好朋友的。我很喜欢他们的陪伴，尤其是肯尼斯·斯通（Kenneth Stone），他和我当了三年室友。肯尼斯的专业是英语，也是一位才华横溢的诗人。我们二人经常聊个没完。如果没有肯尼斯，我在塔夫茨大学的生活会非常黯淡。

我在塔夫茨上大学的时候确实和这个伟大的世界有过接触。一次，我参加了一位剑桥朋友的母亲举办的鸡尾酒会，在酒会上我认识了著名的心理学家B. F. 斯金纳（B. F. Skinner）。

"你有没有觉得，你演讲的打字稿显得平淡无奇并且不怎么有文采？"斯金纳问了我这么个问题。

我并不觉得。事实上，还从来没有人誊写过我的演讲稿，我距离实现这个目标还有一二十年呢。我对斯金纳会问出这样的问题感到不解。我怀疑他认为我是个成年人，因为除了我和我的朋友之外，聚会上的其他人都是成年人。而且我在后来也发现，真的很难区分 19 岁和 29 岁的人。

就在这个聚会上，我还遇到了麻省理工学院的数学家汤姆·莱勒（Tom Lehrer），他也是《去给公园的鸽子下毒》（*Poisoning Pigeons in the Park*）等喜剧名曲的创作者。我无意中听到他和一位来自法国罗斯柴尔德家族的友人的谈话内容。这位罗斯柴尔德绅士 20 世纪 30 年代在巴黎与自家的一位德国保姆一起长大。有一个周末，这个保姆回了趟德国，在游行队伍中看到了希特勒。回来后，她跟罗斯柴尔德家族的人说"希特勒有双充满磁性的眼睛"，这位保姆当场便被解雇了。

那天晚上的情景令人陶醉。但后来证明，那也是我在塔夫茨大学期间唯一一次有望步入充满名声和成就的熠熠生辉的世界的机会，但我却与之擦肩而过。

我还与后来的大人物有过交集。上了塔夫茨大学两年后，我参加了校辩论队。东北地区非常重视大学辩论。许多后来在律政领域取得巨大成功的人都参加过高校辩论队。天知道我和多少后来的名流辩论过，不过有个人特别引人注目。我知道他的名字，因为他被誉为当年巡回赛的最佳辩手。我和我的搭档——一个叫作艾拉·阿洛克（Ira Arlook）的朋友，与那个人所在的哈佛大学队进行了辩论，并差一点就打败了他们——在我看来是这样，在评委看来也是这样。这对哈佛搭档承认，我们的正方陈述是他们遇到过的最好的，而我被评为我们四个人中次佳辩手。被评为最佳辩手的人是劳伦斯·特赖布（Laurence Tribe），他最终成了全美最杰出的宪法律师。

我在塔夫茨大学确实有过难忘的文化经历，所有这些经历都为我打开了新世界的大门。塔夫茨社区剧团（主要由居住在波士顿地区、与塔夫茨无关的人组成）上演了一出精彩的《奥赛罗》（*Othello*）。这让我一下子爱上了莎士比亚。格伦·古尔德（Glenn Gould）这位以演奏我最喜欢的键盘作品——巴赫的《哥德堡变奏曲》（*Goldberg Variations*）而闻名的伟大钢琴家在波士顿交响音乐厅演奏了这首曲子。太令人陶醉了！我第一次参观的艺术博物馆是伊莎贝拉·斯图尔特·加德纳博物馆①（Isabella Stewart Gardner Museum）。我看到的第一幅名画是约翰内斯·维米尔（Johannes Vermeer）的惊世之作《音乐会》（*The Concert*），不知何故，这幅画就摆放在入口大厅内。如果有预言家当场告诉我，维米尔将是我最喜欢的画家，我也丝毫不会感到惊讶。当我得知这幅画是 1990 年加德纳博物馆被盗的几幅珍贵画作之一时，我非常伤心。此外，我还有幸聆听了著名的非洲裔美国作家詹姆斯·鲍德温（James Baldwin）的演讲。他的演讲是有关美国种族问题言论的精华，随后收录在他影响深远的著作

---

① 一座创建于 1903 年、位于美国波士顿的著名艺术博物馆，1990 年被盗，至今未破案。——译者注

《下一次将是烈火》（*The Fire Next Time*）中。任何听过他的演讲或读过这本书的人都会因它而改变。

◆ ◆ ◆

在塔夫茨大学的第一个学期，春天来临的时候，我感觉自己被移植到了丛林中。前一天，地面上还有零星的积雪，呈现白茫茫的一片；第二天，树木和草地就突然变绿了，如此潮湿的天气让我觉得自己快要被淹死了。

在经历了很多不快和沮丧之后，这个学期终于结束了，期末考试后我发现自己的平均成绩是 3.6（那时平均绩点这么高是很少见的）。在回埃尔帕索的火车上，我陷入了极度的狂躁中，这是我有生以来唯一一次体会到恐慌情绪。我不停地抽烟、喝咖啡，我的脑子里飞快地闪过各种浮夸的想法，我能感受到迅速产生的狂乱感觉。

回到埃尔帕索后，我很快就恢复了正常。我记得那年夏天或者说我在埃尔帕索的任何时候都没有出现狂躁或抑郁症状。这是因为我人在家的缘故，还是因为阳光充足的缘故，抑或因为供水系统中含有的锂元素的缘故？锂常被用于治疗双相情感障碍和抑郁症。埃尔帕索的临床抑郁症发病率很低，而埃尔帕索水中的锂含量非常高。我看到有人推测它们之间是有关联的。

而在塔夫茨大学时，我经常感到非常沮丧。我惊叹自己的自制力，正是这种自制力让我能够在几乎所有醒着的时间里都在学习，而大部分时间里却很痛苦。

在塔夫茨大学的几次经历促成了我后来的研究。其一，我经常发现入睡很难。在很长一段时间里，失眠和抑郁症会相互加剧。我从来都不喜欢吃药，所以在尝试服用安眠药前我进行了很久的心理建设。我最终买了一些盐酸苯海拉明片。一天晚上，我在睡觉前吃了一片，然后躺在床上盯着天花板，等待这片神药起作用，但它并没有。接下来，我失眠得特别厉害。多年后，我对情绪的研究为我解释了这一失眠悖论。我推断，从本质上讲，尽管我吃了安眠药可还是睡不着，这意味着我对某件事非常焦虑；而这种人为的亢奋放大了我大脑中闪过的情绪，让我更加亢奋。

到了大四，我选修了美国文学。那时，我感到阅读是一件枯燥乏味的工作。我对这一事实感到困惑，因为在我上大学前，阅读课程中指定的书籍对我来说是高娱乐性的。后来，我在研究中借鉴了这一经历，以证明把玩耍变成工作是非常容易的。

我对两种文化的观察最终促使我对美国南部凶杀案高发原因的研究。我很早就注意到，东北部的人似乎比得克萨斯州的人更没礼貌。可矛盾的是，南部和西南部的凶杀案发生率高于东北部。注意到这一矛盾在我最终提出的解释凶杀案地区差异理论中发挥了作用。从根本上说，南方人对侮辱极其敏感，以至于经常由此引发谋杀案。

就在毕业前几个月，哈佛大学寄来了一封信，确切地说是厚厚的包裹——我被哈佛大学心理学专业录取了。努力学习、单调乏味、贫乏的社交生活都是值得的。我的脚已踏上了成功的第一级阶梯，我终于要被哈佛那些聪明人包围了。

第三部分　纽约

- 对于一名年轻科学家的职业生涯来说，没有什么比谁成为他的导师更重要的了。正如一位数学家所说，在科学领域，学生的职业发展逐渐趋近于他们导师的职业生涯轨迹。
- 我从上研究生一开始就意识到我不再是单纯地上学了，而是在学习如何成为一名科学家。
- 我很清楚，在最理想的情况下，导师 – 学生关系是一种美妙的共生关系。
- 我意识到，对导师的信任在科学领域也至关重要。如果学生不相信他们的老师非常关心他们的福利，那么他们学到的东西就不如相信他们老师的学生多。
- 即使是智商极高的人，玩儿命干也不能保证一定能完成出色的工作；而那些仅仅是比较聪明的人，尽管工作时间适中，也能做得很好。

——理查德·E. 尼斯贝特

THINKING
A memoir

合作

"滚！"威廉·J.麦奎尔博士大声喊道，折断了他的铅笔，并把两截铅笔扔到了墙上。"我讨厌你，你也讨厌我，但也许我们可以合作。现在滚出我的办公室。"麦奎尔是我刚到哥伦比亚大学时师从的社会心理学家，几个月前，我拒绝了著名的心理学家戈登·奥尔波特（Gordon Allport）让我去哈佛大学学习的邀请。

我在暑假期间就来到了纽约，以便尽早开始研究工作。我要为任何需要我的教职工作，麦奎尔让我做一些例行的研究杂务。对有些人来说，这是例行公事，但对我来说则不是。我应该进行一些统计测试，虽然那时我还不太擅长（说实话，我也从来不曾擅长过）。当我在一周内三番五次来到他的办公室，寻求在统计程序操作上的指导时，麦奎尔爆发了。

我很沮丧，抱怨自己来哥伦比亚的决定，我不再与麦奎尔一起工作，转去为比布·拉塔内（Bibb Latané）管理老鼠。他是一位新晋的助理教授，跟随他的导师斯坦利·沙赫特（Stanley Schachter）刚从明尼苏达大学心理学系来到哥伦比亚大学新成立的社会心理学系。

建立一个仅仅开设社会心理学专业的系是一个非常糟糕的想法，包括其创始人在内，没有人认为这样狭隘的关注点有多大意义。但常规的心理学系是斯金纳行为主义研究人员的温床，他们在如何通过使用食物奖励的各种"强化程序"来维持老鼠的杠杆按压行为方面取得的成就越来越小。出乎意料的是，沙赫特和麦奎尔都动了心思，很明显，他们都可能被说服来到哥伦比亚大学。一些富有远见的管理者灵机一动，想出了一个聪明的主意，即创建一个具有强大知识基础的部门，它最终将主导并兼并哥伦比亚大学薄弱的心理学系。于是，临时的社会心理学系就这样成立了。

而我又为什么会来到这个非哈佛大学的怪怪的临时学系呢？

我之所以决定去哥伦比亚大学，是因为一个看似微不足道、却可以改变一个人的人生轨迹的意外事件。收到哈佛大学的邀请信几周后，我的朋友、经常和我一起探讨问题的伙伴迈克尔·费尔德曼（Michael Feldman）告诉我，他将去哥伦比亚大学法学院学习。我想，要不要和他一起开车去纽约？为什么不呢？我已经被哥伦比亚大学录取，但当时还没有足够的理由让我去那里。这只是闹着玩儿。

校行政助理将我介绍给了威廉·J. 麦奎尔，他随后一整天与我在一起。他看上去明显比我所认识的仅次于他聪明的人要聪明得多。当我在他家与他的妻子和三个年幼的孩子吃过晚饭后，麦奎尔问我还考虑了哪些学校。当我说"只考虑哈佛大学"时，麦奎尔淡定地说："哈佛的确是一所很棒的大学，但它的社会心理学并不很强。"

当我告诉密歇根大学的准研究生，密歇根大学比某某大学更适合学习时，你几乎可以看到他们脑子里冒出来的想法气泡："他当然会说密歇根大学更适合社会心理学，我完全可以无视这一说法。"但麦奎尔给我留下了如此深刻的印象，以至于我认真地考虑了他有可能是对的。当我回到塔夫茨大学时，我向心理学系唯一的社会心理学家征求其建议（我没上过他的课，因为据说他的课不太好），问他我该怎么办。"在全美范围内，没有比刚刚去哥伦比亚大学的斯坦利·沙赫特更好的社会心理学家了。""麦奎尔呢？""一位出色的年轻心理学家。"随后，我去找我的英雄泽拉·卢里亚，问她该怎么办。她说："哈佛能为你做得最有价值的事情就是录取你。"

我开始慎重考虑自己的选择。哈佛大学最杰出的社会心理学家戈登·奥尔波特，也是我期望在那里与之共事的人，已经年事已高；波士顿对我来说是一个有点沉闷的地方，而我在纽约则能找到令人兴奋的契机；我认识几个来自纽约地区的人，一开始就会在那里有朋友；麦奎尔非常聪明，而且跟随沙赫特学习也是不二人选。所以，不犹豫了，就选哥伦比亚大学。

在我与麦奎尔的可怕冲突后，我迫切地甚至是不顾一切地想看看能否与沙赫特一起工作，但当时他不在。每年夏天他都会到阿马甘塞特（Amagansett）度假，阿马甘塞特是一个美丽的避暑胜地，位于纽约长岛东端附近的大西洋上。别无他法，我只能心事重重地等待，寄望着在秋天得到解脱。

那段时间，我为数不多的愉快回忆之一是，我被邀请去纽约大学一位新助理教授约翰·达利（John Darley）的公寓参加了一次聚会。约翰与比布·拉塔内共同提出了旁观者效应，即目睹紧急情况的旁观者人数越多，个体提供帮助的可能性就越小。两人也因此而出名。约翰人很酷，我很崇拜他。拉塔内并不那么酷，感觉有些笨手笨脚，但其实超级聪明，在那时以及在其整个职业生涯中他都有许多很好的想法。

聚会上有一位年轻的女士，我以为她是学生或者秘书。其实不然，她是明尼苏达大学的心理学助理教授伊莱恩·哈特菲尔德（Elaine Hatfield），当时她叫沃尔斯特（Walster）。伊莱恩·哈特菲尔德和她的另一位年轻女同事埃伦·伯沙伊德（Ellen Berscheid），将在那里一起对人际关系开展一些真正的科学研究。她们最著名的发现之一是，影响学生渴望与刚认识的人约会最重要的因素是这个人的外表吸引力，其他一切都显得无足轻重。

我听到了伊莱恩在谈论"认知失调"这一话题，"认知失调"是一个我几乎没有听说过的概念。她谈论的这个话题的实验方式令我大吃一惊。很明显，她们从事的工作是真正的科学。她讨论了一些早期认知失调实验无法复制的原因。在这些实验中，被试被诱导说一些他们不相信的事情，结果他们的实际信念与他们所说的一致。在几乎没有读过任何社会心理学的情况下，我兴奋地发现自己进入了一个真正科学的领域。

◆ ◆ ◆

沙赫特回到哥伦比亚大学后不久，我就与他见了面，充分意识到他的回答可能会对我的生活产生很大的影响。事实上，对于一名年轻科学家的职业生涯来说，没有什么比谁成为他的导师更重要的了。有的学生会认识到这一点，并根据其可以共事的人明智地选择他们的研究生院；而一些漫不经心的学生没有意识到这种关系的重要性，对他们来说则是非常不幸的。正如一位数学家所说，在科学领域，学生的职业发展逐渐趋近于他们导师的职业生涯轨迹。

"看看吧，"沙赫特说，"我需要你吗？"他停顿了一下。"好吧。"我舒了口气。与沙赫特一起工作是我莫大的荣幸。他研究了一些非常有趣的问题，包括哪些因素会影响一个人是否会因为偏离群体意见而被排斥，以及这种偏离如何能重回群体的怀抱。在我的合作项目中，他研究了生理唤醒在情绪中的作用，证明了改变人们对于他们感受到的特定情绪状态的看法有多么容易，并揭示了肥胖人群饮食行为的重要事实。

　　我从上研究生一开始就意识到我不再是单纯地上学了，而是在学习如何成为一名科学家。我很清楚，在最理想的情况下，导师–学生关系是一种美妙的共生关系。学生通过唯一可能的方式，即亲身观察好的科学是如何完成的来掌握诀窍；导师则需要有人打下手，让学生去"劈柴挑水"。如果学生表现优秀，导师也会得到一个有用的批评者和一个额外的智慧大脑。在我的职业生涯和生活中，与研究生的合作一直让我深感满意。几十年后，我与学生的合作赢得了美国心理学会首批"终身导师奖"。

　　沙赫特擅长为他的实验创造生动且与他试图研究的心理过程相关的情境。在我就读哥伦比亚大学期间，只有认知失调的发明者莱昂·费斯廷格（Leon Festinger）对社会心理学产生了更大的影响。沙赫特对人格心理学领域也产生了显著的影响（尽管并没有想象的那么显著）。该领域的大多数人除了口头人格测试（"我喜欢参加大型聚会"）外，没有使用其他任何技术。沙赫特创造了可以观察到实际行为的情境，几秒钟的行为观察可以抵得上千言万语。

　　沙赫特用来教学生如何从事科学的技巧是咕哝法——"呃"意味着你的想法不是很好；"嗯"的意思是"可能不行，但我现在还不排除它"；"啊！"的意思是"天哪，你搞懂了"。在我的教学生涯早期，我就决定不会迫使自己的学生仅仅从简单的咕哝中引出正确的科学思维原则。我会不厌其烦地向他们解释为什么他们的想法好或不好。可是，这往往只会产生抵触情绪和关于科学哲学的无休止的讨论。不久，我也开始只使用咕哝法了。

◆　◆　◆

　　在我就读哥伦比亚大学之初，沙赫特给了我一个假设，是他提出过的最有趣、最重要的假设之一。这一假设是他来哥伦比亚大学之前发表的一个极具影响力的情绪理论，最终被称为点唱机理论。该理论认为，一个人的处境决定了他的认知以及随之而来的情绪，如愤怒、喜悦或恐惧，你可以把它看成在点唱机上选歌。个体所经历的生理唤醒赋予了认知力量，唤醒程度越高，情绪就越强烈。正是因肾上腺素的释放所产生的生理唤醒，为所有与情绪相关的认知提供动力。因此，每一种情绪都有荷尔蒙的参与。

在一项经典的实验中，沙赫特给男性大学生被试注射了肾上腺素，并将他们置于一个旨在产生愤怒或兴奋的情境中。研究人员告诉其中一组被试他们被注射了肾上腺素，还告诉他们肾上腺素是如何影响唤醒的；他们给另一组被试注射了肾上腺素，但没有告诉他们肾上腺素的唤醒特性；他们给最后一组被试注射了安慰剂生理盐水。在愤怒的实验条件下，被试们必须回答一系列越来越令人反感的问题。我最喜欢的问题是："除了你父亲，你母亲还和多少男人发生过性关系？"研究人员让被试与一个滑稽的人一起在一个装满儿童玩具的房间里等待，这个人轮流玩每个玩具，最终吸引被试和他一起玩呼啦圈，从而引发了兴奋。与那组被告知药物会产生兴奋的被试相比，不知道自己的唤醒部分是由于药物引发的被试，他们表现出（并报告了）的情绪（如愤怒或兴奋）更多。事实上，被告知了注射肾上腺素的被试，比经历了相同实验而实际上没有注射肾上腺素的被试表现出了更少的情绪。沙赫特从这一实验得知，人们可能会被说服将自然产生的生理唤醒归因于药物。因此，如果他们正确地将他们的唤醒归因于他们所处的情境，那么他们的情绪体验就会更少。

沙赫特和我通过让哥伦比亚大学的本科男生参加一项"皮肤敏感性"的实验来验证这一假设，在该实验中，敏感性测试将是电击。我们要求被试报告什么时候能第一次感觉到电极对他们手部的电击，什么时候电击开始变得疼痛，以及什么时候他们觉得疼痛到无法继续。我们给一些被试服用了一种名为

Suproxin 的糖丸安慰剂，我们说"这可能会导致他们有些颤抖：他们的手会开始颤抖，会有一些心悸；他们的心脏会开始怦怦地跳动，呼吸频率可能会增加；另外，他们的胃可能会有一种下沉的感觉"。这些都是预先测试的被试告诉我们的他们在接受电击时所经历的精确的唤醒症状。我们告诉其他被试，这种药丸可能会让他们的脚感到麻木，引起一些瘙痒感，并产生轻微的头痛（一种由未知物质引起的综合征）。而对照组被试只能将他们感觉到的任何唤醒归因于电击——当然，这是正确的归因。

我们发现，那些认为自己服用了能引起生理唤醒的药丸的被试，其所耐受的电击强度是那些认为药丸只会产生与唤醒无关的症状的被试的四倍。对于那些被告知服了药丸后会产生唤醒的被试来说，这种唤醒就被剥夺了它的活力。

在我移除电极后，我询问处于唤醒指导语条件下的那些接受了大量电击的被试，为什么他们能够忍受如此多的电击。我以为他们会说："嗯，随着电击强度的增加，我开始发觉电击让我产生了很强的生理唤醒。然后我想起了药丸，意识到这就是我为什么如此兴奋的原因。在那之后，电击对我的影响就变小了。"一共只有三名接受了大量电击的被试将他们的唤醒归因于药丸，其余的被试都没有提到药丸。对于这些被试，我详细描述了这一研究的假设，包括将唤醒症状归因于药丸的假设过程，没有任何人接受它；相反，被试通常会说"这个假设非常有趣，很多人可能会经历你刚才描述的这个过程"，但据他们所知，他们自己并没有经历过。

我从这些交流中得出的结论是，大多数被试都经历了一个相当复杂的推理过程，这一推理过程完全隐藏在意识之外，并影响了他们的行为。10 年后，蒂莫西·威尔逊和我证明了这种无意识推理是普遍存在的。

电击实验的基本观点现在已经被重复了几十遍。令人惊讶的是，很容易让人们相信情绪所产生的生理唤醒是由外部的、无关的来源引起的。然后，与那些没有被鼓励将自己的唤醒归因于外部的人相比，他们体验到的情绪更少。此外，很容易让人们将他们的唤醒归因于他们处境某个方面，而实际上是完全不同的方面产生了唤醒。在我最喜欢的证明这一点的实验中，一位有魅力的女性采访了男性被试。采访是在一座摇摇晃晃的人行吊桥上进行的，桥下是一条著名的河流湍急的峡谷；对照组被试则在安全的陆地上接受该女性的采访。研究人员记录了被试是否向采访者提出约会邀请。在摇摆不定的桥上接受采访的被试显然将他们的唤醒归因于采访者，而不是桥下的峡谷，他们比脚从未离开地面的被试更可能向她提出约会邀请。

THINKING
A memoir

认同

沙赫特发现，我们很容易误解身体上的暗示。这促使他推测，肥胖的人可能会将焦虑引起的生理唤醒解释为饥饿。长期以来，这一假说一直是精神病学界的设想，也是对肥胖的一种最流行的解释。然而，在沙赫特通过用电击的可能性吓唬被试以操控其焦虑的研究中，他并没有发现肥胖者在受到惊吓时吃得更多。那么，肥胖者为什么会发胖呢？

沙赫特推测，这可能是因为他们对外界与食物相关的线索（比如食物的存在以及食物外观的吸引力）更敏感。在我的研究性论文中，我研究了肥胖者对食物味道的反应是否比体重正常的人更强烈。我之所以研究味觉，是因为我提出了一个假设，即肥胖者的饮食行为可能与腹侧下丘脑（VMH）被破坏后变得肥胖的大鼠类似。这些老鼠并不是因什么都吃而发胖。它们吃大量的可口食物，但对不太好吃的食物，吃得并不比正常老鼠多。

我为超重和正常体重的哥伦比亚大学学生提供冰激凌。一些被试得到的是一种优质、昂贵的法国香草冰激凌，另一些被试得到的冰激凌中掺杂了奎宁，这使冰激凌尝起来很苦。与肥胖大鼠一样，超重的被试比正常体重的被试吃了更多可口的食物，但吃了同样多的不可口食物。此外，与正常体重的被试相比，肥胖的被试无论是否处于饥饿状态，都报告相同程度的饥饿感。这与 VMH 损伤的大鼠的行为相同，它们的食物剥夺程度并不影响它们的进食量。

我的论文让我确信，VMH 损伤的肥胖大鼠和肥胖的人表现出相似的饮食行为，其中一定有某种生物学原因。我决定在毕业后研究肥胖大鼠和肥胖的人之间的相似之处。

事实上，我期待做各种各样的事情，关注可能影响心理过程的生理因素，并阅读了大量的生物心理学书籍。最近，我翻看了读研究生时的一个笔记本，惊讶地发现我的很多想法都带有生理学的倾向。毕业后，我做了大量的生物心理学实验，但收效甚微，部分原因可能是我在封闭状态中工作，没有同事或导师指导我如何进行心理生理学研究。

◆　◆　◆

沙赫特是个极具魅力、社交广泛的人物。他和他的学生交朋友，并真正关心他们的生活。他不止一次地邀请我去他在阿马甘塞特的避暑胜地，在那里我可以在大西洋里游泳，用脚趾挖蛤蜊，还能结识学术界和艺术界的名人。在一次海滩派对上，沙赫特把我带到一位男士面前，说："索尔·贝娄（Saul Bellow），我想让你见见理查德·尼斯贝特。"

见到了西德尼·莫根贝瑟（Sidney Morgenbesser）令我兴奋不已，他是哥伦比亚大学著名的哲学家和智者。莫根贝瑟之所以在学术界声名鹊起，是因为他曾在一位语言学家的演讲中说过一句话。这位语言学家宣称，他对几十种语言中双重否定的用法进行了详尽的研究，发现在许多语言中，双重否定可以起到"强化"的作用，比如"I can't get no satisfaction"（我无法得到任何满足），而许多语言中的双重否定可以解释为肯定，比如"I don't disagree with you"（我支持你）。但是，莫根贝瑟说："在任何语言中，双重肯定句都不能被解释为否定。"

沙赫特对他的许多学生都很慷慨。有一次，他的学生李·罗斯正准备和妻子去巴黎度假，他把一张大额支票给了李·罗斯，但条件是只能去巴黎的 Le Grand Véfour 就餐才能用这笔钱。这家餐厅是沙赫特最喜欢的餐厅，也是詹姆斯·邦德（James Bond）的餐厅。

通过我的斡旋，李·罗斯才成为沙赫特的学生。我在哥伦比亚大学的最后一年他来到这里。我清楚地认识到，李·罗斯是一个非常聪明的人，有潜力成为一名伟大的心理学家。沙赫特最初并没有选择与李·罗斯合作。我告诉沙赫特，李·罗斯极具才华，并说他应该和李一起工作。沙赫特拒绝了，理由是他已经有太多的学生和他一起工作了。于是我告诉沙赫特，他必须和李一起工作。有些人可能会对这种强人所难的做法感到愤怒，但沙赫特同意了与李合作，这对李·罗斯、沙赫特和心理学领域来说可谓幸事。我为李·罗斯所做的得到了百倍的回报，包括友谊、智识乐趣，以及对我所研究的几乎所有想法的重大贡献。

无论是因为沙赫特的榜样作用，还是因为我生来就是这样，我通常都会和我的学生交朋友。我认为，学生和导师之间情感纽带的重要性被低估了。几年前，一位教钢琴的教授告诉我，学生从导师那里得到多少，很大程度上取决于学生对导师的信任程度。起初，我对这一说法感到不解。仅仅说"用这个指法，不要用那个指法"还不够吗？你还得信任这个人？但后来我意识到，对导师的信任在科学领域也至关重要。如果学生不相信他们的老师非常关心他们的福祉，那么他们学到的东西就不如相信他们老师的学生多。我确信，我的大多数学生都相信我关心他们的福祉。我还确信，那些不相信这一点的学生就不能充分利用我所能提供的资源。

社会心理学系的每一次学术讨论会结束后都会有一个鸡尾酒会，之后沙赫特经常会和演讲者、其他教师及学生一起出去吃饭，这种接触对学生来说绝对太有价值了。你在餐桌上能够学到用其他方式根本学不到的东西，光是闲聊就是无价的。例如，斯坦利·米尔格拉姆（Stanley Milgram）有关服从的实验后来成为社会心理学历史上最重要的研究项目之一。该研究揭示出，尽管电击很可能给对方造成严重的身体伤害，但大多数被试还是愿意对对方施加电击。那么，斯坦利·米尔格拉姆起初想通过这个实验研究什么呢？答案是，他想看看德国人是否会比美国人更听话。当他看到美国人的服从程度如此惊人时，他放弃了最初的计划，只研究了美国的被试，在他看来国家之间是有差异的设想出现了重大反转。这个示例给我们的启迪是：一旦当有了令人瞩目的发现时，要准备放弃原计划。

在我职业生涯的大部分时间里，我与我的学生都保持着密切的社交联系。几十年来，学生们每周都会来我家参加一次工作和社交相结合的活动。我和我的学生一边喝着咖啡、吃着饼干，一边无所不谈。夜晚的开场通常是我正在思考的某个感兴趣的问题，或者是我找不到思路的想法。但我从不把这类谈话提升到学术性的高度，这是因为我觉得讨论非学术性的话题，或者讨论那些尚未完全准备好进行学术处理的想法，对于学生以及我本人的智力成长都是大有裨益的。作为一名社会心理学家，最棒的一点就是，你永远不知道什么时候不在工作！

◆ ◆ ◆

沙赫特比大多数的社会心理学家更爱八卦，但他谈论别人时从不刻薄，也绝不会出卖他人，即便是批评别人，他也会采取温柔的方式。在我说了傻话或做了蠢事时，除极个别的几次，他都会把它当作一个分享欢笑的机会。当研讨会的演讲者在演讲中出现了严重的错误时，沙赫特通常会以最不具威胁性的方式指出这一点。我敢肯定，许多演讲者离开时都会认为，沙赫特对他的演讲发表的是有趣的评论，而不是要毁了它。

我很难模仿沙赫特批评演讲者的方式。我通常什么都不说，除非我认为我听到的演讲总体上是好的。然后我可能会对其中的某个方面提出质疑，但我几乎从未提出过会导致整个演讲失败的问题。其实这种做法的弊端还是挺大的。当演讲者所讲内容出现严重错误时，无论他是来自其他大学的同行还是本校的学生，听众都有义务指出来。演讲者应当感谢批评者。但无论如何，这种批评应该是为了启发学生（以及其他同行）。在这一点上我很惭愧，当我在指出一个严重的错误时，我有时会情绪激动，言辞也比较犀利，显然我在情绪把控上有缺陷。

沙赫特还是一位才华横溢的教书匠。他的课堂授课技巧是只布置少量的阅读，主要根据一周前布置给学生的思考问题，组织学生当堂讨论。正如我经常对我自己的学生说的那样："这些思考题与你们以前见过的有些不同，我希望你们已经思考过它们了。"对于沙赫特提出的问题，如果一个学生不能给出深思熟虑的回答，那通常就足以确保这个倒霉的学生今后会更加充分地准备。如果聪明的学生一直在思考那些真正发人深省的问题时，那么讨论就会变得非常激动人心。

总体来说，我自己的研究生教学是相当成功的。然而，我的教学经常会让本科生感到失望，因为他们很容易因为要像五年级学生一样按要求表演而感到幼稚。研究生可能也会反感，但他们必须笑着接受。

好的思考题不是你在计划发布它们的当天匆忙提出来的，至少对我来说不是这样的。我必须花几天的时间来思考，我希望学生从阅读材料中得到什么。然后，我在脑海中为每个问题的讨论方向创建分支树，即使最初的问题本身没有引起太多的兴趣，也可以引导讨论沿着有用的思路进行下去。对沙赫特和我来说，最喜欢的问题类型是让学生对实验结果做出预测。这会把理论假设凸显出来，还往往能产生启发性的交流。

我最近发现，沙赫特的研讨技巧并不是他发明的，而是他在耶鲁大学读本科时从伟大的行为主义心理学家克拉克·赫尔（Clark Hull）那里学到的。

沙赫特有一种温和而又完全有效的方式，来阻止回答他的问题出现迂腐或晦涩的情况。他会简单地说："假设我是你的妈妈，再重复一遍。"沙赫特对"任何科学家，如果不能向一个 10 岁的孩子解释他在做什么，那他就是个江湖骗子"这句格言很是推崇。他的理论（实际上不过是一些假设）简洁明了，他没有兴趣将这些理论与任何总体理论或学派联系起来，也没有兴趣将这些理论吹嘘成一个学派。我在哥伦比亚大学上过著名社会学家罗伯特·默顿（Robert Merton）的课，他将这样的理论称为"中庸理论"。

在早期，从事社会心理学研究的主要是犹太人，沙赫特对此引以为豪。创立该学科的伟大的德国社会心理学家库尔特·勒温（Kurt Lewin）是犹太人。勒温最得意的学生莱昂·费斯廷格也是犹太人，今天许多人认为他是历史上最伟大的社会心理学家。费斯廷格最好的学生是沙赫特。

勒温对心理学的主要贡献是他所谓的"场论"，该理论借用了物理学的假设，即所有行为缘于物体与其环境的相互作用。听起来明白易懂，但弗洛伊德心理学和行为主义都没有充分强调直接环境的作用。除了勒温的场论之外，对社会心理学影响最大的理论可以说是格式塔心理学，其最核心的原则是整体在感知上的主导部分，即你通常看不到刺激物的各个部分，而只能看到整体。顺便提一下，格式塔心理学的三位创始人中，除了沃尔夫冈·科勒（Wolfgang Kohler），库尔特·科夫卡（Kurt Koffka）和马克斯·韦特海默（Max Wertheimer）都是犹太人。

格式塔心理学启发了许多早期的社会心理学实验。格式塔在德语中是"形式""模式"或"构型"的意思，格式塔是一种心理结构，它将知觉元素组织成熟悉的整体。格式塔心理学是导致心理学各个领域"认知革命"的主要潮流之一。认知观点在某种程度上是对行为主义的反抗，而行为主义深深根植于实用主义（非犹太的，甚至美国中西部的）的美国思想。在我看来，认知心理学成为一场美国运动，似乎也是个意外。我认为，从 20 世纪 30 年代开始如果没有为逃离纳粹德国而涌入美国的那么多欧洲心理学家（大多是犹太人），认知心理学很难在美国取得长足的发展。

社会心理学是心理学中唯一从未被行为主义化的子领域，美国社会心理学家是认知革命中最早的战士之一。对于社会心理学家来说，不论其理论倾向（以及族裔背景）如何，一直很明确的一点是，社会相关行为的主要驱动因素是对事件的心理解释，而不是学习到的刺激－反应联系。

和在塔夫茨大学一样，我在哥伦比亚大学的同事几乎都是犹太人。有意无意中，我吸收了很多犹太人的思想、观念、词汇和幽默。

07

起步 | **THINKING**
A memoir

　　我和沙赫特一起研究的第一个问题是关于一个人的出生顺序是否会导致其行为差异。出生顺序指的是一个人在兄弟姐妹中的位置（如长子、次子等）。我已经不记得最初的问题是什么了，毫无疑问，我压抑了它。无论假设是什么，它都不成立。当我完成数据分析后，我仍抱有一线希望，希望数据大师沙赫特能从中找到一些有价值的东西。我把原始数据和统计总结拿给了他。一个小时后，沙赫特叹了口气，说："对不起，孩子，有时你赢，有时你输。"这一结论是我无法接受的，我在这个项目上投入了太多的心血，结果却让它泡汤了。我继续挖掘数据的各个方面。我设计了与原始想法相关的其他材料，并测试了更多的被试。在几个月毫无结果之后，我放弃了。

　　不过，这段经历对我也大有裨益，那就是让我学到了经济学家的一条法则，即你不能通过付出更多的努力或金钱来挽救沉没成本。我无法通过继续解决消耗时间的那个问题来挽回已经失去的时间。这条法则还有很多不同的说法，我觉得都很有用，如"不要花冤枉钱""果断出手，及时止损"。一旦你真正掌握了这条法则，当一个项目似乎要失败时，你的痛苦会少很多，并且你可以节省很多试图挽救它的时间。几十年后，我总结出了一些方法，将这一概念以及其他成本或收益规则传授给人们，旨在让人们在日常生活中轻松应用。

事实上，一些有趣的发现确实来自我对出生顺序的思考。沙赫特发现，与后来出生的女孩儿相比，长女更害怕疼痛，也更难以忍受疼痛。另一位科学家发现，与后出生的孩子相比，头胎在身体处于危险的情境下更容易受到惊吓，应变能力也更差。这是为什么呢？在聆听一位灵长类动物学家的演讲时，我想到了一个可能的答案。她观察到，当母猴生下第一只小猴时，她会手、脚和尾巴并用，以确保它不会从树上掉下来。等到母猴生第三或第四只小猴时，当小猴从树上掉下来，并需要被捡回来时，母猴只会表示愤怒。头胎的猴子在早期几乎没有被粗暴对待的经历，而后出生的猴子则有很多这样的经历。

这些观察让我想探究，后出生的人是否比头胎或独生子女更有可能参加危险的运动，如橄榄球和足球。我发现，在高中、大学和职业体育选手中，后出生的人从事的运动更可能会让你受到严重的伤害。其他社会科学家随后进行的20多项研究表明，平均而言，后出生的孩子参加危险运动的概率比头胎的孩子高出50%。

◆　◆　◆

我觉得自己好像从未上过哥伦比亚大学。我基本上是在纽约市跟斯坦利·沙赫特学的。纽约这座城市不断地通过哥伦比亚大学把你引到这里来。纽约对富人来说是个好地方，对穷人和单身人士来说也是个好去处。这里有无数有趣的事情可以做，而且花不了多少钱甚至几乎不需要任何费用的，比如中央公园、斯塔滕岛渡轮、第57街的商店橱窗、唐人街、小意大利、华盛顿广场、时代广场。去百老汇外或哈莱姆的阿波罗剧院观看演出也不很贵，我在那里就观看过一些有史以来最伟大的蓝调、爵士乐、摇滚和灵魂乐的表演。

在纽约的那段时间，我与一位心理学专业的学生珍妮特·李（Jeannette

Lee）约会，她的父亲曾是蒋介石派驻联合国的代表。1949 年，中华人民共和国成立，她的父亲陷入了困境，滞留在了纽约，但只能找到一份厨师的工作。珍妮特的姐姐是哥伦比亚大学的物理学家，与另一位哥伦比亚大学的物理学家订了婚。他们在曼哈顿能团聚一下，而在工作日的大部分时间却是分开的，各自开着跑车离开这座城市，去往不同的回旋加速器实验室。

这对姐妹是肯尼斯·克拉克（Kenneth Clark）和玛米·克拉克（Mamie Clark）夫妇的朋友，这两位非洲裔美国心理学家用玩偶进行的实验表明，黑人儿童有自卑感。克拉克夫妇给小女孩们展示了一个黄头发、白色人种的洋娃娃和另一个一模一样的，只不过它是黑头发、棕色人种的洋娃娃。他们问孩子们想玩哪个洋娃娃、哪个洋娃娃更好看、哪个洋娃娃的颜色更漂亮，等等。黑人小女孩在做出选择时常常哭泣，这表明黑人孩子开始贬低他们的种族。在最高法院审理的布朗诉教育委员会案件中，克拉克夫妇作为专家证人出庭作证。法院裁定学校的种族隔离是违宪的，人们广泛认为克拉克夫妇的研究对这一判决产生了影响。

我和姐妹俩以及肯尼斯·克拉克度过了一个难忘的夜晚。当时我们观看了对马尔科姆·艾克斯（Malcolm X）的电视采访节目，克拉克对马尔科姆的暴躁和暴力暗示感到震惊，尤其是在那次采访中，他的"个人魅力"表现得如此淋漓尽致。采访结束后，克拉克和我谈起了哥伦比亚大学的社会心理学项目（克拉克是第一位在哥伦比亚大学获得心理学博士学位的非洲裔美国人）。他抱怨教师们没有研究"真正的问题"。尽管我对他的说法很反感，但克拉克说哥伦比亚大学的社会心理学家研究的问题很少能对社会问题产生立竿见影的效果，这一点确实是正确的。

其实比这还糟一点。沙赫特对研究社会问题的人并不重视。现在回想起来，我不太清楚为什么会这样，但可以肯定的是，他的导师莱昂·费斯廷格就是轻视沙赫特的典范。这很奇怪，因为费斯廷格的导师库尔特·勒温非常关注社会问题，如专制政治意识形态和种族歧视。如果一位德国犹太社会心理学家对这些问题以及如何纠正这些问题不感兴趣，他真的是一个怪人了。

勒温并没有真正成功地为任何社会问题找到解决方案，这可能是费斯廷格对社会行动研究不屑一顾的原因。费斯廷格坚持认为，社会心理学家不应该在公开场合谈论社会问题，除非他们了解与这些问题直接相关的研究。在这一点上，我认为他是对的，现在仍然这么认为。

尽管沙赫特漠视应用，但他的几项工作却对现代世界产生了影响。沙赫特与费斯廷格、库尔特·巴赫（Kurt Bach）一起证明了社会影响的巨大力量，以及人们为了保持群体的好感，会在相当大的程度上改变自己的观点。他们还发现，在一栋楼里或社区里，谁认识谁受到距离的根本影响，无论是物理距离还是功能距离（例如，人们是否共享一个公共楼梯）。谁认识谁决定了谁影响谁。有人告诉我，每位建筑师都熟悉这些发现，他们的设计也会考虑到这些研究发现。成千上万的建筑物，无疑还有数百万人都受到了这项研究的影响。

沙赫特的另一项研究对个人和社会也产生了巨大的影响。沙赫特对唤醒症状的归因研究使医生们认识到，不能假设患者知道是某种药物导致了一系列特定的身体或精神症状。美国联邦法案在要求，药品必须附有说明书，准确描述该药物可能对身体和精神症状产生的副作用。制药公司曾抵制附带这样的描述，理由是如果告知患者服用该药可能产生副作用，暗示的力量会引导他们体验到这些副作用。这一点几乎没有证据。相反有大量的证据表明，人们可能无法认识到是药物而不是其他因素产生了特定的精神或身体影响。该法案的依据引用了沙赫特和我的研究成果。

到目前为止，我们可以找出大量对人们的生活带来了益处的社会心理学研究发现。其中，主要在斯坦福大学工作的社会心理学家设计的干预措施最引人注目，这些措施提高了数以万计来自少数族裔和工薪阶层家庭的学生的学习成绩。这些干预措施致力于在学生与学术环境之间建立联系，并有助于树立他们的信心。值得注意的是，仅仅让少数族裔的初中生在学期之初写下他们最重要的价值观，就会对他们的成绩产生立竿见影的影响，并增加他们高中毕业并考上大学的可能性。这种干预措施只对以前学习成绩欠佳的少数族裔孩子有效，而对白人孩子或在学校已经表现良好的少数族裔孩子的成绩影响不大。

即便如此，我也不认为帮助他人的愿望是在社会心理学领域寻求职业的一个好理由。大多数以助人为乐为主要动机的人可能会更乐意直接和亲自提供帮助。对科学家的职业回报，仍偏重于基础问题的研究和理论工作而非应用，除非这些应用明显具有强大的社会效益。

◆ ◆ ◆

虽然我的大部分工作都是和沙赫特一起完成的，但我确实也跟比尔·麦奎尔（威廉·J.麦奎尔的昵称）合作了一些工作。我其实并不讨厌麦奎尔。我坚持自己的最初印象，认为他非常聪明，所以我一直跟在他身旁，这样做在很多方面都是有益的。作为鸡尾酒会上的谈友，麦奎尔谈吐风趣，很难被击败。他会用有关自己、著名心理学家、文坛和历史人物的引人精彩轶事来逗人开心。不得不说我和麦奎尔合作的工作不是很有价值，他肯定也是这样认为的，因为他拒绝在描述这项工作的论文上署名。他给出了一个礼貌的借口："在我职业生涯的这个阶段，促进学生的职业发展比我自己的职业发展更重要。"

第一个夏天过后，麦奎尔再也没有让我不愉快了，但对其他人来说，他确实是令人不悦的。沙赫特曾告诉我，他见过几次麦奎尔情绪爆发得让人不寒而栗。在沙赫特看来，麦奎尔每次与他人发生冲突都是对方有错在先，但与对方的冒犯相比，麦奎尔的反应有点过了。

由于对自主性唤醒感兴趣，沙赫特在查阅到一种名为嗜铬细胞瘤的疾病时一下被吸引住了。这种疾病非常罕见，全世界只有 100 人被发现患有这种疾。患有这种疾病的病人，肾上腺上的肿瘤会产生周期性的痉挛，导致肾上腺素突然大量释放到血液中。沙赫特想从这些患者中找到一个人，看看他是否会出现情绪的周期性爆发。他确实找到了一个这样的病患，就在他自己的办公室楼下的一间办公室里，那人就是比尔·麦奎尔。

麦奎尔绝对不会放过向人们展示聪明才智的任何机会。在谈话和课堂教学中，他经常会穿插对大多数心理学家来说晦涩难懂的内容，如自然科学的研究成果、哲学、文学等。他同时也认为自己的智商高人一等，有时会嘲笑其他心理学家是"智商 130 的人"。他明确表示，智商这么低的人很难做出丰功伟业。

事实上，麦奎尔对此事的看法可能是错误的。我读到过，智商 160 的科学家获得诺贝尔奖的可能性并不比智商 130 的科学家高。沃伦·巴菲特（Warren Buffett）在谈到投资这一职业时曾说过："你不需要成为火箭科学家。投资不是一场智商 160 的人打败智商 130 的人的游戏。"在其他场合巴菲特还说过："如果你的智商是 160，你还不如卖掉其中的 30 个智商点，因为你用不上它们！"几十年来，我深信巴菲特法则同样适用于科学家。有好的想法，有效地检验它们，并让它们被接受，这当然取决于相当高的智商，但没有什么特别之处。先天的智慧本身只是成功科学家的要素之一。伟大的生理学家汉斯·谢耶（Hans Selye）曾写道，科学上的成功是智力 × 教育 × 抱负 × 好奇心 × 努力工作 × 与人相处的能力的乘法函数。这些维度中的任何一个都不必太高，但如果其中任何一个维度太低，那么这一切都会化为乌有。我知道一些智商测试超过 160 的科学家，但他们取得的成绩远远低于同一领域中那些智商无疑比他们低得多的科学家。

实际上，麦奎尔是一个拥有超高智商却只小有成就的科学家的例子。他最著名的贡献是证明了，如果你想加强一个人对某个观点的信念，你应该让这个人接触一个反对该观念的薄弱论据，让这个人能够成功地反驳这个论据。当这个人随后遇到反对他的观念的有力论据时，他会觉得自己有一些抵抗力，并且会比从未受到挑战的人更成功地捍卫自己的观点。麦奎尔将这一概念称为"接种"。麦奎尔进行了详尽而令人信服的研究，以确定接种概念的正确性和影响力，但这项研究的影响力远不及沙赫特的六项不同的研究成果。

麦奎尔和沙赫特在各方面都有不同之处，这对学生是很有启发性的。沙赫特的理论很简洁，当其他人的研究变得过于复杂时，他就没有耐心了："当我听到'三阶交互作用'这个词时，我就不想听了。"沙赫特的假设如果是错误的话很容易被推翻，有些假设确实已经被证明是错误的。至简是美。相比之下，麦奎尔则沉迷于复杂性。他的一些理论非常复杂，需要一大批研究人员对其进行充分验证。他常说："如果宇宙是椒盐卷饼形状的，你就必须有椒盐卷饼形状的假设。"这句话倒是鼓励我敢于阐明一个完全不同的结论，即如果你的假设是椒盐卷饼形状的，那么宇宙最好也是椒盐卷饼形状的，否则你永远不会发现它是什么形状。最好从一条直线开始，并根据需要予以修正。

观察麦奎尔和沙赫特对我的工作习惯也有很大的影响。在我认识麦奎尔的那段时间里，他每周工作 70~80 小时。我之所以知道这一点，是因为在晚上和周末，以及平日的早晨我少有几次去系里时，总能看到麦奎尔也在那里。我自己原本就是个工作狂，这对于一个雄心勃勃的卫理公会教徒来说，几乎是一种必然。一方面，我有一个超级聪明的工作狂麦奎尔的标杆，他做的工作很扎实，但只得到了不多的赞誉；另一方面，我有斯坦利·沙赫特做例子。在我看来，沙赫特在智力上与麦奎尔不完全相当，他在学年里每周工作 40 小时，暑假则在阿马甘塞特工作半天。由此我认识到，即使是智商极高的人，玩命干也不能保证一定能完成出色的工作；而那些仅仅是比较聪明的人，尽管工作时间适中，也能做得很好。这一认识使我免于成为一个工作狂。

我在哥伦比亚大学学习期间，对我情感影响最大的两件事是具有重大国家意义的事件。

其中第一个事件是 1963 年为争取就业和自由而举行的华盛顿游行。据估计，有 25 万人参加了游行。演讲的前一晚，我在一个非洲裔美国人的家里度过。据说，有一些在华盛顿的白人宣称，他们很乐意让人们过夜，但仅限白人。我很兴奋能参加游行。我当时就觉得，这将是一起重大事件，事实证明的确如此。在那重要的一天里，我听了一场又一场的演讲，有的相当精彩，有的则一般般。我还听到了很多美妙的歌曲，包括听到 25 万人齐唱《我们终将胜利》（*We Shall Overcome*）。

几个小时后，我累了，感到有点无聊。我离开了靠近人群中间的位置，退到足够远的地方，以便能够躺在地上。当马丁·路德·金（Martin Luther King，Jr.）开始发表演讲时，我还没来得及躺下。没过几分钟，我就极度兴奋地重新站了起来。我觉得这是一次无与伦比的演讲。历史的判断是，它确实是我们国家已知的最有力的演讲之一。最近，我读到马丁·路德·金并没有打算发表这样的演讲。当时他正在做律师辩护，歌手玛哈丽亚·杰克逊（Mahalia Jackson）在他身后喊道："带他们去教堂吧，马丁！"

另一个事件比游行事件更令人痛心。当我得知约翰·肯尼迪（John

Kennedy）总统在达拉斯（Dallas）市被枪杀的消息时，我正在纽约里克岛
（Riker's Island）的监狱做研究工作。我爱肯尼迪，对我来说，肯尼迪代表了
我心中国家和人民最美好的一切。听到这一消息，我非常难过，但最初我还希
望肯尼迪只是受了伤。当我从伊斯特河（East River）送我回曼哈顿的船上看
到全市降半旗时，我悲痛欲绝。

第四部分　纽黑文

- 我并不喜欢耶鲁大学。那里的许多教师都自命不凡，很多谈话的潜台词都是："我这么聪明，你有多聪明？"教授与助理教授很少来往。
- 如果你知道如何利用与聪明人讨论你正在研究或将来可能研究的问题，在耶鲁大学这样的地方会有巨大的价值。
- 对我来说，我工作的最大乐趣就是从一个想法的内核开始，和学生一起把它构建成一个成功的研究项目。
- 在本书中，我常常称赞很多人为天才。实际上，我认为在我提到的大多数人中，他们确实都很杰出。这促使我思考，一个人如何判断另一个人是否杰出。当有人经常就我所熟悉的领域提出新颖而有趣的观点时，我就更有可能认为他很聪明。

——理查德·E. 尼斯贝特

THINKING
A memoir

耶鲁大学

在我的求职面试即将结束时，耶鲁大学心理学系主任克劳德·巴克斯顿（Claude Buxton）虽然明确表示我很可能会被聘用，但他仍然提醒我："你应该知道，在耶鲁大学获得终身教职的可能性极小。""你别想解雇我，我辞职行不行。"我喃喃自语道。

去耶鲁大学并不是我的梦想。宾夕法尼亚大学的生物心理学更为强大，而这才是我想涉足的领域。尤其该系有许多研究肥胖症与饮食行为的杰出的科学家，而这正是我希望在可预见的未来重点研究的课题。我在那里的求职谈话和面试都进展顺利，因此我预计自己会得到这份工作。

因为我从来没有想要去耶鲁大学教书，所以并没有特别留意自己给那里的人留下的印象。后来有人告诉我，我给大家主要留下了两个印象：一是我非常年轻，只有 24 岁；二是我非常自信，甚至有些自负。即便如此，耶鲁大学还是给了我这份工作，并给我两周的时间考虑。我通知了宾夕法尼亚大学的相关院系，却沮丧地发现，尽管宾夕法尼亚大学确实对我感兴趣，但院系安排的两次面试已经超过了我做决定的最后期限。最后我没有得到录用通知，所以我想我只能去耶鲁大学了。

然而，就在距离耶鲁大学截止日期仅剩一周时，哈佛大学心理学系询问我是否有意接受他们的面试邀请。虽然现在回想起来，我应该把决定权留给哈佛，但当时我却觉得短短一周的时间不太可能谈妥任何事情。此外，耶鲁大学的院系更好。麦奎尔说得对，哈佛大学的心理学系并没有那么好，社会心理学在哈佛仍然很薄弱。就这样，在我迷茫地来到新英格兰的七年后，我不太情愿地接受了耶鲁大学的录用。

你可能感到好奇，一个 24 岁的年轻人怎么会获得好几所顶尖院校的面试机会呢？

首先，高水平的研究生院的博士研究生一般只需要四年时间就能获得博士学位，而不是现如今的五六年（甚至七八年时间）。博士后研究经历几乎是现在招聘的必要要求，但对于社会心理学家来说则是闻所未闻的。我始终认为，博士后研究经历不应该成为社会心理学领域的招聘门槛，除非个人有必要在新实验室学习具体的研究技术或方法。我获得博士学位的时候，博士生毕业的普遍年龄是 24~27 岁之间；而现如今，32 岁的人可能被视为处于与过去 27 岁的人相似的事业和生活阶段。

其次，你应当知道，我并没有主动申请这三所对我感兴趣的院校中的任何一所。当时还是"老男孩关系网"时代，即当顶尖院系有空缺职位时，他们会打电话联系领域内最杰出的学者，并向他们咨询是否有优秀男生人选即将毕业，斯坦利·沙赫特理应出现在每所学院都会联系的名单上，而我是他的得意门生，并且即将获得博士学位。

女生有可能受到青睐吗？会的。但当时招聘市场对女性的偏见相当大，而且是完全公开的，如她们可能会生小孩、容易中途放弃工作，等等。诸如此类的偏见看似可信，其实毫无根据。即便如此，20 世纪 60 年代初刚拿到学位的伊莱恩·哈特菲尔德就得到了莱昂·费斯廷格的推荐，后者在当时被视为全球首屈一指的心理学家。伊莱恩被明尼苏达大学聘用了。另一个被费斯廷格推荐的学生埃利奥特·阿伦森（Elliot Aronson），也已经在该大学任教了。埃利奥特被认为是心理学领域最有前途的两个年轻人之一，另一个是达里尔·贝姆（Daryl Bem），他是密歇根大学的毕业生，尽管没有获得任何人的推荐，他仍被斯坦福大学聘用了。埃伦·伯沙伊德则获得了埃利奥特·阿伦森的推荐，她先受聘于明尼苏达大学商学院，几年后又被该大学的心理学系聘用。之所以有这个变动，是因为之前商学院为社会心理学家提供的薪水高出文理学院的一倍，现在两个院系的情况发生了互换。埃伦·伯沙伊德和伊莱恩·哈特菲尔德是伟大的学术合作者，除了共同创立现代关系科学领域之外，她们还在许多领域开展了重要的研究。

当时学术界对女性的偏见根深蒂固，埃伦和伊莱恩不得不正式挑战大学禁止女性出现在教师俱乐部的规定，以便能够在那里吃饭。

社会心理学家一直站在为女性创造机会的最前沿。可以自豪地说，我一直是这项事业中的一名优秀战士。我在纽约期间第一次有意识地成了女权主义者。在阅读了弗吉尼亚·伍尔夫的《一个人的房间》（*A Room of One's Own*）、西蒙娜·德·波伏瓦（Simone de Beauvoir）的《第二性》（*The Second Sex*）和贝蒂·弗里丹（Betty Friedan）的《女性的奥秘》（*The Feminine Mystique*）后，我的思想观念也随之发生了转变。我之所以接受女性主义的观点，部分原因是我清楚地意识到，我的母亲囿于家庭的逼仄空间，空耗了精力，浪费了才华，发展受限，生活拮据。

我在耶鲁大学的工作快要结束时，有三位非常优秀的女生即将从社会心理学专业毕业。我给全美排名靠前的 20 多个院系写了信推荐，最终两人被哈佛大学聘用，这其中就有谢利·泰勒（Shelley Taylor），她后来成为第一位入选美国国家科学院的女性社会心理学家。

在我职业生涯的前 10 年，社会对女性的确存在极端且公开的偏见。直到20 世纪 70 年代中期，情况发生了巨大变化，我开始坚信，至少在我所了解的顶尖高校系所中，女性身份并不会成为高校聘用的障碍。然后，经过数十年的平等期，学界又开始形成了对聘用女性的偏好，我认为这就是当时的情况。其他行为科学领域的同行也有类似的印象。美国《国家科学院院刊》（*National Academy of Science*）最近发表的一篇论文称，如果简历上是一位女性的名字，无论哪个领域的教授，想面试这个人的可能性是男性求职者的两倍左右（男性和女性教授在这一点上并无太大区别）。

◆ ◆ ◆ ◆

我并不喜欢耶鲁大学。那里的许多教师都自命不凡，很多谈话的潜台词都是："我这么聪明，你有多聪明？"教授与助理教授很少来往。我认为这在一定程度上可以理解为一种自我防卫心态。我在耶鲁时，欧文·贾尼斯（Irving Janis）是最杰出的心理学家之一，他的主要贡献是提出了"团体迷思"的概念，该概念被广泛应用，也成了大众文化的一部分。其基本思想是：团体有时会做出错误决策，这是因为团体中往往存在群体性施压以维护观点的统一，一些有争议的观点、有创意的想法害怕危及双方的声望而不会被提出，因而令整个团体缺乏不同的思考角度，不能进行客观分析。

我听说贾尼斯曾对人说，他曾经有和助理教授交朋友的习惯，但后来发现他不断失去朋友，因为绝大多数青年教师因未能获得终身教职不得不离开耶鲁大学。贾尼斯看似态度冷淡，但我能理解。失去朋友是一件令人难过的事，为了防止失去朋友，选择避免与可能离开的人交友是可以理解的。

系主任曾提醒过我不大可能获得终身教职，对此，贾尼斯在我初到耶鲁大学时就对我说："在耶鲁，年轻教师不能获得终身教职之说是无稽之谈。如果一个人表现出色，我们都会想办法留住他！"太妙了。如果我没有得到终身职位，那就是说我一点儿也不优秀。

比尔·凯森（Bill Kessen）是耶鲁大学另一位资深教授，他并不是那种和蔼可亲的人。他是一位非常杰出的发展心理学家，他首次提出了这样的论断：婴儿不只是躺着茫然地看着这个世界，而是积极地关注它并不断加以推理。婴儿床里的孩子有成为科学家的潜质。我即将要教授的社会心理学课程是耶鲁大学从未开设过的。凯森告诉我，如果我能够整合不同类型的课程并把它们放在一起，明年这门课程的报名人数将会翻倍。但第二年这门课程的报名人数并没有增加，因此我认为自己可能并没有成功地整合好这门课程。

我在耶鲁大学任教几年后，凯森宣布将开设一门新的关于文化的团队授课的课程，由一位人类学家、一位社会学家和一位哲学家共同教授，我被选为社会心理学家。我并不想参与，所以我告诉凯森我可能不会加入。但是，凯森厉声说："你想打个赌吗？"

我本来会输掉这个赌局的。事实证明，参与课程比抵制要容易得多。但是我在课程中表现出了抵触和沮丧的情绪。尽管在 25 年后我的确深入研究了文化心理学，可在当时大部分课程阅读材料都与我的兴趣相去甚远，所以我并没有完整阅读这些材料，对课堂讨论的贡献寥寥。我为自己的这段经历感到惭愧。因为作为一个兢兢业业的卫理公会教徒，我在教学中几乎总是尽职尽责，就像在大多数事情上一样。严格来说，我应该写成"前卫理公会教徒"，但事实上我从文化渊源上讲仍然是卫理公会教徒。信仰可以摆脱，但宗教所塑造的态度和动机不易割舍。

在耶鲁大学的五年里，我恰好有一次被邀请到一位终身教职的家里做客。我非常感谢他的邀请，但在那里的一次谈话让我对耶鲁大学的氛围有了更直观的了解。当时我正在看挂在墙上的一幅画，这位教授说："当我在巴黎的工作室看到这幅画时，有位大师走过来给我讲了一个关于这幅画的有趣故事。"他提到的大师就是毕加索。

我在耶鲁大学只有一个朋友，他是社会心理学家霍华德·莱文塔尔（Howard Leventhal）。霍华德比我年长几岁，虽然是副教授但并没有获得终身教职。在我最需要朋友的前几年，霍华德成了我的患难之交。在高压的环境下，大学对青年教师的要求已经让人备感压力，而另一位早在我来校之前被聘用的社会心理学青年教师查尔斯·基斯勒（Charles Kiesler）却把我视为他获得终身教职的威胁。

查尔斯是莱昂·费斯廷格的另一位得意门生，他想方设法地贬低我，特别是在研究生面前。他的一个伎俩是：我发表评论时，无论是打趣还是认真的，查尔斯都会停顿一秒钟，然后发出冷笑。言下之意，我所说的话非常愚蠢。虽然查尔斯相信他有望获得终身教职，但我却坚信他不会成功。他的工作并不具有开创性，同样，我相信很少有人会视查尔斯为天才。在耶鲁这样的大学，即使一个研究生涯并不十分杰出的人，只要他非常聪明，智力可以在一定程度上弥补学术成就的不足，他仍旧可以获得终身教职。

离开耶鲁大学多年后，查尔斯·基斯勒成了美国心理学会的执行主任。他被看作一位杰出的领导者，也是心理科学协会（Association for Psychological Science）的主要创始人。该协会取得的巨大成就是推动了心理学的科学发展，与美国心理学会主要推动临床工作的方式如出一辙。

罗伯特·艾布尔森（Robert Abelson）则是一位极具智慧但在获得终身教职时成就寥寥的例子。我喜欢罗伯特·艾布尔森，他独特的幽默感令人愉悦，尽管他对我并不慷慨（我唯一想要的就是他能给我时间和他进行交流学术）。他简直是我见过才思最敏捷的人。当大多数人才刚开始理解一个话题时，他已经能够完整表述观点了。

很遗憾无法与罗伯特·艾布尔森有更多的时间共处。他的思考对于塑造认知方法、社会心理学的转型和拓展更广泛的心理学研究领域做出重要贡献。我很想与他共事并交换观点、交流想法，一起建立新的认知方法，很遗憾我没有这样的机会。但是，我还是能够通过和他在午餐时间的讨论，通过他每周为社会心理学师生举办的自带午餐研讨会上发表的意见学到很多东西，获得很多启发。

决定终身教职时，往往很少考虑其教学的贡献，即使在最好的学院也是如此。如果一个人学术能力出色，尽管教学质量不佳，这个人仍将获得终身聘任；如果一个人的研究水平不高，即使教学水平一流，他也可以成为一名出色的教师，但可能无法获得终身教职，尽管同事们会因为这个人不得不离开而感到遗憾。

我认为，我在耶鲁大学期间遇到的所有年轻的心理学家都认为他们有机会获得终身教职。但我从未估算过自己获得终身教职的可能性，我认为这样的可能性确实很低，正如系主任之前告知我的那样。我也不想为了获得终身教职而去做一些事情。快速推出大量的研究成果对于年轻的教职人员确实具有极大的诱惑力，可我仍将致力于进行我力所能及的最高质量的研究。我想这足以让我在某所像样的大学获得终身教职，我不想把时间和精力浪费在那些不能让我激动或满足的工作上。

在我看来，可能获得终身教职的唯一一位青年教师是行为学家罗伯特·雷斯科拉（Robert Rescorla）。他的研究确实出色，他还是一位备受赞誉的心理学入门教师。如果仅仅是名好老师，不会对获得终身教职有太大帮助，但如果是名真正优秀的老师，尤其是在像心理学入门这样的基础课程上，几乎可以保证终身教职。我在做研究时没有以最大限度地产出研究成果为目标，也没有在教学上竭尽全力。但我敢肯定，我在教学方面和普通教师一样努力。在我的职业生涯中，我在指导研究生方面相当成功，但在教授本科生方面就差得多了（尽管学生对我的本科课程的评分从未低于平均水平）。

不出我所料，罗伯特·雷斯科拉确实在耶鲁大学获得了终身教职，而其他同事则没有。

◆　◆　◆

我在耶鲁大学的朋友主要是社会心理学的研究生。我只比他们中的大多数人大几岁，但总有一种隔阂感。在很大程度上我掌控着他们的命运，他们当然也很清楚这一点，因此并不完全对我坦诚、与我交心。尽管如此，我还是在研究生中结交了很多好朋友，其中就包括马克·莱珀（Mark Lepper）、迈克尔·斯托姆斯（Michael Storms）、谢利·泰勒、卡罗尔·德韦克、戴维·卡诺斯（David Kanouse）、莱斯利·泽布罗维茨（Leslie Zebrowitz）和马克·赞那（Mark Zanna）。这些人都对心理学做出了重大贡献。

为这些学生和其他研究生授课是莫大的荣幸。如果你知道如何利用与聪明人讨论你正在研究或将来可能研究的问题，在耶鲁大学这样的地方会有巨大的价值。在最好的院系里，每位教师都有机会开授以他们个人知识兴趣为中心的研讨课程。学生可以从这些研讨中受益良多，因为他们能够更深入地了解想法如何从零散的概念发展成可检验的理论。

令人惊讶的是，许多像我一样一直享有特权的教授，无论是在课堂上还是在进行研究时，都很少利用学生的智识。他们可能只会指派学生做那些他们脑子里已经基本成型的项目。对我来说，我工作的最大乐趣就是从一个想法的内核开始，和学生一起把它构建成一个成功的研究项目。

由于缺少互动的机会，我没与其他院系的教师交友。许多教师，包括青年教师，都与某个"学院"有着松散的隶属关系。"学院"是美化了的宿舍，大多采用乔治亚复兴时期或学院哥特式风格，学院里的住校教师被称为"主人"。直到"主人"这个词开始让太多的人联想到以前对奴隶主的称呼，情况才发生了改变。尤其有问题的是以19世纪著名参议院以及奴隶制辩护者约翰·C.卡尔霍恩（John C. Calhoun）命名的卡尔霍恩学院，即使卡尔霍恩学院的院长是位黑人这一令人愉快的讽刺，也未能阻止耶鲁大学于2016年将住校教师的头衔改为"负责人"，并将卡尔霍恩从学院中删除。

直到我在耶鲁大学的后期，才被邀请加入其中一个学院，那时我在纽黑文和其他地方已经有足够的朋友和关系网，所以我并没有在学院里追求潜在的关系。我在学院的朋友主要是其他专业的研究生，其中一位是极负盛名的英文教授哈罗德·布鲁姆（Harold Bloom）的得奖学生卡米拉·帕格利亚（Camille Paglia）。卡米拉因其富有争议的《性人格》（*Sexual Personae*）一书而声名鹊起，该书探讨了性、神话和文学之间的关系，不仅充满感染力还很畅销，但也引起了女权主义者的批评和攻击，因为它接受了对人格和行为中存在性别差异的生物学解释。长期以来，卡米尔一直是解构主义和后现代主义的激烈批评者，她认为这些学派漠视真相，只追求吸人眼球和时髦的东西。

我在学院的另外两个朋友是特别聪明的法学院的学生。几十年来，他们一直是我用来支持我一般性结论的证据，即我所认识的最聪明的一类人是耶鲁大学法学院的学生，但我的一般性结论并没有得到论证。除了邓肯·肯尼迪（Duncan Kennedy）和马克·图施奈特（Mark Tushnet）之外，我并不认识耶鲁大学法学院的其他学生，他们最终都成了哈佛大学法学院的讲席教授。这就是我的样本大小和可能存在的样本偏差带来的敏感性问题了。

比尔·克林顿和希拉里·克林顿是我在耶鲁大学期间从未谋面的两位杰出的法学院学生。他们的同学、后来成为比尔·克林顿总统劳工部长的罗伯特·瑞奇（Robert Reich）最近谈到希拉里说，每当教授提问时，她通常总会第一个举手。叫她回答问题时，用好来形容她的回答都不够，而是堪称完美。希拉里在耶鲁大学展现了她的另一面，这对于未来的政治家来说并不是很有利。她是耶鲁大学法学院的女权主义领袖，而谢利·泰勒则是研究生院的女权主义领袖。谢利说希拉里曾向一群女研究生发表讲话，告诉她们应该放下研究生院的琐事，全心全意为女权主义事业工作。这让我联想到"一篮子可悲之人"①。

在本书中，我常常称赞很多人为天才。实际上，我认为在我提到的大多数人中，他们确实都很杰出。这促使我思考，一个人如何判断另一个人是否杰出。当有人经常就我所熟悉的领域提出新颖而有趣的观点时，我就更有可能认为他很聪明。例如，邓肯·肯尼迪读了我和爱德华·琼斯（Edward Jones）关于行为人和观察者对行为人行为原因产生不同解读的论文后，他就论文中提出的问题阐述了许多有趣而有说服力的观点。

---

① 希拉里·克林顿曾骂共和党候选人特朗普的半数支持者是"可悲"之人，但很快便表示后悔并道歉。在纽约的一场募款活动上，希拉里说："你知道，只是笼统地说，你可以把特朗普的一半支持者放在我所说的可悲者篮子里，包括种族主义者、性别歧视者、同性恋恐惧症、仇外心理、伊斯兰恐惧症，等等。"——译者注

接下来，谈一下本科生教学。能够教授这群聪慧的学生是我的荣幸，我在授课时完全把他们当作与我智商相当的人。作为一名毕业于塔夫茨大学的本科生，我最初对教授耶鲁学子感到紧张。人在紧张的时候都可能会做类似"考试前一天晚上还没有准备好"的梦。当我即将在耶鲁大学讲第一堂课的前一晚，我辗转反侧，梦见自己要用瑞典语教一门课。我一直是个乐观主义者，即使在迷迷糊糊的状态下，也安慰自己说，我会在第一堂课上讲讲英格玛·伯格曼（Ingmar Bergman）的电影，然后买一本瑞典语教材，并在此后的教学中确保提前一周备好课！

学生们总是彬彬有礼，对我十分诚挚和尊敬，尽管他们中大多数人的家境比我好很多。当我看到我的第一堂课的班级名单时，我惊呆了，40%的学生名字后缀带有"三世"或"四世"。在我看来，耶鲁学子中大约有三分之一来自美国东海岸的富有校友家庭，三分之一是犹太人（这类人有重叠），另外三分之一则来自美国中部各州的中产阶级的白人家庭，他们受益于平权运动（affirmative action）①，并因此获得耶鲁大学的入学资格。

直到我在耶鲁大学的最后几年，还是几乎见不到黑人、拉丁美洲人或亚洲人。我在耶鲁大学工作三年后，学校采取了一项激进的措施，首次招收女生。

给那些家境比我好的学生上课是一种有趣的经历。我们双方都假装不知情，学生们假装恭敬，我假装自信。

无论本科生所属的社会阶层如何，他们在耶鲁大学里的地位都比助理教授

---

① 平权运动是指依据肤色、种族、宗教、性别出身，给予这些少数群体或弱势群体优待的一种手段，从而达到各族群享有平等的权利。平权运动主要集中于就业、教育、工程承包和医疗方案，如入学的种族配额及选举的性别配额等，借此避免少数族群在就业和教育上受到不公平对待。——译者注

高。具体排名如下：

1. 正教授；

2. 本科生；

3. 有终身教职的副教授；

4. 行政人员；

5. 研究生；

6. 文秘；

7. 没有终身教职的副教授；

8. 助理教授；

9. 门卫。

在耶鲁大学期间，我只结交了一个本科生，他叫里德·汉森（Reid Hansen），是我大鼠实验室的研究助手。他幽默风趣，淳朴坦率，和我一样来自中下阶层。他告诉我，有些耶鲁大学的学生因为某些同学穿的鞋子而厌恶他们。他还说，有些本科生也鄙视我，因为当我在全班同学面前全情投入地讲课时，领带上的西尔斯·罗巴克（Sears Roebuck）商店的商标露了出来。其实并不是我在那里买的，是我母亲给我买的。我觉得，我的运动夹克都是从普莱诗（J. Press）购买的，所以在穿着上应该没问题的。

1970年，当学生运动从伯克利经由安娜堡到达耶鲁大学后，耶鲁大学本科生的外在与着装发生了巨大的变化。前一天，他们还穿着蓝色纽扣领衬衫、卡其裤和便士休闲鞋，头发半长不长的。第二天（我印象中是周二），他们就一反常态地穿短裤、T恤衫和凉鞋，留着及肩的长发了。

对鲍比·西尔（Bobby Seale）和其他几名黑豹党成员犯下的谋杀案在纽

黑文开庭审判。来自全国各地的激进分子和抗议者涌向纽黑文，要求释放西尔，耶鲁大学校园内有许多学生非常认同这些抗议者的观点。这些学生和抗议者还认为，由于耶鲁大学离审判地点很近，而且是由 30 岁以上的人员管理，因此从某种程度也是监禁"政治犯"的同谋，于是纷纷要求耶鲁大学在审判期间停课。当时局势紧张，部署到纽黑文的国民警卫队严阵以待，坦克在街上隆隆作响。

最初，针对这一事件学校召开了一次教职工会议，要以投票的方式决定是停课还是照常上课。这也是我在耶鲁大学期间第一次也是唯一一次参加教职工会议。当时气氛空前紧张，对于这个问题，双方展开激辩且都有声浪巨大的支持者。接着，气宇轩昂、极具领袖风范的校长（后来担任了驻英国大使）金曼·布鲁斯特（Kingman Brewster）开始讲话。毫无疑问，如果他提出建议，我们都会支持。出乎我的意料，布鲁斯特要求停课。大家进行投票表决，选择了这一行动方案。

出于某种原因，我是第一个走出校门的老师。门外有一群抗议者和学生朝我尖叫。我做好了会被攻击的准备，下意识地露出了愤怒和挑衅的表情，以展现我很坚强、我很勇敢、我的下颌是否足够高扬。但我随即意识到，他们正在朝我欢呼。因为其他与会人员当即向人群传达了耶鲁大学做出了他们期待的决定。我时常想，如果学校做出了相反的决定会怎么样。

◆ ◆ ◆

如我所愿，我在耶鲁大学的头几年主要研究肥胖和饮食行为。我曾经发现，与体重正常的人相比，肥胖的人倾向于吃更多他们认为适口、美味的食物。此外，肥胖者对与食物有关的外部刺激（如食物的味道）很敏感，但他们对通常调节饮食行为的内部因素（如饥饿感或饱腹感）不敏感。

在与研究生戴维·卡诺斯合作的一项研究中，我们调查了顾客进入超市前的最后一次进食时间。我们的研究假设是：对于体重正常的人来说，上次进食时间越长，越容易出现冲动购买的行为，从而导致收银机上的付款总额增加。然而，对于超重的人来说，可能并不会出现这种情况。实际情况也验证了我们的假设。体重正常、饿着肚子的人购买的食物数量比肚子不饿的体重正常的人多得多。然而，对于肥胖者而言，饥饿和购买食物之间的关系实质上是相反的，尽管我们不确定其中的原因。

我在哥伦比亚大学期间了解到，VMH 损伤的动物缺乏对食物剥夺感的正常反应，但对味觉较为敏感。这些动物会不断进食，直到变得肥胖。它们在没有被剥夺食物的任何时间内也会吃很多食物，就像它们很久没有吃东西时一样。研究中，VMH 损伤的大鼠会比正常体重的对照组大鼠吃更多美味食物。

我开始在图书馆和实验室研究肥胖的人和 VMH 损伤的大鼠的饮食行为。我了解得越多，这些相似之处就越令人信服，包括自发活动水平低、对性生活的兴趣相对较小、更容易情绪化和发怒。我还发现了另一组相似之处，即因饥饿而导致体重严重不足的人的行为也与肥胖的人和 VMH 损伤的动物相似。无论距离上一顿饭过去多长时间，只要有食物，这些人就会吃下大量（可口的）食物。

为什么饥饿的人、VMH 损伤的动物会与超重人群有相似的特征呢？前者（饥饿的人、VMH 损伤的动物）因相信自己处于饥饿状态或无法感知自己的饱腹感，从而吃得足够多，导致变得肥胖，难道后者不会感到饥饿？我恍然大悟，大多数肥胖者或者至少是生活在西方社会中的肥胖者，其实是容易感到饥饿的，因为他们在试图控制自己的体重。他们并非因为吃得过多而变胖，而是因为他们的体重基数大，即他们的脂肪细胞比正常体重的人多，这些脂肪细胞需要被喂养（基因和早期的环境条件都可以影响成年后脂肪细胞数量）。

如果这个推断是正确的，那么大多数肥胖的人在大多数时间都是饥饿的。即使他们的胃已经填满了食物，他们也比正常体重的人吃得多，因为他们仍然很饿。你可以问问你那些体重超标的朋友"是否感到饥饿"，他们很可能会说"一直都很饿"。

让整个推断变得严丝合缝的情况是，肥胖的人只有在有意识地努力控制体重的情况下才会表现得像饥饿的人和 VMH 损伤的动物，而事实上，情况确实如此。没有试图控制体重的肥胖者表现得像正常体重的人，而试图控制体重的正常体重的人则表现得像肥胖者。我的数据支持了这些发现。彼得·赫尔曼（Peter Herman）和珍妮特·波利维（Janet Polivy）通过出色的实验工作验证了这一推断。

在我的科学生涯中，最激动人心的时刻是我通过大量阅读和研究发现，让机体感到饱足的重要机制是大脑监测葡萄糖水平。随着食物的摄入，葡萄糖水平会上升，一旦达到高峰，进食便会停止。VMH 中的细胞监测葡萄糖水平是有道理的。如果这些细胞受损，机体便无法感知饱腹感和满足感，于是想继续进食。于是，我约了一位在领域很有研究的生物心理学家进行交流。我向他描述了有关肥胖者行为的 VMH 理论，然后说："如果我是正确的，那么 VMH 中应该存在监测葡萄糖水平的细胞。""事实上，"生物心理学家说，"这是《科学》（Science）杂志近期的报道。其中提到了 VMH 中存在葡萄糖水平的监测细胞。"我脖子后面的汗毛都竖起来了。

我确定了肥胖动物和 VMH 损伤动物之间的相似性，但尚未公开发表研究成果，这时，我发现沙赫特即将发表肥胖与 VMH 损伤相关的文章，这让我和沙赫特差点闹翻。我向沙赫特表达了我的不快，因为他抢先发表了我的原创想法，他承认这的确是我的想法，提出将我纳入论文的作者之一。我不想这样做，因为他的资历太老，大家会认为是沙赫特的想法。此外，我觉得他把推断的因果关系搞错了：他认为，人们肥胖是因他们的饮食方式导致的；而我知道，因为他们胖且希望减肥，所以才有这样的饮食方式。

沙赫特在美国心理学会的会议上向众多参会者介绍了 VMH 的相关研究，并将其发表在备受关注的《美国心理学家》(*American Psychologist*) 杂志上。我相信，全美几乎所有的心理学家都知道沙赫特的这项研究了，即便他并没有尝试解释为什么肥胖者的行为和 VMH 损伤大鼠的行为的相似之处。

随后，我在另一本同样备受关注的期刊《心理评论》(*Psychological Review*) 上发表了这项研究，然而却没什么动静。那些在饮食行为领域工作的心理学家都知道沙赫特的研究，也大多忽视了我提出的这个悖论。直到最近，肥胖研究人员才达成共识，即肥胖者比大多数正常体重者捍卫着更高的体重设定点。如果我当时知道我的这项研究在《心理评论》上会得到这么少的认可，我一定会感到非常痛心。

我对沙赫特对这件事情的处理非常失望，我的反应可能有点过激。他毕竟同意与我合作发表研究论文，而且据我所知，他原本也打算让我当第一作者。类似的事件可能导致许多学生和他们的导师之间产生不可弥合的矛盾。幸运的是，这件事仅仅让我和沙赫特之间的关系暂时降温而已。

THINKING
A memoir

和范式共舞

在耶鲁大学的头两年，我大部分时间都不开心。我和其他人一样承受着很大的压力，还要应对查尔斯·基斯勒的欺凌。我一生中还经历了两次严重的车祸，都是我在耶鲁大学的第一年发生的。其中一次我负部分责任，是在高速公路出口匝道上转弯时，车速稍快，结果翻车了。这辆车是雪佛兰科威尔，一款后置发动机的运动型小车，是拉尔夫·纳德（Ralph Nader）在《任何速度都不安全》（*Unsafe at Any Speed*）一书中提到的不安全汽车之一，这本书引发了一场关于消费者安全的全国性讨论。

在纽黑文，几乎没有可以约会的女性。这也是为什么如果有机会，我会考虑接受哈佛大学工作的重要原因。为了解决这个问题，我在纽黑文的头两年经常在周末往返穿梭于纽约或波士顿与女性约会。然而，我对这种不间断的旅行深感压力，异地恋也令人紧张，而且充满挑战。绝望中，我和一些不合适的女人交往过多，导致了几次痛苦的分手，这给我带来了巨大的情感困扰。

在纽黑文的第二年年底，我决定不再约会。约会没有带来任何益处，而且让我一事无成。目前尚不清楚停止约会的决定是否是我幸福的直接原因，但在耶鲁的第三年我确实过得非常开心。我的研究进展顺利，我在耶鲁大学的学生中有朋友，在纽约也有好朋友，特别是李·罗斯和他的妻子朱迪（Judy），以及后来成为宾夕法尼亚大学的传播学教授并最终成为南加州大学安纳伯格传播学院院长的拉里·格罗斯（Larry Gross）。

只有上了年纪的人才会对我在27岁时仍是大家公认的单身汉感到惊讶。当时，人们从大学毕业后第一件事就是结婚，25岁左右是大多数人开始第一段婚姻的时间。

到耶鲁大学的第四年，我决定打破我不再约会的誓言，和一个刚到耶鲁大学法语系攻读研究生的女生约会。我起初对这次约会并不看好，因为约会对象是我一个研究生室友妻子闺蜜的朋友，我们是通过相互介绍认识的。

苏珊·艾萨克斯大步走出来，在研究生女生宿舍的门厅里迎接我。她身材修长，金发碧眼，引人注目，充满自信。她的聪明才智和讨人喜欢的个性给我留下了深刻印象，长夜将尽时，我确信已经遇到了未来的妻子。

事实上，我们是在六月底结婚的。苏珊是犹太人。当时，不可能找到一位拉比①来为一位异教徒主持婚礼。苏珊和她的家人认为，基督教徒主持的婚礼是不可想象的，所以婚礼必须是世俗的。我们想在耶鲁大学的教堂举行婚礼，那是犹太人和基督徒都使用的美丽场所。教堂前有一个插入式十字架，这是教堂装饰唯一能让人联想到基督教的部分。

耶鲁大学的基督教牧师是出身名门的小威廉·斯隆·科芬（William Sloane Coffin，Jr.），他从大学时代就深深地融入了耶鲁的精神世界，当时老布什（George H. W. Bush）把他带进了秘密团体骷髅会。科芬是著名的民权与和平活动家。虽然科芬本人也娶了一名犹太女子，但他显然不支持我们这样的

---

① 犹太人中的一个特别阶层，是老师也是智者的象征。——译者注

非宗教人士在小教堂举行婚礼，他向他的拉比同事建议小教堂应该只给像他们这样虔诚的人使用。科芬的岳父是著名的钢琴家阿图尔·鲁宾斯坦（Artur Rubinstein），鲁宾斯坦并不高兴自己的女儿嫁给异教徒，更不用说牧师了。据报道，鲁宾斯坦第一次见到科芬时揶揄道："我知道你是名传教士，就像电视布道家比利·格雷厄姆（Billy Graham）一样。"科芬反唇相讥："我知道你是名钢琴家，像李伯拉斯（Liberace）[①]一样。"

我不甘心屈服于科芬的决定，他（或更高力量）一定认为这不值得一争。因此，我们最终就在小教堂举行了婚礼。婚宴和晚宴在耶鲁大学教师俱乐部举行，这也是我第一次也是唯一一次踏进这个地方。当时温度超过 90 华氏度[②]，而且没有空调，但这并没有妨碍我们穿着正装跳了几个小时的舞。

◆ ◆ ◆

当时，耶鲁大学是美国行为主义和学习理论的主要中心之一。克拉克·赫尔是刺激－反应学习理论的先驱者。该理论的基本观点是，个体的行为主要是由他们所处环境中的刺激物（输入）和他们产生的反应（输出）形成的。赫尔的一位杰出学生是神经科学领域的创始人尼尔·米勒（Neal Miller），他成功地留在耶鲁大学任教。遗憾的是，米勒在我来到耶鲁东西的那一年去了洛克菲勒大学，他是首屈一指的研究饮食行为和饥饿的学者。耶鲁大学的另一位刺激－反应理论的拥护者是阿伦·瓦格纳（Allan Wagner），他曾是米勒最杰出的门生之一肯尼思·斯彭斯（Kenneth Spence）在艾奥瓦大学的学生。罗伯特·雷斯科拉在我来耶鲁大学的前一年从宾夕法尼亚大学来到耶鲁大学并开始

---

① 以华丽浮夸的风格和表演技巧闻名的钢琴家。——译者注

② 大致为 32 摄氏度。——译者注

了与阿伦·瓦格纳的合作。

雷斯科拉－瓦格纳关于条件反射的研究（包括刺激物之间、刺激物与反应之间或行为与强化行为之间的学习联系）很快在心理学领域得到了广泛的认可和高度重视。在经典条件反射实验中，实验助手会在提示音响起后立即电击大鼠，大鼠因此掌握了"这种音调预示着电击"这一联系。当这种音调响起时，大鼠会立即采取与被电击时相同的动作，即蜷缩和排便。在大鼠的例子中，无条件刺激是电击，这自然会引起大鼠蜷缩和排便的反应；而有条件刺激——音调，则是凭借其与无条件刺激（电击）的联系而引起大鼠反应的。学习即是在刺激与反应之间建立联系的过程，这被认为是动物学习理论的基础。

然而，这种毗连性原则还是不能解释某些学习现象。比如，当动物已经学会了某种给定的刺激（如特殊音调），就可以很好地预测一个非条件刺激（如电击），那么它们就很难学会一个与音调配对的新刺激（如灯光）也可以预测同一事件。雷斯科拉和瓦格纳提出了一个简洁而有力的原则，即刺激和强化事件之间的关联强度受到已经存在的刺激之间的关联强度的限制。换句话说，如果一个新的刺激物已经预测了与现有刺激物相同的事件，那么学习新刺激物和事件之间的关联就没有额外的好处，因为它是多余的。

但无论是雷斯科拉和瓦格纳的毗连性原则还是他们理论的其他方面，都不能很好地解释 20 世纪 60 年代末发现的一些现象。例如，莱昂·卡明（Leon Kamin）首先训练大鼠把音调和电击联系起来。然后，他将同一音调与灯光搭配在一起，光照之后从未对大鼠施加电击，这种复合刺激在多次实验中出现。在整个过程中如果只有毗连性原则在起作用，那么音调的刺激将导致灯光也能引发大鼠的恐惧。然而，事实上，灯光的作用是抑制恐惧，这一点在第一次实验中就已经体现了。在两到三次实验中，曾经被音调吓到瘫软伏地的老鼠，当声音伴随着灯光出现时，就完全不再感到紧张了。

老鼠第一次看到灯光的内心独白大概是："又是那可恶的音调，意味着会有电击。但是这灯光又是怎么一回事？也许现在情况不同了，未必会有电击。啊，我懂了，没有电击。现在我可以认为，即使声音响起时，只要灯亮起，我也是安全的。"

我曾告诉过雷斯科拉，我认为他研究的大鼠的行为可以用类似于人类的认知过程来解释。然而，雷斯科拉坚持行为主义研究范式，认为我的想法荒谬且难以验证。几十年后，我确实找到了一个成功的方法来验证这一理论，并和杰出的认知心理学家基思·霍利约克（Keith Holyoak）、优秀学生高庆熙（Kyunghee Koh）在《心理学评论》上发表了相关研究。我们认为，该理论为动物在学习过程中进行假设－检验的观点提供了强有力的证据，而不是像雷斯科拉和瓦格纳所建议的那样只是在刺激物之间形成关联。

这项研究对前人收集的实验数据进行了理论分析，从而挑战了传统的条件反射方法。研究使用了密歇根大学计算机科学家约翰·霍兰德（John Holland）开发的基于机器学习系统的计算机程序。该程序生成一个假设（音调预测电击），然后通过后续事件选择是否强化。该系统包括各种规则，可以根据不寻常的事件生成假设，而不仅仅是根据毗连性原则。其中一个重要的规则被称为"异常规则"。程序假设任何异常事件都与其紧随其后出现的事件相关联，该事件本身也是异常的。如果机器已经学会了音调预测电击，在第一次呈现光和音调并且没有电击的实验中，"异常规则"会生成"灯光意味着没有电击"的假设。如果事实上确实没有电击，这个规则就会被暂时采用，并在每次后续灯光和电击并不相连中得到强化。该模拟准确地预测了许多学习现象，而之前的条件反射理论，包括雷斯科拉和瓦格纳的理论，则无法预测这些现象。

当我还在耶鲁大学期间，行为主义者可以"碾压"认知理论家的时代已经接近尾声了。在哈佛大学认知科学中心（Harvard Cognitive Science Center）的推动下，认知革命在 20 世纪 60 年代末开始发力。杰罗姆·布鲁纳（Jerome Bruner）强调了归纳理论而非学习理论的必要性，并对这一理论可能包含的内容提供了部分大纲。乔治·米勒（George Miller）开始在麻省理工学院与诺姆·乔姆斯基（Noam Chomsky）合作研究自然语言的形式分析[①]。

乔姆斯基在《纽约书评》上发表了对 B. F. 斯金纳（B. F. Skinner）所著有关语言学习书籍的书评，对行为主义的学习理论予以重创。该书评明确指出，没有一个纯粹的语言学习理论能够奏效，支持语言的认知结构在出生时就已经形成。如果没有语言使用者可供模仿，例如父母是聋哑人的子女，孩子就会自己发展出一种语言，其功能与其他人类语言一样。此外，神经科学的研究表明，语言是在大脑的特定结构中进行处理的，当这些结构受损时，会导致无法产生或理解语言的结果。现如今，学界的共识是，语言能力是与生俱来的，是人类大脑的固有特征。这种语言能力被认为是一种"模块"，存在于所有人类身上，并有别于其他认知过程。

其他的发现则给纯粹的行为主义观点敲响了丧钟。约翰·加西亚（John Garcia）对大鼠的研究表明，如果大鼠在吃了某种新奇的食物后，在 24 小时内生病（实则是实验者发出的辐射造成的），它们可以学会回避这种食物。传统的学习理论根本无法解释这一现象，因为条件反射只有在非常接近的时间内才会发生，最多几分钟，通常只有几秒钟。学习只能通过刺激和紧随其后的反应之间的直接关联来实现。顺便说一句，这种类型的学习也并不局限于大鼠，

---

① 用数学和逻辑方法来分析自然语言（如英语、法语或汉语）的结构和属性的过程。——译者注

我随机询问了同事和学生，大约 30%~40% 的人都经历过他们自己版本的加西亚现象。我自己的例子发生在我大约 11 岁的时候。在吃了一块西冷牛排几小时后，我得了胃肠道疾病。直到今天，我仍旧不能吃西冷牛排。

加西亚现象背后的学习过程与大多数动物条件反射研究中的那种学习过程显然是不符合的。一定有一种特殊的机制来处理食物中毒的关键，即不要再吃你午餐吃的那种调料。这种机制完全凌驾于所有其他的学习和认知功能之上，这是一件有益的功能。

加西亚现象并不是唯一一个挑战行为主义中的传统假设的现象。1970 年，马丁·塞利格曼（Martin Seligman）在《心理学评论》上发表的文章表明，对于学习刺激物之间的联系来说，时间连续性既不是必要的，也不是充分的。如果这种联系是不可信的，生物体就不会学习它。例如，实验中就不可能得出这样的结论，只要鸽子不啄光线就能获得食物，这是因为不啄东西违背了鸽子的本能和自然行为，它们宁愿饿死也不会尝试不符合它们天性的事情。猫很容易学会通过拉动绳子或按下杠杆来逃离迷箱，因为用爪子是猫的天性，这样做更符合情理。然而，它们难以学会通过舔或搔痒来逃脱，因为这不是它们自然倾向于用于逃离迷箱的行为。因此，塞利格曼的研究表明，生物基于其自然行为和本能，倾向于习得某些联系，而无法习得其他违背其自然行为的联系。

"预备状态"的概念解释了人们为什么会遭受虚假关联带来的痛苦。很多年来，心理学家确信，罗夏墨迹测验（Rorschach ink blot tests）中的某些反应可以准确地预测个体的特定症状。例如，看到生殖器或男扮女装是性问题的表现，看到夸张或奇怪的眼睛则表明可能有偏执倾向。然而，事实上这些关联是不存在的。罗夏墨迹测试对于预测任何有趣的行为或精神状态实际上是无用的。

如果向本科生展示罗夏墨迹测试的答案，以及与被试对应的"症状"，学生们往往会认为这两者之间有关联，但实际上这种关联可能并不存在。学生们甚至会在数据表明这些关联不可信的情况下，仍认为这些关联是真实的。例如，当数据表明，那些提到奇怪眼睛的人比没有提到奇怪眼睛的人更不容易出现偏执倾向，学生们仍会相信"奇怪眼睛"和"偏执"之间的关联存在。

事实证明，准确洞悉事物间的联系是一件困难的事情。基于心理学理论提示或者两件事情表现出的相似性，当我们做好了看到这两件事情相关联的"准备"时，即使这两件事毫无瓜葛，我们也会看到虚假的联系；反之亦然。

如果没有任何预先的理论指示和知识储备，又会是怎样的情况呢？我的朋友李·罗斯和他的同事进行了一项研究发现，人们很难看到任意配对事件之间的联系。例如，罗斯让一些被试说出他们名字的第一个字母，然后唱一个给定时长的音符。尽管数据表明，较长的音符更有可能与字母表中较后的字母相关联，但大多数被试仍然没能捕捉到这种联系。这表明，如果我们没有任何预先的知识储备或预期，识别两个事件之间的关联则变得充满挑战。

即使被试注意在相对较短的时间内出现刺激呈现，可能仍然难以洞悉事件之间的关联。更别提在现实生活中发生的时间较长的同样关联了，人们甚至可能注意不到它们。这给行为主义学习理论带来了挑战，因为这些理论无法解释为什么人们难以察觉相关关系。

20 世纪 60 年代末，出现了新一代的心理学博士，他们与来自中西部、喜爱喝啤酒的传统的行为主义心理学家截然不同。这些富有修养、更时尚的新认知学家不仅在逻辑和数学方面有很高的造诣，他们的语言表达能力同样令人印象深刻。很快，他们驱逐了传统行为主义家并在学界获得一席之地，他们的认知理论也迅速取代了行为主义方法。认知革命是科学哲学家托马斯·库恩

（Thomas Kuhn）提出的"范式转换"的教科书式的案例。因为新理论为异常现象提供了更合理的解释途径，并提出了行为主义理论无法解释的有趣发现。那段时间经常听到"唾手可得的果实"这个词。

这些年轻的认知科学家大多具有计算机科学背景，但发展心理学家也对认知科学的发展做出了贡献，他们受到了让·皮亚杰（Jean Piaget）心理发展研究的影响，熟知认知发展理论。此外，社会心理学家也为认知科学运动的早期发展做出了贡献。由于社会心理学家们没有强烈的行为主义倾向，因此没有必要推翻以前的想法或理论，这使得社会心理学家更容易接受新的认知方法。格式塔心理学为认知理论的发展提供了基础。其中一个从格式塔理论迁移到认知科学的概念是"图式"，这一概念强调个人通过将感官信息组织成有意义的模式来感知和理解世界。莱昂·费斯廷格、斯坦利·沙赫特、弗里茨·海德（Fritz Heider）、所罗门·阿施（Solomon Asch）、罗伯特·艾布尔森、哈罗德·凯利（Harold Kelley）和爱德华·琼斯都是在认知科学早期阶段对社会认知领域做出贡献的主要人物。此外，另一个对认知科学做出重要贡献的是来自判断和决策的传统，它起源于密歇根大学的数学心理学项目。

◆　◆　◆

我自己对认知革命的贡献始于研究人们如何理解他们的情绪和唤醒状态。我和沙赫特的研究表明，可以通过对伴随电击的觉醒源来给个体提供虚假解释，以操纵疼痛的体验，即说明他们为什么会有这种感觉，就有可能改变他们对所感受的疼痛的看法。在耶鲁大学期间，我开始扩展这部分关于归因理论的研究。

例如，我回想起我在塔夫茨大学使用助眠药物的体验。我因难以入睡，决定服用盐酸苯海拉明助眠，于是我服用了这种安眠药，然后躺在床上等待这种神奇的药物生效。15 分钟后，我没有任何昏昏欲睡的迹象；30 分钟后，我依然很清醒；1 小时后，因为感到燥热和不适，我踢开了被子。盐酸苯海拉明不起作用。我很焦虑，也很亢奋，连安眠药都起不了作用，直到清晨我才最终入睡。但是几年后，当我提到盐酸苯海拉明对我没有起作用时，有人说这种药物的安眠效力实际上非常弱，所以服用它没能入睡这并不让人意外。这个体验引发了我的思考：我是否把药物无效作为证明我处于极度焦虑紧张状态的证据，这种想法又是否进一步增加了我的焦虑与亢奋状态？换句话说，这是一个恶性循环：药物不起作用，我一定对这件让我睡不着觉的事情（与室友争吵或即将到来的论文截止日期）非常不安。这些想法又进一步增加了唤醒状态，加剧了我对忧虑情绪的感知，因此，我入睡的可能性不断减少，这个恶性循环也随之愈演愈烈。

我和迈克尔·斯托姆斯在耶鲁大学校园内发布广告，招募患有失眠症并愿意参与梦境研究的志愿者来验证这个假设。被试到达实验室后，就报告了他们在前两个晚上每天入睡的时间。我们给了被试一个药片，实际上是一种糖丸安慰剂，并指示他们在接下来的两个晚上都要服用它。被试被告知，这项研究是为了调查该药片对梦境内容的影响。

我们告诉一部分被试，药片会提高他们的生理唤醒水平："这种药片会使你心率加快，也会让你的体温升高。你甚至可能会感到你的思想在狂奔。总的来说，它能提升你的唤醒水平。"我们预计，这些提示将避免被试在睡前将他们的唤醒归因于他们的担忧，从而使他们更快地进入睡眠状态。

我们告诉另一部分被试，药片会降低他们的生理唤醒水平："药片会使你的心率下降、体温降低、头脑冷静，总而言之，它会使你感到更加放松。"我们认为，这些提示实际上会加剧被试的失眠。尽管服用了所谓的能降低生理唤醒水平的药剂，当被试仍然出现无法入眠的状态时，他们可能会认为他们特别焦虑或担心什么。这反过来又会加剧他们的担忧，导致失眠的恶化。

我们的预测得到了证实。被告知药片会提高他们的兴奋度的被试反馈说，服用药片的那几晚更容易入睡；而被告知药片会降低兴奋度的被试表示，服用药片的那几晚需要更长时间才能入睡；没有得到任何药片的对照组被试报告说，他们入睡的时间与前几晚相似。

这项研究在领域内引起了小范围的轰动。因为研究结果提供了强有力的实证依据，证明人们不一定知道是什么原因导致了他们唤醒水平的变化。因此，如果把他们的唤醒原因归结为非情绪性因素，人们可能会有较少的情绪体验。另一方面，如果人们相信他们服用了一种能降低唤醒的药物，他们可能会在同样的唤醒水平下有更多情绪性体验。这是一项兼具理论意义和应用意义的研究。治疗师应给患者服用安慰剂或疗效较弱的抗焦虑药物，并告诉他"会因此而感到更平静"，这可能是个坏主意。最好是给患者一种能使其平静的药物，但淡化它的疗效。这样，患者可以把其相对平静的状态看作自己没有过度焦虑或不安的证据——这种信念具有疗愈价值。

许多人试图复现这一研究，但他们的尝试都失败了。迈克尔·斯托姆气坏了，决定亲自复现这一研究，但也失败了。我对此感到惊讶，于是仔细查看了数据，以及被试告诉我们的他们的经历。我确信，我们的结果是真实的，它反映了我们所观察到的真实现象，并论证了我们的研究假设。

幸运的是，几十年后，终于有人能够用一组在"认知需求"量表上得分较高的学生身上复现了我们最初的研究结果，而在该量表上得分较低的学生身上则未能复制出结果。这个量表衡量人们喜欢思考和花时间思考的程度。其中得分高的学生的行为与原始实验中的被试相似，可能是因为他们认真思考了他们所得到的药片的提示，并根据他们的思考对他们的唤醒水平进行了推测。"认知需求"低的学生则没有把药片说明和他们的唤醒状态联系起来。我们最初的实验是在高智商的耶鲁大学学生被试中进行的，而其他研究，包括迈克尔·斯托姆的尝试性复现，大多数被试可能不会仔细思考我们关于药片的说明。因此，实验的结果可能取决于被试的认知能力和思维过程。

以上提到的关于失眠症的研究结果，对于理解最近在心理学领域备受关注的研究中出现的复现失败现象有启示意义。由布莱恩·诺塞克（Brian Nosek）主导的一个非常著名的研究是，研究人员试图重复 100 项心理学研究，发表在《科学》杂志上的这项研究报告令人震惊，因为只有大约一半的研究被成功复现，这导致公众甚至许多心理学家自己对心理学领域失去了信心。

然而，这些复现工作存在很大的缺陷，因为许多尝试使用的方法与原来的研究相去甚远。例如，一些最初在大学生被试身上进行的研究被尝试用于没有上过大学的被试；关于美国人对非洲裔美国人的态度的研究被尝试用在意大利人身上，而美国人对意大利人并不像对非裔美国人那样有刻板印象。这些方法上的差异很可能导致了对原始研究结果复现的失败。

在很大一部分研究中，最初的研究人员并没有签署同意复现实验的手续。这是因为他们要么没有被要求签字，要么因为他们拒绝签字。得到最初研究人员认可的复现研究，成功率是没有得到最初研究人员认可的四倍。出于某些原因，诺塞克的团队在《科学》杂志上的文章并没有提及这一事实，而这一事实将大大缓和该研究团队的悲观结论。其他以更合理的程序完成的复现研究，或经得最初研究人员同意的研究，报告的复现成功率都比诺塞克团队高得多。

事实是，在最近的复现研究进行之前，我们就知道心理学领域并不存在严重的难以复现的情况。我曾问过几十位心理学家，请他们告诉我，有哪些刚发表时被普遍认为是重要和有趣的发现，后来发现不可复制了。大多数心理学家都无法举出这样的例子。我只能从人们给我的报告中收集到少量这样的发现。请注意，我的失眠研究符合此类描述：有趣且重要，但无法复现。即便如此，它最终还是被发现可以复现，尽管这种复现取决于特定类型的被试群体。

我认为，心理学实验应被视为"存在性证明"。换句话说，实验的目的不一定是为了证明一个普遍存在的真理，而是为了证明在某些情况下，一种现象可以发生。如果随后的研究能够复制这一发现，说明这种发现是稳健可靠的。然而，如果随后的研究未能复制该发现，并不一定意味着最初的发现仅仅是一种侥幸；相反，它可能表明该现象取决于环境，而原始的研究条件是独特的。

10

归因理论 | **THINKING**
A memoir

我开始在耶鲁大学任教时，社会心理学中研究最多的课题是认知失调。例如，我喜欢乔，但乔对自己的妻子不好时，就会产生认知失调。认知失调会引起心理上的不适。由于我不想成为喜欢行为恶劣的人，因此我可以改变对乔的态度，也可以改变对他的行为的看法。我可以不再喜欢乔，或者，乔的妻子真的令人难以忍受，我可以理解乔的行为。

当一个人的行为与他的态度或所持有的信念相矛盾时，特别是当该行为没有充分的动机和理由时，也会出现认知失调。例如，实验者要求被试做一个简短的演讲，演讲主题是被试实际上并不秉持的理念，且只给他们较少的酬劳。而对于另一部分被试，实验者会给其足够的理由来解释他们的行为，并给他们相对丰厚的酬劳。在行为动机并不充分的条件下，为了减少这种认知失调所带来的不适，这部分被试的理念会向实验者所主张的立场方向转变，会说诸如"也许我真的相信这个"这样的话。而被给予充分理由的人的理念并没有改变，因为他们没有体验到任何由认知失调所带来的不适感。

这使我想到一个问题，如果给人们施加外部压力（如威胁或承诺给予奖励），让他们做一项他们通常喜欢的活动，他们的态度会发生怎样的变化？换言之，如果为一项人们通常喜欢的活动提供非常充分的理由，会发生什么情况，以及这是否会影响这个人对这项活动的态度？也许这会误导他们，他们可能会认为自己的行为是由于受到了外在的压力，并产生类似"如果做一件事的酬劳是金钱，我一定不喜欢它"的想法。

在我看来，过于充分的行为动机或许可以解释为什么我在大学不太喜欢美国古典文学这门课，尽管这是我以前最喜欢做的事情之一。或许是因为课程的阅读要求（外部压力）减少了我阅读美国古典文学的动力，在这种情况下，我把它当作工作而非娱乐。

我把我的假设告诉了研究生马克·莱珀，即如果人们的行为受到外部压力，他们就会降低对自己行为的重视程度。马克既是发展心理学家，又是社会心理学家，他说他最近也在思考类似的问题。他特别提到了一个观点："如果一个孩子已经对某项活动产生兴趣并且享受这项活动，那么家长为孩子做这项活动提供奖励可能并不是一个好主意。"

马克当时正要前往斯坦福大学做助理教授。在那里，他可以接触到系里幼儿园学前班的孩子们，在孩子们面前展示这种现象会很有趣。我相信今天大多数心理学家和许多经济学家都知道我们对学龄前儿童做的这一实验。

为了验证这一假设，即你可以通过让被试参与某项活动作为实现某些外在目标的手段，从而降低他对该活动的内在兴趣。马克和我想出了一个简单的场景。实验者在房间前面的特殊活动桌上放置了一些马克笔，这对当时的孩子来说是新潮且从未见过的东西。观察者用一周的时间记录了每个孩子花了多少时间来玩这些马克笔。

几周后，一名实验者来到所有玩了至少四分钟马克笔的孩子面前，对其中一组孩子说：

你们还记得你们在这间房间里玩过的这些神奇的马克笔吗？有人来幼儿园想看看男孩和女孩喜欢用马克笔画什么画。

紧接着，实验者向这些孩子展示了有丝带和金星配饰的优秀选手奖。

看到了吗？上面有一颗大大的金星和一条鲜红的丝带，上面会刻上你的名字和你的幼儿园名字。你想赢得其中一个优秀选手奖吗？

第二组孩子什么也没有。他们为实验者画了一会儿画，然后就被打发回教室了。第三组孩子被要求为实验者画画，在他们画完之后，他们得到了一个意想不到的奖励——优秀选手奖。这个奖励与"有过于充分的行为动机"的第一组孩子获得的奖励相同。

我们预计，那些已经同意用马克笔画画以换取奖励的孩子随后会对马克笔不感兴趣，实验结果论证了我们的预测。一两个星期后，实验者再给孩子们一次玩马克笔的机会。得到奖励的孩子玩马克笔的时间是没有得到奖励或事先不知道自己会获得奖励的孩子的一半。

这种过度理由效应已经在不同年龄段的被试身上被观测到。这一效应表明，为人们已经愿意做的事情提供奖励可能不是明智之选，因为这可能会降低他们在未来参与该活动的动机。如果你希望某人继续做某事，最好不要经常给予奖励。

值得注意的是，过度充分的行为理由或许会扼杀个体从事该行为的倾向，这一论点是对强化理论的致命一击。奖励人们的某种行为反而会使他们不太可能从事这种行为，这一发现与强化理论的假设相矛盾，也和其他类似的发现一样是对理论经济学家的一种驳斥，他们经常建议对理想的行为进行奖励，并认为这是鼓励该行为的有效方法，但这通常是不起作用甚至适得其反的。社会心理学家及近年来流行的"行为经济学家",已经找到了其他方法来鼓励理想的行为和阻止不良的行为。例如,简单地告诉人们,大多数人都有一种特定的行为,这可以引导人们向这种行为转变。比如,告诉新生他们学校饮酒行为的真相,即饮酒行为并不像他们想象的那样普遍,可以大幅减少酗酒行为。

失眠研究和马克笔实验构成了后来被称为"归因理论"的重要组成部分。此外,20 世纪 60 年代后期发生的四个重要事件被视为归因领域的变革,对归因理论的发展起到了重要作用。

第一个重要事件是哈罗德·凯利发表了一篇综述论文,提出了社会心理学的"归因"框架,用来确定个体行为应该被视为某种"性格"(个性特征、态度、能力或需求)的表现,还是应该主要被视为对情境的响应。如果我们看到大多数人在特定的情境下以特定的方式行事,我们倾向于将他们的行为归因于情境本身,而不是他们的个性特征。这一看似显而易见的结论其实存在错漏之处,你将在下面的介绍中看到这些问题。

第二个重要事件是爱德华·琼斯和基思·戴维斯(Keith Davis)进行的一项研究。他们发现,当人们观察到某人以某种特定方式行事时,他们通常会认为这个人的行为是其性格特征导致的——除非有明显的外部因素(如社会压力或情景因素)可以解释该行为,那么他们就不会假设这种行为反映了这个人的某种性格。这一发现似乎同样显而易见,但是,敬请继续关注下文。

第三个重要事件是沙赫特和他的学生们(包括我)所做的研究。我们发现,人们对其生理唤醒的归因可以(1)极大地影响他们的情绪;(2)这些归因可能会出现明显的错误;(3)人们可能并没有意识到导致他们对某人的行为或思想过程进行归因的原因。

第四个重要事件是达里尔·贝姆的研究。该研究结果表明,当人们从事一项他们无法完全自圆其说的活动时，或者当他们为自己的行为获得少量奖励时，他们不一定会改变自己的信念以减少认知失调，却有可能会因为一个更自发和无意识的归因而改变。

◆　◆　◆

1969 年，哈罗德·凯利写信给美国国家科学基金会（National Science Foundation，NSF），请求资助一次为期六周的会议，该会议拟邀六位心理学家在加州大学洛杉矶分校共同研究因果归因理论。出乎意料的是，国家科学基金会果真提供了可观的资金。爱德华·琼斯受到邀请，他同意参会；受邀的加州大学洛杉矶分校的临床心理学家伯纳德·韦纳（Bernard Weiner），当时也对归因理论做出有价值的贡献；不久前从耶鲁大学来到加州大学洛杉矶分校的戴维·卡诺斯，曾在耶鲁大学与我和其他人一起研究归因问题，因此我们也参与了这次会议。我相信，哈罗德很想邀请沙赫特，但他在度假，舍不得离开他心爱的阿马甘塞特的夏日，代替他参加会议的是他的两位学生——斯图尔特·瓦林斯（Stuart Valins）和我。

我们每天早上在一个阳光明媚的会议室开会，剩下的时间可以选择工作或娱乐。苏珊和我在游览洛杉矶和整个加州的过程中度过了美好的时光。我们住在靠近加州大学洛杉矶分校的一套大公寓里，那里与一个叫韦斯特伍德（Westwood）的豪华社区毗邻。在那里我们发现，在加州散步可能被认为是极其可疑的活动。每次我们在韦斯特伍德散步时，一辆由保安驾驶的汽车会悄悄地尾随在我们身后。

这次会议非常令人兴奋。我们花了大量时间将我刚提到的所有要素以及许多新的想法编织成新的理论视角。对我来说，有机会近距离接触世界上最受尊敬的两位社会心理学家哈罗德·凯利和爱德华·琼斯是非常吸引人的体验。哈罗德·凯利看起来超乎寻常地镇静、理性、和蔼可亲，他是我遇到过的最具阿波罗精神的人物之一。在他身边，我觉得自己是一个情绪亢奋的放纵者。他总是能将我的情绪化爆发转化为更加冷静和有逻辑的陈述，并且他是一个无与伦比的白板奇才，特别擅长使用白板来解释或说明复杂概念。他总能准确提炼我们的观点，并从这些想法中创建一个更广泛和更正规的理论，他的论述往往让我们心悦诚服。

爱德华·琼斯友好、周到、直率。他擅长交流，是一个善良而富有同情心的人，与我情绪化的天性刚好相反。李·罗斯有一次听到琼斯提出了一个非常有趣的假设，他建议做一个具有冲击力的实验来检验哈罗德·凯利的想法，可凯利表示："那种花哨、炫目的东西不是我的风格。"哈罗德·凯利并不反对其他人做吸引人的实验，只是不打算自己"屈尊"做这些实验。

在会议即将结束时，我们意识到我们可以一起写一本书，以展示归因理论及其用途。我和斯图尔特·瓦林斯写了关于人们对自己行为的归因一章，并和他共同完成了另一章关于归因理论在临床应用中的内容。临床的章节报告了归因对情绪和行为的实际影响。归因理论最重要的早期应用之一是改善癌症幸存者的心理健康。癌症康复中有许多极其令人沮丧的方面——癌症患者的亲友可能会把癌症归因于患者过去的行为或不良的态度，癌症患者也可能觉得他们没有很好地处理自己的情绪，这可能增加他们的痛苦和焦虑。

将癌症幸存者集中在一起讨论他们的经历和情绪被证明是非常有帮助的。通过与其他有类似经历的人分享他们的故事和感受，癌症幸存者能够将他们对疾病的归因从个人因素转向生物因素，意识到他们的疾病不是由于自己的行为或态度造成的。此外，通过与处于类似情况下的其他人交谈，他们开始了解到他们的想法和感受不是独有的，而是挑战癌症康复的共同反应。起初，医生是反对这样的想法的，他们认为把不开心的人放在一起几个小时不会有什么好处。

爱德华·琼斯提出了他想写一章关于比较特定行为下的"行为人"与该行为的"观察者"的归因。我主动请缨，表达了想和他一起完成这一章节的意愿。他欣然答应。

参加完会议回到纽黑文后，我利用剩余的暑假时间以及秋季，着手完成书的三个章节的写作。我们之所以能够这样做，是因为获得了美国国家科学基金会提供的学期写作补贴。基金会的"慷慨解囊"使我们能够有完整的时间进行写作。此外，从各个组织获得的资金使我们能够完成更高质量的工作，这种补贴对于科研人员来说至关重要，因为它使我们能够不受任何干扰地专注于自己的工作。

秋天的某日，我突然想到，在行为人和观察者的行为归因方面，是否存在亲身体验的差异。行为人倾向于将他们的行为归因于情境，观察者则倾向于将行为人的行为归因于他们自身的性格特质或是动机。

造成这种差异的一个原因是，行为人可能意识到影响行为的环境和过去的事件，而观察者往往不知道这些因素。因此，观察者在逻辑上可以自由地将行为归结为行为人的内在特质。我把我的想法写了下来，并把它寄给了爱德华·琼斯，他流露出极大的兴趣，所以我就开始着手准备写作了。

我和爱德华·琼斯在这篇论文上付出了辛勤的劳动，最终让这篇文章成为社会心理学领域最广泛被引用的论文之一。爱德华·琼斯对我最初提出的基本观点又进行了一些耐人寻味的观察和扩展。我还进行了几项研究，揭示了行为人和观察者之间对如何归因行为存在重大差异。例如，在解释为什么要和一个特定的人约会时，男大学生倾向于关注这个人的自身属性，比如热情、友好、美貌、充满吸引力。然而，在解释他们最好的朋友对女朋友的选择时，则是以朋友的假定特征和需要为依据的，如"他依赖性比较强，需要女生的照顾，而且有个漂亮女孩挽着他的胳膊对他来说很重要"。

我在寄给爱德华·琼斯的初稿上把他的名字放在了第一位，他慷慨地坚持让我做第一作者，理由是基本思想是我的，而且我写了第一稿。我不同意，因为我认为比较行为人和观察者的行为归因的想法是他的，再加上按首字母排序的作者顺序意味着同等贡献。最终，我说服了他，这是我唯一一次涉及作者署名的"分歧"。

就在我提出"行为人–观察者"假说后，我把它告诉了李·罗斯，他立刻说："好主意，迪克。但它忽略了一个更基本的问题，那就是每个人甚至包括行为人，都把行为过度地归因于行为人的固有特质了。"他把这个概念称为基本归因错误（fundamental attribution error）。这个概念现在是社会心理学中最著名的两个概念之一，另一个是认知失调。

与李·罗斯的这次谈话开启了我们长达数十年讨论的序幕，讨论涉及几乎所有的话题，尤其是社会心理学。李·罗斯对我在这一领域的大部分想法都做出了重大贡献，就好像我一直携带着额外的大脑。我很确定，没有其他社会心理学家能一直有这样一位"顶尖的头脑"，对他们所有的想法进行批判、修改和补充。李·罗斯对观点的判断力非常出众，如果他对我的某个观点表示出兴趣，我就会以饱满的热情和信心全速推进下去。如果他对此不感兴趣或持怀疑态度，我就会暂时把它搁置起来，直到我思考出解决方案，使他认可这个观点的价值。李·罗斯卓越的判断力，与阿莫斯·特沃斯基、基思·霍利约克和爱德华·史密斯（Edward Smith）等其他备受瞩目的心理学家是同一级别的。

我曾经告诉过某人，我认为我的一个朋友具有卓越的判断力。听者表示那只能说明两个人具有相同的判断力，而我并不认同。那些经常和我达成相同判断的人只是具有良好的判断力，只有那些不断挑战我的判断并迫使我改变意见的人，才具有卓越的判断力。

◆ ◆ ◆

20 世纪 60 年代末，除了强化学习理论的衰落和认知理论的兴起外，另一个重大的心理学事件是沃尔特·米歇尔（Walter Mischel）对传统的人格理论和人格评估方法提出了挑战。

1967 年，人们可能还在认为，对人格特征的研究是理解行为的捷径。而到了 1968 年，当米歇尔所著《人格与评估》（*Personality and Assessment*）出版后，人们便不再相信人格特质的重要性了。

米歇尔回顾了人格特征一致性的现有证据。他观察了很多人在大量不同情境下的表现，他们的表现可以评估为诚实、具有攻击性、友好、外向、顺从或自觉，并进一步分析他们在不同情境中的一致性程度如何。换句话说，米歇尔研究了一个人在不同情境下的类似行为特质有多大的一致性。

例如，考试作弊和撒谎之间有什么关联？在聚会上被评价是外向的与在委员会会议上被评价是外向的之间有什么关联？答案是，这种相关性往往在 0.10（不同情况下的一致性几乎微乎其微）和 0.20（轻微程度的关联）之间。这些数字低于米歇尔提到的 0.30 的水平，但只有当你观察证据基础（如人格测试得分）与特定情况下的行为之间关联时，才能达到这种关联程度。

这种非常低的一致性让心理学家大吃一惊，尤其对那些人格研究者来说，他们的理论假设的一致性要高得多。在米歇尔的论文发表后的 10 年间，人格研究者只顾否认米歇尔的结论，而懒于开展新的研究以此证明米歇尔关于低一致性的主张是错误的。时至今日，人格心理学家已很少进行实证研究来评估行为在不同情境下的特质一致性程度了。

如今，在米歇尔的著述问世几十年后，他的结论仍然有效。在特定情境下，与个性特质有关的行为确实可能有很高的一致性（有些孩子在学校的某类考试中几乎总是作弊，而有些孩子几乎从不作弊）。但是，如果稍微改变一下情境，相关性就会明显下降。例如，如果你看一下在学校考试中作弊和不同类型的作弊之间的相关性，如对不当行为撒谎或偷零钱，相关性会急剧下降。

可能只有人格心理学家才会对"行为的特质一致性微乎其微"这一发现感到诧异。大多数人或许会认为，不同情境下的诚实或顺从等个人特质的相关性非常小。

事实并非如此。非专业人士对人格特质一致性程度的高估甚至超过了人格心理学家。他们可能会认为，在不同情境下个性特质的相关性可能非常高，例如一个人在考试中作弊所表现出来的诚实度与他在偷窃零钱时所表现出来的诚实度之间有很高的相关性，高达 0.80！要想获得 0.80 这么高的相关系数，人们需要掌握大量关于一个人在多种情境下的行为的信息。事实上，人们需要知道在 20 种不同情况下的平均诚实程度，然后将其与另外 20 种不同于前 20 种情况的平均诚实程度联系起来。我们很少有那么多关于熟人的信息，这意味着我们大大高估了人们与性格相关的行为的一致性，如诚实、外向、遵从他人观点的倾向，等等。

值得注意的是，直到最近，人格心理学家对我们了解特质的一致性程度仍然贡献甚微。虽然心理学家有很多证据表明，人们相信他们有自己的特质——

他们始终是外向的（或内向的）和认真的（或不认真的）；他们也有证据表明，人们在某种程度上认同其他个体的外向程度或认真程度。但是，人格心理学家倾向于将这些类型的数据视为关于现实的强有力的证据，而它们并不是。仅仅因为两个或两个以上的人可能同意某人的行为符合某种特质，这种观察者之间的一致并不能作为行为实际一致性程度的证据。

我在这里想要表达一个通用观点。行为数据总是比自我报告数据和观察者的主观判断更重要。如果有人对你说一套、做一套，那么最重要的是看他做了什么，而非他说了什么。

我并不是说人没有个性。如果你测量他人在大量情境下的行为，并使用他们在这些情况下表现出的平均外向或诚实程度来预测另一个在大量情况下的平均外向或诚实程度，你可以得到高达 0.80 的相关性（如果你将 20 种左右情况下的平均值与另外 20 种左右情况下的平均值进行比较的话）。

在我们看来，20 种行为的平均值与另外 20 种行为的平均值之间的一致性要远远大于单个行为与另外单个行为之间的一致性，这似乎是自相矛盾的，因为我们对大数定律这一统计原理的相关性的直观理解是有限的。大数定律指出，随着样本数量的增加，这些样本的平均值将更接近真实的群体值。因此，比较许多情况下的许多行为，我们更有可能更准确地了解一个人真实的个性特质水平，如外向性。

即便如此，哪怕基于对过去行为的大量观察，我们对特定行为的可预测程度也不能与我们的直觉相提并论。对于在 20 种不同情境下的诚实度的总和与其中任何一种情境下的诚实度之间的相关性，都不太可能超过 0.30。虽然比基于无知的预测要好，但却远远达不到我们预期的夸张准确度。

李·罗斯和我合著了《人与情境》一书，论述了在几乎任何情况下，人格特征的影响都比较微弱，而情境对行为的影响往往非常大。在这本书出版几年后，一位迷人的年轻哲学家约翰·多里斯（John Doris）在读完本书后来找我，他问我是否有人写过书中所主张的伦理意义的文章。虽然我不记得了，但他声称我的回答是"我一直期待着有人能推开这扇门，问我这个问题。"

约翰·多里斯写了一本书，讨论了人格和情境在决定行为方面的作用，我认为他对这一主题的研究提供了最详尽与透彻的分析。同时，他以尖锐的方式引出了这项工作对传统哲学概念"美德"的影响。该书认为，试图增加人们的美德特质可能会收效甚微；相反，教人们如何处理不同情境下出现的道德难题可能更有效。

◆ ◆ ◆

在耶鲁大学的第三年年底，我向校方提出了将我晋升为副教授，但不享受终身教职的待遇。我的两位社会心理学前辈以及雷斯科拉都是如此，然而我被拒绝了。当我问及被拒的原因时，我被告知是因为我发表的论文不够多，这让我很震惊。资深教师们知道，或者说应该知道，我的工作得到了很多关注。第二年，密歇根大学给我发了一份终身教职邀请，我欣然接受了。

第五部分　安娜堡

- 在密歇根大学的人绝对是彬彬有礼、和蔼可亲且朴实无华，这一切都归因于其学术氛围，相比我在耶鲁或哥伦比亚大学的经历，这里无疑更加充满活力。

- 我们的意识思维可能无法完全理解自身的过程和动力。这意味着，在很多情况下，我们所认为是有意识做出的决策和评估实际上可能是潜意识和无意识因素的结果。了解这一点对于理解我们的思维方式和做出更明智的决策至关重要。

- 我们容易受到自身观点和经验的影响，而忽略了周围其他人的看法。因此，在了解自己和他人的行为及其原因时，我们需要更加关注共识程度和其他重要因素，以便做出更准确的判断。

- 理性和非理性之间的界限并非始终清晰，而且可能受到文化、教育和个体差异等因素的影响。因此，在研究归纳推理和试图改进人类推理能力时，我们需要更多地关注这些差异以及推理规则的有效性。

- 东方人高度关注物体之间的关系，而西方人则更关注将他们看到的物体进行分类，以及辨识支配物体和物体行为的规则。

——理查德・E. 尼斯贝特

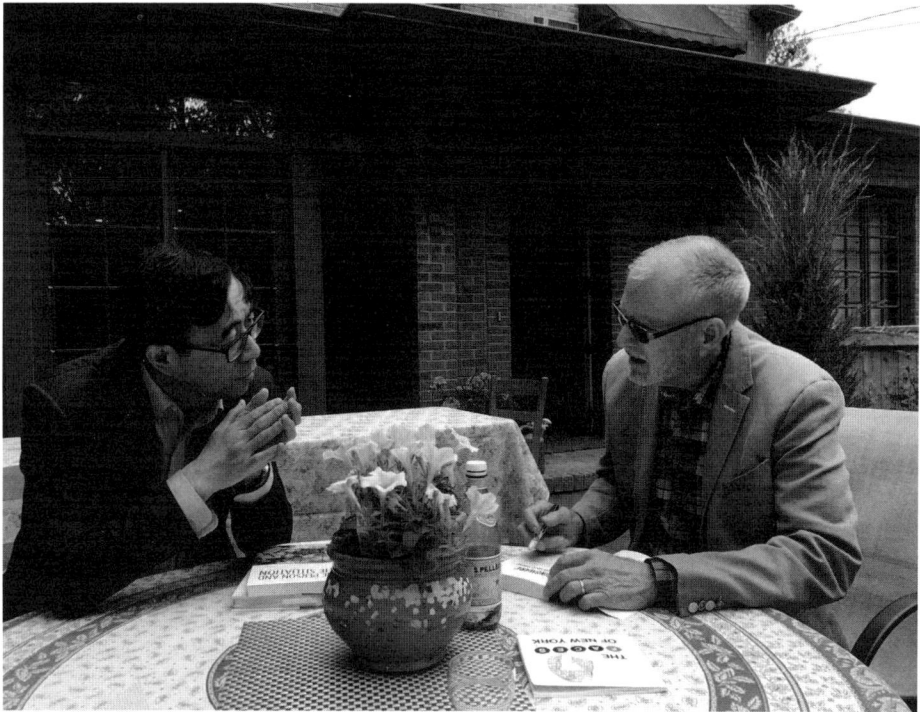

THINKING
A memoir

密歇根大学

在 2 月的一个极其寒冷、地上积着一块块脏雪的日子里，我参加了密歇根大学的面试。我记得在和院长会面时，他说的话不超过两句。后来我才知道，当时他正忙于处理一场名为"黑人行动运动"（Black Action Movement）的学生抗议，形势岌岌可危，有可能演变成暴力事件。在与心理学系行政委员会的会面中，我们没有讨论任何有趣的话题。我记得他们聊了不少关于棒球的事，这在密歇根实属罕见。在这之后，我恐怕从未听说过关于棒球的话题，橄榄球倒是另当别论。而与我在当天交谈最多的人实在是无趣至极。

不过，这些对我的决定并无影响，因为在去密歇根大学面试前我就已经决定要去那里了。我暗下决心，不让自己在安娜堡期间受任何事情的影响，因为我听到的有关这所大学、这个系和这座城市的所有一切都是正面的。相较于朋友和熟人的评价以及媒体上的信息，我在那里的一天体验只不过是微不足道的小小证据。我希望在你读完这本书后，会认为这个决策原则是明智的。

苏珊当时是在耶鲁大学法语专业攻读研究生的第二年。我想去密歇根大学的一个原因是，它附近有几所不错的大学，为苏珊提供了便捷的通勤选择，这点是纽黑文做不到的。我觉得苏珊很可能会被密歇根大学录用，因为耶鲁大学的法语系无疑是全美最好的。我也是想得太简单了。在我们来到密歇根大学的一年之后，我妻子向法语系主任询问了关于工作的可能性。"时局艰难，"他说，"我们觉得有些男生更需要这些工作。"如果我当时还不是个女权主义者，这番回答肯定会让我加入其中的。当然，当今如果系主任给出这样的回答，我们一定会起诉密歇根大学的。然而事实证明，苏珊没有被密歇根大学法语系录用反而是一件幸事。作为一名记者、舞蹈和音乐评论家以及报刊的编辑，她的生活反而更加丰富多彩，也更加有趣。

密歇根大学相较于私立大学，它的缺点往往比优点更容易显现。起初，我觉得我需要填表就能拿到表。在耶鲁可能只需 15 分钟就能做出的决策，在密歇根却需要花费 15 周的时间。橄榄球在校园里的氛围也有点过重，但我不得不说，如果你从未去过一场十大联盟的比赛，那么你真应该去看一场（无论你对橄榄球有没有兴趣）。密歇根大学里没有多少人向你展示他们的才华，这让我一开始多少有些不安。嗯，也许这里的人真的不怎么聪明。

但随着时间的推移，你会发现密歇根大学有很多非常有才华和有趣的人，而且你还会慢慢认识到这些人是多么地正派。在常春藤名校，一个自负的人可以横行霸道，别人都会避让并对他俯首称臣。然而，一个突然来到密歇根大学自负的人会惊讶地发现，他的行事方式在这里行不通，因为这里根本没有那种机制。人们会说："查理表现得就像一个真正的自负之人。他觉得那样对他有什么好处？"

在密歇根大学的人绝对是彬彬有礼、和蔼可亲且朴实无华，这一切都归因于其学术氛围。相比我在耶鲁或哥伦比亚大学的经历，这里无疑更加充满活力。午餐时的闲聊涵盖了从八卦到学术话题、从购物到电影再到橄榄球等，话题自由切换，既无拘束或也无炫耀之意。人们并不太担心他人的评价或一语中的，因此他们勇于尝试一些可能被视为愚蠢的想法。如果你怕让自己看起来很傻而不敢冒险，那么你在交流中就会失去更多。

这种非评判性的氛围使得教师们不断组建跨学科的学术研讨会。毫无疑问，这在很大程度上得益于密歇根大学比其他任何主要大学都拥有更多的中心和研究所。这些机构汇集了来自不同学科的人才。我所任职的社会研究所（Institute for Social Research）就包括心理学家、社会学家、经济学家、人类学家和政治学家，他们分别组成了各种研究中心。我所在的中心名为群体动力学研究中心（Research Center for Group Dynamics），虽然这个名字听起来范围狭窄，但它的研究实际上非常广泛。现代社会心理学之父库尔特·勒温是在逃离纳粹德国后，在艾奥瓦州找到工作并创建了这个中心。随后，该中心整体迁至麻省理工学院，不久后又于1947年迁至密歇根大学的社会研究所。不幸的是，其创始人勒温因心脏病发作未能抵达密歇根大学便离世了。莱昂·费斯廷格——这位史上最重要的社会心理学家之一，加入了该中心的博士团队，他还带来了他的学生斯坦利·沙赫特。几十年来，密歇根大学一直是社会科学领域的翘楚，这与社会研究所的存在密不可分。我不得不说，现在斯坦福大学也在争夺这个头衔；我的斯坦福朋友们可能会说，它已经获得了这个头衔。

◆　◆　◆

在密歇根大学众多成功的教师研讨小组中，最为成功且历时极长的是以复杂系统为核心的 BACH 小组。该小组的核心成员包括：哲学家兼计算机科学家阿瑟·伯克斯（Arthur Burks），他是第二次世界大战后最强大计算机 ENIAC 的创建者之一；政治学家鲍勃·阿克塞尔罗德（Bob Axelrod），他是全美最受尊敬的政治学家之一；已故著名政治学家迈克尔·D. 科恩（Michael D.

Cohen），以及开创性计算机科学家约翰·霍兰。多年来，该小组成员还包括了世界著名的进化论家威廉·汉密尔顿（William Hamilton）、著名数学家/经济学家卡尔·西蒙（Carl Simon）以及计算机科学家兼知识分子道格拉斯·霍夫斯塔特（Douglas Hofstadter）。BACH是密歇根大学复杂系统研究中心的核心组成部分，该中心汇聚了十几个学科的专家，并与约翰·霍兰和物理学家默里·盖尔曼（Murray Gell-Mann）在圣达菲研究所（Santa Fe Institute）创立的复杂自适应系统项目正式挂钩。

"人类适应计划"小组由精神科医生兰迪·内斯（Randy Nesse）创立，他与世界著名的进化生物学家乔治·威廉姆斯（George Williams）共同发展了进化医学领域。他们合著的《我们为什么会生病：达尔文医学的新科学》（*Why We Get Sick: The New Science of Darwinian Medicine*）现已成为经典之作。EHAP项目曾一度包括著名的进化生物学家理查德·亚历山大（Richard Alexander）、著名灵长类学家理查德·兰厄姆（Richard Wrangham）和芭芭拉·斯穆茨（Barbara Smuts）、著名的人格理论家戴维·巴斯、重要的进化人类学家金·希尔（Kim Hill）、具有很大影响力的生态学家和人口学家鲍比·洛（Bobbi Lowe）、杰出的哲学家艾伦·吉伯德（Allan Gibbard）和彼得·雷尔顿（Peter Railton）、约翰·霍兰（后来成为麦克阿瑟"天才"奖获得者）、鲍勃·阿克塞尔罗德（也是麦克阿瑟奖得主及美国国家科学奖章获得者）以及我。EHAP项目不仅促成了现代进化心理学领域的兴起，而且在一定的时期内，美国几乎所有自诩为"进化心理学家"的人都在密歇根大学。近10年来，研究进化与行为的人都在安娜堡召开年会。

这个项目汇集了如此众多且杰出的学者，彰显了密歇根大学在学术研究方面的深度与广度。这些研讨小组不仅跨越了多个学科的界限，还促进了知识的传播与交流。在这样一个非评判性的氛围中，密歇根大学的学者们勇于提出并探讨前所未有的想法，这为整个学术界带来了丰富多样的视角。在这里，来自不同领域的专家们齐聚一堂，互相学习，共同研究，为推动科学的进步添砖加瓦，而这正是密歇根大学的魅力所在。

"文化与认知研究"小组由心理学家海泽尔·马库斯（Hazel Markus）、人类学家拉里·赫希菲尔德（Larry Hirschfeld）和我共同创立，其中包括不同时期的杰出人物，如社会心理学家菲比·埃尔斯沃思（Phoebe Ellsworth）、人类学家琼·米勒（Joan Miller）、丹·斯佩贝尔（Dan Sperber）和乔·亨里奇（Joe Henrich）、发展心理学家苏珊·格尔曼（Susan Gelman）和哈罗德·史蒂文森以及认知心理学家道格·梅丁（Doug Medin）和爱德华·史密斯。现代文化心理学领域就起源于这个小组，世界上许多著名的文化心理学家有很大一部分都曾是该小组的学生或与之有过合作关系的教师。

由弗兰克·耶茨（Frank Yates）领导的"判断与决策研究"小组，成员曾一度多达 30 人，他们来自密歇根大学的十几个不同部门。判断与决策领域起源于密歇根大学的数学心理学项目，由阿瑟·梅尔顿（Arthur Melton）、克莱德·库姆斯（Clyde Coombs）和沃德·爱德华兹（Ward Edwards）等创立，项目孕育了如霍华德·雷法（Howard Raiffa）、保罗·斯洛维奇（Paul Slovic）、罗宾·道斯（Robyn Dawes）和阿莫斯·特沃斯基等天才学生。

"认识论"小组由哲学家斯蒂芬·斯蒂奇（Stephen Stich）、阿尔文·戈德曼（Alvin Goldman）、我的学生蒂莫西·威尔逊和我组成。在该小组关于认识论和认知心理学的讨论基础上，诞生了现代认识论（融合了以心理学视角的哲学和以哲学视角的心理学）和实验哲学（对哲学主题进行实证研究），或者说这些领域中起到了极大的推动作用。

一个专注于研究人们如何学习和推理的"归纳"小组的成员包括约翰·霍兰、受到高度评价的认知心理学家基思·霍利约克、当今非常杰出的哲学家保罗·塔加德（Paul Thagard）和我。

一个有关中国哲学的讨论小组包括创始人、著名东亚哲学学者孟旦[①]，以及心理学家哈罗德·史蒂文森、亨利·韦尔曼（Henry Wellman）、特维拉·塔迪夫（Twila Tardif）和我。多年来，我还参加了另外六七个小组，与前面我描述的那些小组相比，这些小组存在的时间较短，或者对我的影响相对较小。除了 BACH 小组外，我一直是其他小组的成员。

我刚才列出的许多人都是近 50 年来最负盛名的学者。有趣的是，他们中只有少数人在密歇根大学度过了整个职业生涯。相较于其他主要大学，如常春藤名校、斯坦福大学、芝加哥大学和加州大学伯克利分校，它们都是吸引人才的名校，而密歇根大学在留住其杰出教师方面似乎办法不多。我不太确定为什么密歇根大学容易失去最杰出的教师。多年来，我曾有机会进入多所顶尖私立大学。虽然我从未动过念头，但这些大学的一些东西让我向往也的确吸引了很多密歇根大学的教师。除了装修考究的办公室，这些学校的优点还包括拥有顶尖的本科生群体和明确的使命感，而不像密歇根大学作为与密歇根州及其他数十家实体有着至少半官方联系的公立机构所承担的分裂角色。

顶级私立大学的另一个优点是它们对卓越的不懈追求。密歇根大学的一位校长曾告诉我，他认为密歇根大学的人不在乎卓越，这也正是我的看法。当我为了吸引同事招聘某人而大力宣传时，这些人的能力往往并未给他们留下深刻印象。密歇根大学及其教师队伍的卓越表现似乎只是顺其自然，没有多少人为

---

① 原名唐纳德·芒罗（Donald Munro），孟旦是他起的中文名。求学时期，他曾师从刘毓鋆先生、唐君毅先生学习中国古典文献学和中国哲学。——译者注

之可以付出任何努力。

或许这并非偶然。从 20 世纪 60 年代开始，密歇根大学就拥有了出色的管理者。当我来到密歇根大学时，校长是罗本·弗莱明（Robben Fleming），当时他被普遍认为是全美最好的两三位校长之一。随后，密歇根大学的校长陆续被普林斯顿大学、哥伦比亚大学、公共广播公司、美国大学校长协会和美国国家科学委员会招至麾下，其教务长也分别成为麻省理工学院、弗吉尼亚大学和康奈尔大学的校长。

我确信，大多数离开密歇根大学的教授都做出了错误的决定。我可以肯定地说，他们在离开密歇根后很少能做出与在密歇根时相当的重要贡献。我认为，这与跨学科交流与合作的激励密切相关。新兴领域往往是在两个或多个传统学科的交汇处建立的。

在密歇根大学这样的环境下，学者们可以更自由地探索思想和合作，激发出创新的火花。这是推动科学进步的关键因素，也是密歇根大学一直以来的优势。尽管可能会失去一些优秀的教授，但密歇根大学仍然拥有一个独特的学术氛围，这是其他许多大学所无法比拟的。因此，我们应当珍惜这样的环境，让更多的学者在这里发掘自己的潜力，共同为人类的知识进步做出贡献。

◆　◆　◆

我一到密歇根大学就很开心，社会心理学家鲍勃·扎荣茨[①]（Bob Zajonc）在这方面发挥了重要作用。鲍勃是一位才华横溢的通才，精通德语、意大利语、法语、波兰语和英语。鲍勃喜欢用他的智慧给人留下深刻印象，但并非常

[①] 罗伯特·扎荣茨的昵称。——译者注

春藤那种。他鼓励你欣赏他的聪明才智，并为之欢欣鼓舞，同时他也表达对你的智慧的欣赏，我们不正是在享受这美妙而诙谐的时光吗？

我认识鲍勃时，他48岁，我30岁。尽管我们之间的年龄跨度看似不小，但我从未真正感觉到鲍勃比我年长。他的身体状况以及对心理学、科学、音乐、运动和艺术的热情让他看起来更像一个青少年而非中年人。不过，我完全把他当作领导。他强势，行事果断，而且通常是正确的，即使我觉得他不对，也不会跟他作对。鲍勃可能会对某人生气并表现出来，但五分钟后又会表现出关爱。即使某人受到鲍勃一顿狠批，那个人也会意识到，在某种程度上自己仍然受到鲍勃的青睐。鲍勃拥有的这一高级平衡术我是无论如何也学不来的。

鲍勃经常为社会心理学专业的师生举办聚会，这些人几乎与群体动力学研究中心的工作人员和研究生助理是同一批人。我认为，鲍勃将这些人的工作和社交活动联系在一起是一种特立独行的做法，这大大提高了工作效率和士气。几十年后，当我在鲍勃长大的波兰生活了一段时间后，我意识到他经营的是一家波兰企业：你在工作中的同事是你最好的朋友。我见过美国人管理心理学团队的方式，也见过波兰人的方式。如果你的老板和同事像鲍勃当老板时那样和睦有效，那么波兰式的方式非常棒，但这种方式也可能存在问题。当你和朋友闹矛盾时，这会让工作中的氛围变得尴尬。也许正是为了解决这个问题，鲍勃确保即使你和他发生冲突，你也知道这些小摩擦与他对你的一贯好感无关。

鲍勃于1923年出生在波兰的罗兹市。当德军向该市进攻时，他的父母试图在华沙寻找安全之所。他们在华沙的住所被炸，16岁的鲍勃受了重伤，父母双亡。鲍勃被送往德国的一个劳改营，他从那里逃了出来。他又一次被抓获，被送往法国的一所政治监狱。他再次逃脱，并在巴黎大学学习期间参加了法国抵抗运动。他在图宾根大学学习心理学，在那里他听说美国密歇根州的科学家发现了测量态度的方法，这一成果让他着迷。他移民到美国，在密歇根大学获得博士学位，并被聘为教授。接下来的40年，他一直在密歇根大学工作。

总之，密歇根大学聚集了一批卓越的学者，这些学者以非评价性的氛围和跨学科的交流为特点，激发出他们的创造力和活力。鲍勃·扎荣茨这样的人物代表了密歇根大学独特的氛围，这种氛围促使学者们在一个充满智慧、友谊和相互支持的环境中努力工作。新兴领域往往在两个或多个传统学科之间建立起来，密歇根大学的跨学科交流与合作无疑为此做出了巨大贡献。在密歇根大学，学者们得以在各种学术研讨会、文化心理学、判断与决策等领域中取得卓越成就，与来自不同领域的人们共同成长，使其成为一个充满活力和智慧的学术社区。

鲍勃的研究涉及心理学的多个领域。半个多世纪以来，人们一直在关注其他人在任务完成中的作用。实际上，第一个社会心理学实验是100多年前由诺曼·特里普利特（Norman Triplett）进行的，他注意到自行车赛手在与其他自行车手竞争时的最佳成绩要优于他们单独骑行时的成绩。特里普利特让孩子被试尽快完成鱼竿卷线轮的操作，想通过这个实验来检验有其他人在场是否能提升其表现。当孩子被试在有其他孩子在场的房间里进行这个任务时，他们的速度比单独进行时更快。这引发了未来几十年里大量研究的热潮。然而，研究结果相当混乱。有他人在场通常会影响表现，但他们很可能是表现变差而不是提高。

鲍勃为这一领域带来了秩序，他证明了如果任务很简单或已被熟练掌握，比如骑自行车、操作鱼竿卷线轮或者表演精心排练过的音乐节目，有其他人在场所产生的兴奋感通常会提高表现。然而，当面对复杂或新颖的任务时，如在学下国际象棋或练习打高尔夫的早期阶段，有他人在场所产生的兴奋效应反而会使其表现变差。在所有研究过的物种中，包括狗、鱼、青蛙、负鼠和狨猱等，简单任务的"社会促进效应"都存在。你可能想知道，它是否适用于蟑螂。答案是肯定的！当其他蟑螂在鲍勃建造的看台上观察时，它们跑得比看台空无一物时更快。这听起来像个笑话，确实如此，但它也揭示了社会影响深刻的根源。

当我来到密歇根大学时，鲍勃正开始研究出生顺序与智力的关系。他研究发现，家中头胎的智商比二胎高 2~3 分，而二胎的智商又比三胎略高，依此类推。本杰明·富兰克林（Benjamin Franklin）在家中 17 个孩子中排第 15，所以出生顺序的影响并不十分明显，但在研究过的所有民族和种族中都是一致的（摩门教徒是个例外，如果你知道原因，请告诉我）。鲍勃认为，出生顺序效应是孩子出生家庭的平均智力所致。当没有其他孩子时，这个值最高；当已经有一个孩子时，这个值会降低；如果有更多的孩子，那么这个值还会进一步降低。

这期间，鲍勃也刚好完成他的另一项研究，以证明熟悉通常不会导致轻蔑而是喜爱。他对单纯熟悉度如何影响人们对各种刺激物的喜爱程度进行了研究并发现，如果他向人们快速展示一系列随机形状，他们稍后会更喜欢他们常看到的那些形状，即使他们不知道这些形状出现的频率。熟悉效应适用于土耳其单词、汉字以及所有非初始讨厌的刺激物。

熟悉的工作逐渐发展为鲍勃对意识觉察能力的研究。在一篇题为《偏好无须推理》的引人入胜的论文中，鲍勃表明，人们在对物品产生喜好或厌恶时，并不需要对它们进行有意识的评估，有时甚至比任何推理过程都要快。而且实际上，这种偏好或厌恶经常在他们未意识到那些物品存在时就已形成。

◆ ◆ ◆

在密歇根大学工作初期，我有两个特别优秀的学生——吉恩·博尔吉道（Gene Borgida）和蒂莫西·威尔逊。你稍后会了解到他们的工作。鲍勃也有两个非常出色的学生——比尔·威尔逊（Bill Wilson）和海泽尔·马库斯。

比尔·威尔逊是来自伊普西塔基（Ypsitucky）的狂野之人。伊普西塔基这个不存在的地方得名于密歇根州的伊普西兰蒂（Ypsilanti），毗邻安娜堡和肯塔基州，那里的许多居民从事汽车行业的工作，且大多数是苏格兰–爱尔兰的后裔，具有阿巴拉契亚文化。他们中的许多人都被贴上了"乡巴佬"的标签。"红头发乡巴佬"比尔在来到密歇根大学之前曾是一名工会组织者。他是一名出色的心理学家，似乎与鲍勃·扎荣茨一样富有想象力和雄心壮志。不过，比尔有时候也会因坚持原则而与鲍勃发生冲突。两人曾经就西方人能否准确地区分中国人和日本人的面孔发生了争论，鲍勃坚持他可以做到。比尔拿着两页纸（每页都有几十张面孔）来到鲍勃的办公室，问鲍勃能否分辨出哪些是中国人、哪些是日本人。鲍勃扫了一眼后说："这很简单。左边的是中国人，看看这两个人的颧骨；右边的是日本人，看看这三个人的眼睛。"比尔说："对不起，鲍勃，这两页上的照片都是中国人。"

比尔虽然赢得了这场争论，但却差点失去了鲍勃的指导。我一直认为比尔是那种多才多艺的人，如果他最后成为一名参议员、谋杀犯、探险家或坎特伯雷大主教，你都不会感到意外。虽然他最终没有成为这些人中的任何一位，但他确实成了亿万富翁。

海泽尔·马库斯是另一位红头发，她满脸雀斑，来自南加州而非密歇根州。海泽尔非常有才华，魅力四射。我的几位同事想方设法让海泽尔进入教师队伍，而我心里却默默反对这个想法，因为我认为系里聘用自己的学生并不是一个好主意，而且也不符合那些可以在其他地方找到同样的好工作的学生的最大利益。然而，海泽尔是在有史以来学术工作最不景气的一年拿到博士学位的。如果真有哪名学生值得被聘用的话，那无疑是海泽尔。如果我当时意识到她会成为历史上最著名、最有成就的社会心理学家之一（事实上她做到了），我一定会成为她最大的支持者。

海泽尔在一个方面特别了不起，那就是她能够比我认识的任何人更准确、更迅速地洞察他人的个性和品质。多年来，海泽尔多次对我比她认识更久、更了解的人提出观察意见，告诉我一些关于这个人的重要信息，这些信息都非常准确，而我却没有注意到。海泽尔是社会心理学领域最早出现的杰出女性之一，也是学术界女性的拥护者。她加入每一个委员会，也与每一位学生合作，承担了所有人请她担任的角色。我曾多次劝她不要做这些边缘性工作，能为女性、为她自己、为心理学做的最重要的事情就是尽量做好她的研究，避免分心。但她总是说："没事的，我这样做对女性有好处。"

海泽尔对她的研究生非常慷慨。在会议上的海报展示环节，她总是出现在现场，与每位学生交谈直到深夜。在众多会议上，她让许多学生都留下了美好的记忆。我本应该效仿她，但总是觉得有更有趣的事情要做。我过去常常为自己缺席学生海报展示环节辩解，安慰自己是在忙于办公室的工作。

杰出的社会心理学家苏珊·菲斯克（Susan Fiske）很久以前就告诉过我，男性比女性有一个小小的优势。如果和同事发生了争执，女性就会来到对方的办公室，和对方闲聊几句，然后再小心翼翼地表达自己的不满。而在同样的情况下，男性会用一个带刺的笑话来打击同事，表明对方的行为需要纠正。30秒的闪电战既完成了任务，又不会引起太多的敌意。

海泽尔也能做到这一点。许多次，她对我开了一些机智的玩笑，虽然没有敌意，但却带有足够的力量，让我意识到我需要道歉或者改变自己的做法。菲比·埃尔斯沃思不仅是一位出色的同事，也是世界上知识最为广博的心理学家之一。她在 20 世纪 80 年代末从斯坦福大学转到密歇根大学，她也具备这种能力。菲比是心理学和法律领域的先驱之一，也是在耶鲁大学、斯坦福大学和密歇根大学最早教授心理学与法律课程的心理学家之一。

在这段时间里，这些才华横溢的女性——海泽尔和菲比，以及其他许多优秀的研究者，不仅通过自己的才能，还通过与他人的互动来展现自己的魅力。他们尖锐而机智的评论，帮助我们认识到自己的缺点，进而改正错误，也让整个学术领域变得更加丰富多彩。

社会心理学领域的研究者和学者们，像海泽尔和菲比一样，始终关注人们在团体和社会环境中的行为和心理变化。这些研究帮助我们了解人类心灵的复杂性，推动我们不断挖掘自身潜能，创造出更美好的未来。

在这个瞬息万变的世界，我们需要这样的心理学家和社会心理学家来指引我们走向正确的道路。在这个道路上，我们将学会如何更好地了解自己，更好地与他人相处，共同为构建一个更加和谐、更加美好的世界而努力。

克劳德·斯蒂尔（Claude Steele）是另一位才华横溢的社会心理学家，他与菲比差不多同时来到密歇根大学，并成了我的密友。当克劳德发展关于刻板印象威胁理论的激动人心的时期，我们成了无话不谈的好朋友。他的理念的核心是，女性和少数族裔群体容易担忧在某些情境下，包括参加数学考试和智商测试时，他们的智力表现会被认为劣于其他人。刻板印象的威胁导致了表现变差。克劳德本人是黑人，他对刻板印象威胁的概念有着深刻的个人理解，这在很大程度上基于他自身的反思。确立刻板印象威胁存在和影响力的研究成果，是社会心理学中最有趣和最重要的研究之一，而且目睹它的诞生是令人激动的。我一直很喜欢与克劳德谈论一切——心理学、种族、政治、文学。如果克劳德向我推荐一本书，我一定会去读它。

克劳德在密歇根大学任教期间，教授社会心理学的教师有克劳德、鲍勃·扎荣茨、海泽尔·马库斯、菲比·埃尔斯沃思以及非常有才华且精力充沛的人格社会心理学家南希·坎托（Nancy Cantor），此外还有几位非常扎实的社会心理学家，以及我。密歇根大学社会心理学领域从来没有过这种实力。然而，好景不长。在20世纪90年代初，克劳德离开去了斯坦福大学。他在密歇根大学最亲密的朋友包括鲍勃和海泽尔，海泽尔在密歇根大学获得终身教职后不久就结婚了。当克劳德成功地将鲍勃和海泽尔带到斯坦福大学时，我伤心至极。同时，当南希·坎托在同一时期离开去普林斯顿大学时，我也感到非常遗憾。我庆幸地告诉大家，还好密歇根大学用其他优秀的人才弥补了这些巨人的离开，并一直保持着全美一流专业之一的地位。

有趣的是，即使密歇根大学在社会心理学领域无可争议地成为全美最佳时，我们仍然很难吸引到来自美国东海岸顶尖大学的研究生。我认为，这是因为密歇根大学是一所州立大学，而东部的几所州立大学中很少有出类拔萃的。与可能前往哈佛大学法学院、普林斯顿大学物理学或沃顿商学院的同学道别时，作为常春藤名校的学生则难以启齿自己要前往一所位于美国中西部的州立大学。

然而，这种偏见并不能削弱密歇根大学社会心理学实力的事实。这个学院的发展，以及密歇根大学的许多杰出人才的相互合作，共同见证了社会心理学领域的辉煌成就。这是一个让人难以忘怀的时期，而我们也将继续努力，为心理学的研究和发展做出贡献。

爱德华·史密斯是一位出色的认知心理学家，在他任职于密歇根大学期间成了我的密友和最有价值的合作者，后来离开密歇根大学去了哥伦比亚大学，那里的心理学系也很优秀，尽管不及密歇根大学。他在哥伦比亚大学待了几年后，我请他比较一下哥伦比亚和密歇根两所大学研究生的才能。他说："哥伦比亚大学的学生入学时更优秀，但毕业时反而不如密歇根大学。"在被常春藤名校的本科生拒来我们学校几年后，我也开始拒绝录取他们。其实，他们不太可能来我们这里，而这样一来，我们的新生队伍有时就太小了。

在密歇根大学工作了几十年后，我开始意识到什么才是衡量一个学生是否会来密歇根大学，以及能否成为一名优秀的心理学家的最佳指标。答案其实很简单——外国学生总能脱颖而出。他们至少能成为称职的心理学家，最好的还能成为世界闻名的心理学家。究竟是什么原因让外国学生如此优秀呢？我的观点是，只有当他下定决心要成为最好的心理学家时，他才会背井离乡，远赴美国中部。

我必须指出，也许密歇根大学吸引来的国外学生都是精英中的精英。我们招收了包括北京大学、首尔国立大学、希伯来大学、东京大学和京都大学的世界顶级大学的优秀毕业生。他们根本就不清楚密歇根大学只是一所公立大学，但即便了解这一点，也不会影响到他们，因为他们自己之前上的大学也是公立的。

◆　◆　◆

安娜堡随着密歇根大学的发展也变得更加生机勃勃。记得苏珊和我第一次来到安娜堡时，我们在一个晚宴上向他人询问："这座城市有哪些好吃的餐馆？"被问的人不安地在座位上挪动着，最后才有人答道："在安娜堡，人人都是好厨子。"所幸的是，这的确不假，因为那时的餐馆实在是很糟糕。和其他大学城一样，如今安娜堡的餐馆已经有了很大的改观。我们刚到安娜堡时，这里只有四张电影大屏，而到了新冠疫情暴发前，这里已经有 30 张了。

多年来，作为罗素·塞奇基金会（Russell Sage Foundation）资助的社会科学家，或者借着休假的机会，苏珊和我会尽可能多地去纽约住上一段时间。直到不久前，我还觉得在其他条件相同的情况下，纽约是我最想生活的地方。但随着纽约的烦心事越来越多，而安娜堡的生活变得越来越安逸，我开始觉得安娜堡才是我最想生活的地方。古典音乐对我来说很重要，而密歇根州拥有近150 年历史的蔚为壮观的音乐节活动。如果伦敦交响乐团或柏林爱乐乐团来美国五座城市巡演，安娜堡通常会成为其中之一。我只需 10 分钟就能到达音乐会现场，无须乘地铁，不用冒雨步行六个街区，也不用躲避垃圾袋或狗粪。

我告诉有意加盟密歇根大学的人士，尤其是那些有年幼子女的教职，如果将大学的声望、职务体面程度以及城市的生活质量三者系数相乘，就会得到统计学家所谓的"学术生存最小平方解"。如果在美丽的密歇根州北部再加上一个避暑别墅，你的生活就更完美了。当然，还有冬天的问题。至于我最终如何解决这个问题，在本书后面有所交代。

THINKING
A memoir | **自我认知**

我在哥伦比亚大学和耶鲁大学所进行的大量研究表明，人们可能完全不了解或者对于导致他们某种特定行为的推理过程有着严重的误解。在电击研究中，被试并未意识到他们的信念，即他们服用了一种可以刺激唤醒的药物导致他们承受了比平时更多的电击。失眠患者被试参加睡眠研究时，也未意识到他们的信念，即他们服用了一种可以刺激唤醒的药物使得他们比之前更早入睡。与实验者签订使用马克笔作画协议的学前儿童被试不太可能意识到，这使得他们对这项活动的兴趣比未签订协议的儿童被试要低。

社会心理学家的其他研究结果也只有在认识到被试并不知道自己头脑中在想什么的情况下才能理解。在认知失调实验中，如果被试发表与自己信念相悖的演讲，然后将自己的信念朝着演讲的方向调整，那么他们根本不知道驱使他们发表演讲的并非是自己的信念，而是实验者的强烈要求。实际上，认知失调研究和其他所有类型的认知失调研究之所以奏效，正是因为被试并不知道他们的推理过程。如果他们在过程发生时意识到了这一点，他们会将其扼杀在萌芽状态，改变他们的行为方式。我和蒂莫西·威尔逊系统展示了人们在推理过程可能存在的误解，甚至在处理最日常的事务时也是如此。

在一项简单的实验中，我们首先让被试记住一对单词。紧接着，在另一个实验中，我们请他们参加一个词语联想任务。例如，在第一个实验中的一对单词是"海洋－月亮"。在第二个实验中的词语联想任务里，我们让被试说出一种洗涤剂的名称。

不难发现，记住了"海洋－月亮"这对词对会让人更容易想到"汰渍"这种洗涤剂；没有接触到"海洋－月亮"这对词组的被试提及汰渍的可能性要小得多。在词语联想任务结束后，我们询问被试为什么会想到他们说出的那个词。他们几乎从未提及他们学过的词对；相反，被试关注的是目标词的某个独特特征（"汰渍"是最知名的洗涤剂）、它的某些个人理解（我的妈妈用"汰渍"）或对它的情感反应（我喜欢"汰渍"的包装盒）。

当被特别问及词语提示可能产生的影响时，尽管大约三分之一的被试承认某些词可能有所影响，但我们无法断定他们真的意识到了这种联系。对于一些有影响力的词对，没有一个被试认为这些词对他们的联想产生了影响；对于其他词对，声称受到词对影响的被试要比实际受到影响的被试多得多。

在蒂莫西·威尔逊和我进行的一些研究中，被试对判断原因的报告实际上颠倒了心理事件的真实因果关系。例如，我们向学生被试展示了一位操着欧洲口音的大学老师的采访。对于一半被试来说，该老师是一位热情、讨人喜欢的人；而对于另一半被试来说，该老师则是一个冷漠、专横的人。随后，被试对老师的喜欢程度进行了评分，并对两个实验条件中本质上完全相同的三个特质（他的外貌、举止和口音）进行了评分。

当然，与看到冷漠版本老师相比，看到和蔼版本老师的学生被试对这位老师的喜爱程度更高。学生们对他的特质的评分显示出了明显的光环效应影响。绝大多数接触到和蔼版本老师的被试认为该老师的外貌和举止吸引人，大多数被试对他的口音保持中立；而绝大多数看到冷漠版本老师的被试认为这些特质都令人不悦和令人恼火。这些实验表明，被试对他们判断原因的报告可能完全不准确，甚至有时可能扭曲了真正的心理过程。

通过这些研究，我们可以得出一个结论：人们在很多情况下，对自己行为背后的推理过程了解得并不清楚，甚至可能存在误解。这种现象在日常生活中也十分常见，我们对自己的行为动机和推理过程的理解往往是有限的。然而，正是这些隐藏的心理机制使得人类行为变得更加复杂和多样。

因此，在我们探讨自我认知时，了解我们可能对自己的思维过程存在误解是至关重要的。我们应该努力更好地了解自己，以便更好地理解我们的行为动机，并在必要时做出改变。当我们遇到困难时，了解自己的内心世界和心理过程将使我们能够更好地应对挑战，成为一个更好的个体。

被试们是否意识到他们对老师的喜欢影响了对他属性的评价呢？我们问了一些被试"你是否觉得对老师的喜欢程度影响了对他特质的评价"，另一些被试则被问及"你对老师每个特质的喜欢程度是否影响了对老师整体的喜欢程度"。被试们强烈否认他们对老师的喜欢程度会影响他们对他特质的评价。换言之，他们的反应大致为："别开玩笑了，我当然可以对某人的口音做出判断，而不会受到我有多喜欢他的影响。"

其他被试被问及相反的问题："老师的外貌、举止或口音是否影响了你对他的整体喜欢程度？"看过和蔼版本老师的被试认为，这些特质并未影响他们对老师的喜欢程度。但是，看过冷漠版本老师的被试承认，他们对老师这三个特质的不喜欢可能降低了他们对他的整体好感程度。所以，这些被试完全颠倒了事实。他们对老师的不喜欢降低了他们对他外貌、举止和口音的评价，但他们否认了这种影响，反而坚称是他们对这些特质的不喜欢导致了对教师整体的厌恶。

在一项研究中，我们让一家大型商场里的女性对摆在桌子上的四双尼龙丝袜的质量予以评价。丝袜在排列中越靠右，被试就越可能将其选为最佳。当丝袜被放置在排列的最右边时，将它们选择为最佳选项的被试人数是放在最左边的四倍。当我们询问被试为什么对其选择的丝袜评价最高，没有一个被试说这与其检查的顺序有关。当我们问及丝袜的位置是否会影响了他们的判断时，被试就会用一种要么自己误解了问题，要么正在与一个疯子打交道的眼神回应我们。

在我们那篇发表在《心理学评论》的篇幅超长的论文中（该论文是《心理学评论》125年历史上被引用次数第四多的论文），我们指出了多个领域的研究，这些研究表明人们无法准确地报告某些行为的认知过程。

◆　◆　◆

我们引用的一项研究表明，人们能够在完全不自觉的情况下学会复杂的事件模式。在一项研究中，研究人员让被试关注被划分为四个象限的计算机屏幕。一个X会出现在某个象限，被试的任务是按一个按钮，预测下一个X会出现在哪个象限。其实，X出现在各个象限中的顺序遵循了一套极其复杂的规则，但被试并不知道这一点。例如，X永远不会连续两次出现在同一个象限、X出现在其他两个象限之前不会返回到原来的位置、第二个位置的X决定了下一个位置将是第三个、第四个位置由前两次试验的位置决定。人们能学会这样一个复杂的规则系统吗？

是的，人们能够学习这类复杂的规则系统。因为（1）随着时间的推移，被试在按下正确按钮的速度会越来越快；（2）当规则突然改变时，他们的表现会严重下滑。但是，被试的意识并没有了解正在发生的事情。被试甚至没有意识到有一种模式，更不用说知道它是什么了。

然而，被试的自我意识却能够巧妙地为他们表现的突然下降找到解释。这可能是因为被试都是心理学教授（顺便说一下，他们知道自己正参与一项关于非意识学习的研究）。其中有三位教授表示，他们只是"失去了节奏"；而另外两位教授则指责，实验者在屏幕上放了一些分散注意力的潜意识信息。

我最喜欢的一项实验是密歇根大学心理学家 N.R.F. 梅尔（N.R.F.Maier）在 90 年前做的，他向人们展示了我们思维过程有多难以捉摸。梅尔设计的实验在一个房间内，从天花板上垂下两根绳子，屋里还散落着许多物品，如夹子、钳子和延长线。梅尔告诉被试，他的任务是将这两根绳子的末端系在一起。困难在于绳子之间的距离比较远，被试在抓住其中一根的同时无法够到另一根。被试很快就想出了几种解决方案，比如把一根延长线绑在天花板上的一根绳子上。每次找到解决方案后，梅尔都会告诉被试："现在再换另一种方式试试。"

其中有一个解决方案比其他方案要难得多，大多数被试无法自己想到它。当被试困惑地站在那里时，梅尔会在房间里四处走动。这样过了几分钟后，梅尔会随手将一根绳子摆动起来。然后，在这个提示出现后的大约 45 秒内，被试通常会拿起一个重物，将其系在一根绳子的末端，像钟摆一样让它摆动起来，随即跑到另一根绳子那里抓住它，等着那根摆动的绳子足够近，一下子抓住它。此时，梅尔会立刻问被试他们是如何想到使用钟摆的办法的。这个提问得到被试的回答多种多样，诸如"我灵光一闪想到的""这是唯一剩下的方法""我突然意识到，如果我把重物系在绳子上，它就会开始摆动"。

一位参与实验的心理学教授被试给出了一个特别详尽的叙述："在尝试过

所有其他方法后，接下来的方法就只有让绳子像荡秋千一样摆动起来了。我想到了摆荡过河的场景。我想到猴子在树上荡来荡去。这些想象与解决方案同时浮现出来，而且非常完整。"

当被直接问及绳子的摆动是否影响了他找到解决方案时，大多数被试会矢口否认。尽管大约三分之一的被试说它确实影响了他们，但没有理由相信，他们之所以能够做到这一点，是因为他们能够直接进入自己的思维过程。梅尔还进行了另一个实验，在实验中他旋转了一根绳子上的重物，但这对解决问题没有帮助。然后，他让一根绳子摆动起来，所有被试立即解决了问题。当梅尔问他们是如何找到解决问题门道时，所有被试均表示旋转的重物对他们很有启发，并一致否认绳子摆动所发挥的作用。

人们在进行极具创造性工作时，常常依赖于无意识的问题解决过程。诗人布鲁斯特·吉塞林（Brewster Ghisellin）将一些极富创造性的人撰写的关于他们最令人印象深刻的作品的文章汇集成卷。吉塞林写道："纯粹通过有意识的计算过程所进行的创造似乎从未发生过。"相反，他的文章作者几乎将自己描述为旁观者，他们与观察者的不同之处在于，他们是第一个目睹问题解决过程的成果的人，而这个过程是在意识视野之外的。

数学家亨利·庞加莱（Henri Poincaré）曾记录道："旅行中的变化让我忘记了我的数学工作……就在我上公共汽车的那一刻，一个想法突然就冒了出来，即我用来定义富克斯函数的变换与非欧几里得几何的变换是相同的，而我先前的想法似乎没有为这个想法铺平道路。"诗人艾米·洛厄尔（Amy Lowell）也写道："有时候，我的脑海中会莫名其妙地冒出一个想法，比如'青铜马'。如果我认为马是一首诗的好题材，我就会把它记下来，并刻意不去想这件事了……六个月后，诗歌的词句开始自然地浮现在我的头脑中，用我个人的说法，这首诗在那一刻已经'成形'。"这些例子表明，人们在面对创造性任务时，通常会无意识地解决问题，而他们的意识只是扮演一个记录或观察者的角色。这种现象在不同领域的众多成功人士中都有所体现，这些人在面对自己最有影响力的作品时，往往会发现他们的思维过程是无法直接触及的。

正如这些研究所展示的那样，我们的意识思维可能无法完全理解自身的过程和动力。这意味着，在很多情况下，我们所认为的是有意识做出的决策和评估实际上可能是潜意识和无意识因素的结果。了解这一点对于理解我们的思维方式和做出更明智的决策至关重要。

◆ ◆ ◆

我曾在斯坦福大学就我和蒂莫西·威尔逊在意识问题上的合作举办了一场学术报告会。不久，诺贝尔经济学奖获得者、心理学家、政治学家和计算机科学家赫伯特·西蒙也在斯坦福大学举办了一场学术报告会，公布了人们解决各种问题时对所用的认知过程描述的研究成果。他发现，人们可以描述出自己解决问题的过程，并且这些描述通常与西蒙关于解决方法的预期一致。然而，他的例子只显示出人们能够生成关于他们用来解决问题的规则的理论，而这些理论只是有时是准确的，这与观察这些过程完全不是一回事。著名认知心理学家戈登·鲍尔（Gordon Bower）在演讲结束时也对西蒙表示了类似的观点。不过，他的话更直白："迪克·尼斯贝特已经证明那类研究毫无价值。"这激起了西蒙的反应，他开始大量发表文章，试图反驳蒂莫西·威尔逊和我关于意识的结论。

斯坦利·沙赫特曾劝我，不要在期刊上回应批评者，这类交流产生的争论多于启示，并且让人精神疲惫。我之前曾违反过这个规则，并为此后悔不已。

那场风波耗费了我大量的时间和精力，实在是小题大做，太不值得。因此，我没有在期刊上发表文章，而是在我和李·罗斯合著的《人类推理：社会判断的策略与缺陷》一书中回应了西蒙。

李·罗斯和我指出，在有意识地解决问题的过程中，我们会意识到自己头脑中的某些想法和看法，有时也会意识到我们应该遵循的一些规则。我们还知道正在进行的心理过程的许多认知和行为输出。我知道乘法运算法则，我知道173 和 19 这两个数字就在我的脑海中，我知道我必须用 3 乘以 9，个位余 7，十位进 2，等等。我可以检查意识中的内容是否符合我认为合适的规则，但这并不意味着我知道我是如何完成这个特定乘法运算过程的。

在一次谈话中，西蒙给出了一个完美的例子，展示了我们如何在完成特定任务时，既可以依靠无意识的规则，也可以依据有意识的规则，同时这也说明了关于认知过程的口头报告可能会产生多么不靠谱的结果。当人们第一次下棋时，他们会在不知道自己遵循什么规则的情况下挪动棋子，但他们确实在遵循规则。他们采用的技巧被称为"菜鸟策略"，这套规则为专家们所熟知。

随着时间的推移，人们可能会从无意识地遵循规则发展到有意识地遵循规则，他们可以向他人解释他们的策略。然而，在执行这些策略的过程中，我们可能仍然无法完全了解自己的心理过程。这表明，即使在我们明确知道自己在遵循的规则和策略的情况下，我们的思维过程也可能在很大程度上仍然是无意识的。

总之，尽管我们有时能够观察到某些认知规则和输出，但这并不意味着我们能够准确地描述或完全理解自己的认知过程。大脑中的许多过程是在无意识层面上进行的，而我们的意识很可能只是在解决问题和做出决策时的一个小小的被试。

　　逐渐地，如果人们坚持下棋一段时间，则会阅读相关书籍，并与高水平棋手切磋棋艺，他们现在按照相当有意识的规则下棋，并且可以准确地描述这些规则。但我坚持认为，他们看不到他们脑海中在想什么，他们只能检查他们的行为是否符合有意识的规则。

　　当玩家达到真正的专业水平时，他们又一次变得无法准确描述自己所遵循的规则了。这一方面是因为他们不再有意识地表述作为中级棋手学到的规则，另一方面是因为他们已经无意识地推导出了让他们成为高手的策略。

　　从以下两个方面来看，我们无法直接接触认知过程的说法可能不会那么激进。

　　其一，虽然我们经常声称知道支撑判断和行为的认知过程，但我们并不认为自己能意识到支撑感知或从记忆中检索信息的过程。我们知道这些过程完全超出了我们的认识范围。在我们毫无察觉的情况下，感知和记忆的过程就能完美运行。那么，认知过程又有何不同呢？

　　其二，从进化的角度来看，直接了解那些为我们服务的心理过程有何重要之处呢？意识已经有足够的工作要做，无须再去注意那些产生推断和行为的心理过程。自从蒂莫西·威尔逊和我研究意识以来，进行的数百项研究已经表明，每秒钟都有大量的刺激影响着我们的思维，而我们只意识到其中的一小部分，更不用说它们是如何导致某个结果了。如果人们在学校投票，他们更可能支持增加教育经费的税收；如果他们在教堂投票，他们更可能投反对堕胎的票；如果人们在观看漫画时面部表情是微笑的，会比面部表情严肃的觉得漫画更有趣；缓刑法官在午餐后做出的判决跟午餐前做出的判决相比，更有可能投票释放囚犯嫌疑人。

　　说我们无法直接感知心理过程，并不意味着我们通常对幕后发生的事情的看法是错误的。很多时候，也许在通常情况下，我可以自信地说出我所关注的重点是什么，以及我为什么会做出这样的行为。我知道，为了避免撞到松鼠我会猛打方向盘；我知道，因为我没有认真复习，我对考试感到焦虑；我知道，我在办公室捐款的主要原因是因为其他人都捐了款。

然而，要正确理解我的判断和行为背后的原因，我需要准确的理论基础。我缺乏一个理论来解释，为什么看到一个摆动的绳子会让我想到绑上重物形成钟摆，以此来连接两根绳子；我缺乏一个理论支持，我可能会对排列中我最后看到的物体给予最高度的评价；我缺乏一个理论表明，如果我总体上喜欢某个人，那么这会使我也喜欢这个人几乎所有的特质。

如果我对这些结果背后的过程有理论依据，我就会利用这些理论来解释我的行为。在许多情况下，我会抵制这些过程，从而产生更好的结果。我经常因为屈服社会压力而说出一些我并不真正相信的话。渐渐地，我开始相信这些话了，因为我不知道自己为什么要这么说。如果我知道为什么说这些话，我就不会相信它们了。

这一切为什么如此重要？你为什么要相信我，放弃你可以直接观察到你所做的判断和你所解决的问题的信心呢？

如果你对自己行为动机持有一种健康的怀疑态度，就不太会采取违背自身最佳利益的行为。同时，你也会更谨慎地评估他人的说法。我们的研究被法律期刊引用，证明人们在解释自己为什么做某事时可能会大错特错，尽管他们竭尽全力地做到实事求是。

你之所以未能利用潜意识解决问题的能力，是因为你并未意识到很多问题解决实际上发生在意识之外。请注意，你需要帮助你的潜意识来帮助自己。你也需要提前很久就开始对项目进行思考。如果你等到最后一刻才开始解决问题，你就把你最好的思考浪费掉了，这些想法本可以在你忙于其他事情时免费完成的。如果你是学生，就应该意识到，学期论文的开题时间是上课的第一天。有时，当你对一个问题感到困惑时，最好的方法是去睡一觉。一觉醒来，答案可能会从你的脑子里突然冒出来。

心理学研究者对我们的结论几乎没有提出什么批评。不过，最初确实有两个群体反对我们的说法，因为他们认为自己受到了影响。哲学家常用的一种方法是，当我们思考一个问题时，我们的想法是什么，我们的推理过程是怎样的。我们的研究明确指出，这类陈述应当被看作是推测而非事实。包括丹·丹尼特（Dan Dennett）在内的一些哲学家，最初对我们进行了抨击。

另一个抗议的群体是精神科医生和临床心理学家。他们中的一些人认为，治疗能够指导患者审视自己的认知过程。虽然我承认治疗可以揭示你认知过程的某些方面，但我坚信，其成效主要是通过提供有关思维方式的新理论，而非直接展示这些过程本身。

除了最初与这些群体的小争论之外，关于人们能够审查自己头脑运作的一系列假设几乎都没有受到多少批驳就被抛到一边。当然，遵循赫伯特·西蒙模式的内省主义基本上已不复存在。

13

推理 | **THINKING**
A memoir

在耶鲁大学的最后几年里，为我之后 20 年在密歇根大学的研究奠定了基础。我所做的归因研究并不仅仅是描述行为。每项研究都表明，人们的归因在某种意义上是错误的。

- 在哥伦比亚大学进行的电击实验中，被试错误地将他们的兴奋归因于药物而非真正的原因，他们随后编造了一些故事来解释为什么他们受到了如此多的电击，而这些故事与他们头脑中实际发生的过程几乎无关。
- 在失眠实验中，被试被引导要么（1）错误地将临床唤醒归因于药片，因此更快地入睡；要么（2）错误地认为既然药片能降低他们的唤醒，那么他们一定对自己的问题非常焦虑，结果导致需要更长时间才能入睡。
- 马克·莱珀进行的马克笔研究表明，孩子们可以从他们约定使用马克笔绘画的事实中"认识"到他们对使用它们绘画并不是真正感兴趣。
- 与爱德华·琼斯合作的关于行为者和观察者在对个体行为原因的看法上的差异的研究表明，观察者倾向于认为行为者的特质或动机是促使他们做出行为的原因。但这些判断往往是错误的。

在一项戏剧性地证明了最后一点的研究中，我让被试观看了耶鲁大学女大学生被要求在两天内陪同潜在捐赠者的配偶参观学校的视频。有些女生的报酬相当于今天的每小时 7 美元，而另一些女生的报酬约为每小时 20 美元。可想而知，获得更高报酬的女生有三分之二更愿意成为志愿者，而获得较低报酬的女生则只有四分之一。我们询问那些在观看了自愿或不自愿的（无论金额大小）志愿者表现的被试，志愿为联合基金（免费）拉票的可能性有多大。看到自愿当陪同的被试认为她自愿拉票的可能性大大高于那些看到拒绝当陪同的被试。值得注意的是，无论被试看到的是一位被提供高报酬的志愿者，还是被提供相对较低报酬的志愿者，情况都是一样的。被试没有意识到金钱可能在决定是否陪同时起了作用。他们显然认为她就是那种志愿者。

爱德华·琼斯发现，如果他让大学生被试阅读一篇据称是另一名同学写的支持大麻合法化的文章，即使被试知道这名同学是在心理学实验者、辩论教练或政治科学导师的要求下撰写的文章，他也会认为这篇文章反映了那名同学的真实观点。这是让爱德华·琼斯和我断言观察者可能根本无法看到情境因素在人们行为中的重要性的证据之一。

哈罗德·凯利在关于因果归因的论文中提出了一个描述性模型，说明了我们如何将行动归因于行为人的性格特质或行为人面临的情境的。如果约翰在特定情境下以特定方式表现，并且始终如此，而且大多数人对该情境的反应也是如此，那么我们会将约翰的行为归因于情境。如果约翰在某位喜剧演员的特定表演中大笑，而对大多数喜剧演员都不发笑，而其他看过这场表演的人都在这个喜剧演员的表演中发笑，我们会认为约翰是因为喜剧演员搞笑而笑的。如果约翰在特定喜剧演员的表演中大笑，并对大多数喜剧演员都发笑，而大多数人却在该喜剧演员的表演中不发笑，我们会认为约翰在这次特定的表演中笑是因为他喜欢喜剧演员，或者是个特别快乐的人。需要关注的重要因素是行为的独特性（笑所有喜剧演员还是仅仅几个）、行为的一致性（总是笑还是偶尔笑）和行为存在的一致性程度（大多数人在喜剧演员处笑了还是大多数人没有笑）。

凯利在其论文开头指出，他只是采用了约翰·斯图尔特·密尔（John Stuart Mill）评估因果关系的标准，并假设实际上人们就是以这种方式评估行为的因果关系。如今，我们会说，他假设人们应该如何评估因果关系的规范模型是一个相当好的"描述性理论"，描述了人们实际上是如何评估因果关系的。

凯利的归因观点可能听起来显而易见。如果是这样的话，你会惊讶地发现，人们经常违反这一规范模型。总的来说，对于特定行为的一致性程度在我们对因果关系的评估中影响甚微。正如莱斯利·泽布罗维茨在耶鲁大学博士论文中首次证明的那样，人们并不关心在某位喜剧演员表演时有多少人笑了。如果约翰笑了，那是因为他喜欢该喜剧演员，而不管其他人是否笑了，还是几乎没人笑。人们在评估因果关系时，往往会忽略这个共识因素。

这种现象揭示了一个有趣的现象，那就是人们在评估因果关系时往往并不符合规范模型。我们容易受到自身观点和经验的影响，而忽略了周围其他人的看法。因此，在了解自己和他人的行为及其原因时，我们需要更加关注共识程度和其他重要因素，以便做出更准确的判断。

当我们面对日常生活中的各种情境时，认识到自己在因果归因方面的局限性，可以帮助我们更客观地看待问题。通过观察和分析各种因素，包括行为的独特性、一致性和共识程度，我们可以更好地理解自己和他人，从而做出更明智的决策。这也提醒我们，在面对复杂情境时，要保持谦逊、开放的心态，充分考虑多种可能的因素，以克服自身的认知偏差。

在斯坦利·米尔格拉姆著名的服从性实验中，一位实验者要求来自各个年龄段、各行各业的被试给一位和蔼可亲的中年男子施以持续增加强度的电击。

这位男子实际上是实验者的同伙，根本没有受到任何电击。在电击强度逐步增加的过程中，80% 的被试继续按下标有不断增加的电击强度等级的按钮，即使在那名男子尖叫称他有心脏病并恳求被试停止电击时也没停下来。如果让人们读一读某位被试的简短描述，询问他们认为这个被试是怎样的人，人们基本上会认为他是个恶魔。即使你刚告诉他们，在实验中来自各行各业的 80% 人都做了同样的事情，他们也会这么想。至今，我已经向成千上万的学生讲授过这个实验，但我怀疑我几乎从未说服过一个人，让学生相信他们最好的朋友可能也会对一个恳求的患者施加如此大的电击，更不用说他们自己会这样做了。

◆　◆　◆

我在耶鲁大学参加的最重要的一次讲座是密歇根大学数学心理学家沃德·爱德华兹关于判断力的演讲。他让被试阅读与某种可能性有关的证据，如两个国家之间可能爆发战争。被试被要求对每条信息暗示会发生战争的程度进行评估，其中有一部分被试在被要求估算战争发生的概率之前，会得到两三条或更多这样的信息。

有一个基于贝叶斯定理（Bayes Rule）的数学公式（贝叶斯定理是一个统计学原理）告诉我们，在脱离任何其他事实的情况下，每个事实对人们对战争可能性的判断有多大影响，这些概率判断就应该是多少。爱德华兹能够证明，在他所研究的特定问题上，人们是"保守的贝叶斯"。也就是说，获得大量表明战争即将发生的真实信息的人的预测，反而没有只获得一两个表明战争会发生的信息的人高。当贝叶斯定理要求做出战争极有可能发生的判断时，被试无法做出必要的极端估计。

爱德华兹的讲座吸引我的地方在于，他将人们的实际判断与一个精确的形式模型相比较，该模型说明了人们的判断应该是什么样子。这是一种非常优雅的方法，与一些归因研究者（包括我在内）所做的事情类似——将实际判断与判断应该达到的规范标准进行比较，进而经常发现人们缺乏做出准确判断的能力。

我开始意识到这里有一个缺失的领域，那就是以实证为基础的认识论（知识哲学），或者可以说是以认识论为基础研究人类对世界的推论。我开设了一门称之为"实证认识论"的研究生课程，目的是研究关于人们如何获取知识，或应该如何获取知识的各种哲学和统计学方法，并将它们与人们获取知识的实际方式进行比较。这些方式是什么，它们又是如何使人们误入歧途的？我在耶鲁大学的最后阶段开始为开设这门课程阅读认识论的相关书籍，特别是约翰·洛克（John Locke）、大卫·休谟（David Hume）和约翰·斯图尔特·密尔的著作。

在密歇根大学，我继续教授实证认识论课程，并进行符合上述描述的再研究。我研究的一个问题是，当对某个特定情况进行判断时，人们如何处理事件的"基础率"。例如，如果你试图预测一名学生在课程中的表现，除了知道他的学生证号码是 10335 外，你对该学生一无所知，那么你会参考课程成绩的潜在"基础率"。假设这是一门伦理学的课程，你认为这一课程的平均成绩可能是 B-。你就会预测他在课程中会得到 B- 的成绩。

但是，假设你知道他的朋友认为他极其幽默。现在你的预测是什么？会是 B-、B、B+ 还是 A？如果你认为幽默感与智力相关，那么你就会从基本分数线上调一下。和大多数人一样，你可能认为幽默感和学业能力之间存在很大的相关性。但实际上，人们不会做出这种判断，不会认为两者之间有很大的关联。他们只是直接抛开基础率，然后预测课程中的成绩会非常高。

这里的错误在于，我们倾向于过高地评估一个案例的"个体化信息"与该信息的诊断程度之间的关系。人们认为，幽默感对学业成绩的诊断作用非常有限，但他们在对特定案例进行预测时，却把幽默感的诊断作用看得很高。

人们的判断往往不能很好地根据他们拥有的信息量来调整。我发现，人们对所拥有的信息量的敏感度不足；相对于证据的真实价值而言，人们经常会把少量证据看得过重。他们似乎倾向于认为，关于一个对象或一个人的单一证据比实际上更具诊断性，而没有意识到同一类型的多个证据实际上可能非常有信息量。我与兹瓦·昆达（Ziva Kunda）的研究就证实了这一点。研究表明，人们认为观察一个人在某种情况下的表现就足以有把握地预测他在任何情况下的诚实、好斗或顺从性等特质。

我和吉恩·博尔吉道做了一项实验，该实验同时说明了以下观点：（1）在进行预测时，基础率可能经常被忽视；（2）对一两个个体的少量弱诊断信息有时会被当作关于普通人群的基础率的好证据。我们让被试阅读我在哥伦比亚大学进行的电击归因研究。我在讲述实验的过程中了解到，人们通常会对绝大多数被试的行为感到惊讶，这些被试都是我从学生中随机招募的男性志愿者。当我到达实验室后告诉学生们，我想让他们承受逐渐增强的电击，直到疼痛无法忍受为止，几乎所有学生都同意承受电击。而且，大多数人承受了相当大的电击——这足以导致前臂剧烈抽搐。

吉恩·博尔吉道和我向一些学生被试展示了实际的基础率数据，结果显示只有5%的被试拒绝接受任何电击，只有3%的被试接受了足够导致手指刺痛的电击，而大多数被试承受了足够导致前臂抽搐的电击。然后，我们让被试观看实验中三名所谓被试的简短视频访谈，并让他们预测这三个人都会承受多大电击。这些访谈视频的设计尽可能不暴露电击的倾向，如家乡、专业、父母的职业等。被试对目标受访者承受的电击量的平均估计远低于承受极端电击的实际基数。我们的被试似乎认为，整体行为与他们对任何特定个体的预测无关。我们知道我们的被试并未受基础率的影响，因为他们对访谈中的"被试"的预测与那些没有获得基础率信息的被试的预测几乎相同。

总之，人们在评估和预测过程中往往无法充分利用基础率，有时会过于重视特定个体的某些特征，而忽略了整体数据。这些研究表明，在面对现实世界中的情境和信息时，人类的判断和推理能力还有很大的改进空间。通过研究和了解这些心理现象，我们可以更好地理解人类的认知过程，以期在未来提高我们的决策品质。

我们让其他被试观看两位看似平淡无奇的所谓被试的访谈，并预测实验中整个被试群体的承受电击情况分布。我们告诉被试，这两位"被试"都承受了很大程度的电击，足以导致其前臂猛烈抽搐。令人惊讶的是，我们的被试给出的预测分布几乎与实际分布完全一致。我们知道，大多数人会承受很强的电击，这对预测个体行为并无关联，但只要两个人的行为就能告诉我们，承受很强电击是很典型的！

我们总结了被试在这个实验和其他类似实验中的表现，称他们"迟钝地不愿推断"基础率对个体行为有影响，以及"非理性地急于从仅有的两个个体的行为中归纳基础率"。这些结果揭示出，人们在面对统计数据和个体信息时的认知偏差，以及对概率推断的盲点。理解这些现象有助于我们在日常决策中避免类似的错误，提高我们的判断准确性。

❖ ❖ ❖

1976 年，我前往斯坦福大学发表关于这项"实证认识论"研究的演讲。

演讲结束后，已经在那里找到工作的李·罗斯告诉我，我应该读一读阿莫斯·特沃斯基和丹尼尔·卡尼曼新的研究论文，因为我的研究方向与他们的有异曲同工之妙。实际上，他们也发现人们倾向于忽略基础率，并对样本量显得极其不敏感。我被他们论文的质量所折服，并开始用他们开发的概念来解释我的研究成果。

阿莫斯·特沃斯基和丹尼尔·卡尼曼都是以色列心理学家，本科就读于耶路撒冷希伯来大学。阿莫斯在密歇根大学进修，而丹尼尔则在加州大学伯克利分校进修。在密歇根大学担任教职并在哈佛大学做博士后研究之后，阿莫斯入职希伯来大学，而丹尼尔·卡尼曼已经在那里任教了。到希伯来大学后不久，阿莫斯告诉丹尼尔，密歇根大学的研究人员已经证明人类是保守的贝叶斯统计学家。"保守的贝叶斯统计学家？"丹尼尔反驳道，"人类根本就不是什么统计学家！"他的这一评述启动了一个研究计划，这从而最终改变了心理学领域，乃至经济学领域。

阿莫斯和丹尼尔开始展示人类判断在多种规范标准上的差距。例如，人们对大数定律的理解有限，大数定律认为样本值（平均数、比例等）随着样本量的增加而接近总体值。在一项经典研究中，他们告诉被试，某个城镇有一家医院每天约有 15 名新生儿出生，还有一家医院每天约有 45 名新生儿出生。他们询问被试，一年中哪家医院超过 60% 的新生儿是男孩的天数会更多。大多数被试认为，这两家医院这样的天数是相等的；而余下的被试中，认为大医院这样的天数更多与认为小医院这样的天数更多的人数一样。在规模较小的医院中，60% 的男孩相当于 9 个男孩对应 6 个女孩，这种男性优势程度并不令人惊讶，可以预期每周至少发生一次或两次；而每天在有 45 名新生儿出生的医院中，60% 的男孩相当于 27 个男孩对应 18 个女孩，这看起来有点可疑，不

是吗？实际上，这种男性优势程度每年只能预期发生几次；假设男女出生真实
分布是 1 : 1（当然，实际情况接近这个比例），那么在任何一个有 45 名新生
儿出生的日子里，产生如此偏差比例的概率仅为 3%。

我意识到，不理解大数定律是导致基本归因错误的一个重要原因。我们很
容易就认为个体行为是由其性格特征决定的，因为我们没有意识到这需要多少
观察的结果才能让我们自信地归因于性格。同样，我们没有认识到，如果一个
人在很多情况下都以特定方式行事，那么这比我们仅在一两种情境中观察到的
要更好地表明这个人确实具有相关特质。我们受少量数据的影响过大，而对大
量数据不以为然。

阿莫斯·特沃斯基和丹尼尔·卡尼曼通过许多实验证明，人们在判断一个
特定案例属于哪个类别时对基础率并不敏感。他们还拥有一件我所缺乏的武
器：他们可以通过贝叶斯定理来精确地衡量实验对象的错误程度，贝叶斯定理
规定了概率判断应如何反映相关的先验知识。在一项研究中，他们告诉被试，
一位心理学家采访了 70 位工程师和 30 位律师（先验知识）。特沃斯基和卡尼
曼要求被试阅读心理学家样本中的人物简介，并猜测简介中的人是律师还是工
程师之一。其中一个描述如下：

杰克是一名 45 岁的男子。他已婚，育有四个孩子。总体来说，他做事保
守、谨慎，雄心勃勃。他对政治和社会问题不感兴趣，他把大部分的空闲时间
都花在他的诸多爱好上，比如做木匠活、参加帆船运动和做数学谜题。

被试大多认为，杰克是样本中 70 位工程师之一。当另一批被试被告知样
本中有 70 名律师和 30 名工程师，这些被试同样普遍认为描述中的人是工程师。
事实上，他们的判断与样本中有 70 名工程师和 30 名律师时几乎完全一样。贝
叶斯定理告诉你，在 30 名工程师和 70 名律师的样本中，这个人是 30 名工程

师之一的可能性有多大，假设你被告知样本中有 70 名工程师和 30 名律师时会做出这样的判断。

贝叶斯定理的应用相当复杂，这个例子恰好可以说明它是如何运作的。如果在样本中有 70 名工程师的情况下，你估计简介中描述的人有 90% 的可能性是工程师；那么在样本中只有 30 名工程师的情况下，你应该认为这个人只有 65% 的可能性是工程师。显然，我们不能期望人们对贝叶斯定理有如此精确的认识，但希望人们能认识到，一个听起来像工程师的人，而他所在的群体有很多工程师，那么他成为工程师的可能性就会比他所在的群体工程师相对较少的人更大，这似乎也不算过分。

特沃斯基和卡尼曼的研究表明，人们在进行判断时常常忽略基础率，这可能导致误判。人们应该学会更好地运用贝叶斯定理来理解概率判断，从而在面对复杂信息时做出更合理、更精确的决策。正如我们不能仅仅依赖一个或两个情境下的观察来判断一个人是否具有某种特质，我们同样需要认识到，在大量数据面前，我们可能过于受到少量数据的影响，而对大量数据的信息价值不够重视。

贝叶斯定理和大数定律的理解在很多领域都有着重要的应用价值，比如心理学、经济学以及日常生活中的决策。通过认识和运用这些统计规律，我们可以提高我们的判断能力，避免过分依赖片面信息而导致错误的结论。总之，深入理解这些规律对我们认识世界、预测未来和做出合理决策具有重要意义。

当特沃斯基和卡尼曼只告诉人们基础率，并让他在没有其他信息的情况下预测职业时，人们当然只会依据基础率来进行判断。如果 100 人中有 70 人是律师，那么这个人是律师的概率就是 70%。但是，如果他们给人们一些大多数人认为与职业无关的信息（如 30 岁，已婚无子女，能力强，有上进心，深受同事喜爱），他们就会抛开基础率，认为这个人是律师或工程师的可能性是一样的！

特沃斯基和卡尼曼还有另一个我们的研究团队借鉴的优势，那就是一个非常优雅的概念，它可以让他们解释为什么会出现这些错误。我们在进行许多判断时，几乎完全依赖于"代表性启发式"。启发式是一种解决问题的经验法则。我们判断一个给定的案例（事件、物体、人）很可能属于一个给定的类别，只要该案例与该类别的原型相似即可。到目前为止，这没有什么问题。但是，如果我们还有其他信息，例如关于可能类别的基础率的信息，我们就应该考虑这些信息。有时候，基础率信息会压倒我们所掌握的有关案例的信息。当我们自己承认诊断信息很弱时，情况总是如此，就像我们在研究中对被试进行简短访谈一样，其目的就是不给他们提供信息。

同样，人们认为，男孩占比 60% 或更多的情况在样本数量为 45 和 15 时的可能性是一样的，因为对于大量样本来说，60% 这个数字和对于少量样本来说一样具有代表性。当我们只有一个诚实行为的例子时，我们认为一个人是诚实的，就像我们有 20 个诚实的行为例子一样，因为一个诚实的行为和 20 个诚实的行为一样能代表总体诚实。

李·罗斯和我的一项研究表明，代表性启发式的一个版本是如何影响我们对因果关系的判断的。顺势疗法是中世纪医学原理"象征学说"的现代残余。这一原理认为，通过给予类似疾病的物质可以恢复健康。这一原理来源于更大的原理，即宇宙的仁慈缔造者想给我们关于如何治愈疾病的线索。所以，黄色的东西对黄疸（使皮肤变黄）有好处；以呼吸功能强而闻名的狐狸，它的肺对呼吸道疾病有好处；"吃什么补什么"就是饮食对各种后果的一个例子。保罗·罗津（Paul Rozin）的研究已经证明，大学生认为吃野猪肉的部落成员比吃羊肉的部落成员更凶猛！

　　代表性启发式是如此强大，以至于导致人们会犯特沃斯基和卡尼曼所说的"联结错误"。他们请大学生被试阅读一段名叫琳达的年轻女子的简短描述，她看起来非常聪明和直言不讳。然后，他们问被试琳达更可能是：（1）一名银行出纳员，并积极参与女权运动；（2）一名银行出纳员。学生们选择了（1）。这是最基本的逻辑错误：一个具体事件不可能比包含它的更大事件更可能发生。之所以出现这种错误，是因为人们会通过运用代表性启发式来判断关于琳达的可能性：对于像琳达这样描述的人来说，女权主义银行出纳员是更有代表性的结果。你很快就会发现，琳达的示范对许多领域的学者都产生了深远影响。

◆　◆　◆

　　1980 年，我与李·罗斯合著的《人类推理：社会判断的策略与缺陷》一书出版，有关推理方面的研究成果在这本书进行了展示。此外，这本书还主要回顾了我和李·罗斯以及阿莫斯·特沃斯基和丹尼尔·卡尼曼关于人们如何推理和对世界（尤其是社会世界）进行判断的研究。书中写了关于人们使用的启发式方法，包括代表性启发式和各种类型的"图式"（如关于人的刻板印象），这些启发式简化并促进了我们对世界的理解，但也可能导致我们犯错。《人类推理：社会判断的策略与缺陷》记录了我们在统计上的一些失误，包括人们经常且往往是灾难性地无法理解大数定律的适用性、他们对基础率的忽视，以及他们未能完全理解回归概念，即在给定维度上的极端观察很可能在重新抽样时变得不那么极端。书中还记录了我们在评估事件之间的相关性时遇到的巨大困难，包括我们倾向于在合理的情况下看到不存在的相关性，以及在不太合理的情况下无法看到真正存在的相关性。

这本书描述了"确认偏差"的概念，即我们倾向于寻找支持某一理论的证据，而不去寻找反驳该理论的证据。书中记录了我们在分析事件原因方面的许多缺陷。这本书还展示了自我认知可能存在的诸多缺陷，并论证了我们无法观察我们的认知过程。这本书阐明了一个令我们感到很糟糕也是很危险的情况，即我们对存在严重错误的判断却极其自信。

在写这本书的过程中，我花了大量时间和李在一起，其中有几个星期我都躲在斯坦福大学旁边的帕洛阿尔托（Palo Alto）汽车旅馆里，利用与李谈话的间隙写作。我们都对撰写这本书充满了兴奋，双方的这次合作毫无摩擦。在我的记忆中，我们只有极少数的几次出现意见分歧，而且总是发生在我描述了一些在李看来是错误的东西，但之后他看到书报上有我说的内容后就释然了。我们各自写了一半的章节，交换修改后也没就以前版本进行过重大的更改，只是做了一些锦上添花的修正。

对我个人来说，与李一起工作无论在智力上还是在专业上都很重要。我非常了解李·罗斯夫妇及其家人，我们两家可谓至交。除了李的才华之外，我还发现他非常睿智。每当我在工作中或生活中遇到难题我都会请教李，他有一种"重构"的天赋——为问题提供一种解决之道，使我更好地理解问题，通常还能消除我的担忧和焦虑。不久前，我问李为什么他能够很好地解决人们的问题和社会冲突。他告诉我，这是因为他不会条件反射地用他试图帮助的人的方式去看待问题，而是想象其他行为人是如何看待问题的。"乔可能是这样看待这场冲突的。你可以这样做来改变他的看法。"

我和李合著的书面世几十年后，李和社会心理学家托马斯·吉洛维奇共同撰写了一本很棒的书——《房间里最明智的人：如何从社会心理学的最强大洞察中受益》（*The Wisest One in the Room: How You Can Benefit from Social*

Psychology's Most Powerful Insights ）。巧的是，我曾与托马斯合著过一本社会心理学教材，在这个过程中，我意识到他也是我所认识的最睿智、最仁慈的人之一。与他以及才华横溢、慷慨大方的达谢·凯尔特纳（Dacher Keltner）一起合著这本教材，是我一生中最宝贵的职业经历之一。在最近的版本中，我们三人又请才华横溢的塞雷娜·陈（Serena Chen）加入了我们。

在结束李的话题之前，我应该告诉大家，除了智慧之外，他在几个方面与我所认识的任何人都不同。先说说他的一个恶习：近年来，他话太多且不分场合。我自己从来不介意这一点，因为他在一个小时内能说出的观点命中率非常高，但我知道多年来他让很多人感到不自在。

除了他和我正在竞争我们认识的人中谁是最心不在焉的人之外，李的恶习仅此而已。大众关于教授的评价是对的。作为教授群体，我们是心不在焉的。我认为这是因为我们脑子里的想法挤掉了生活中的一些琐碎的细节，比如看医生或去托儿所接孩子。

除了他的恶习之外，李还有其他与众不同的地方。他在学术界以及与人交往方面都具有出色的洞察能力。他非常擅长观察人际关系，分析情况，从而找到最佳的解决方案。这种特质使他成为一位受人尊敬和敬佩的专业人士。

李的幽默感和为人善良也使得与他一起工作变得更加愉快。他总是能够用幽默来减轻紧张的气氛，使困难的问题变得容易应对。这种积极的心态对我们的研究和合作产生了积极的影响。

总的来说，与李·罗斯共事对我的个人成长、智力发展和职业生涯都产生了深远的影响。他不仅是一位才华横溢的学者，还是一位具有丰富人生智慧的朋友。我们的合作不仅丰富了我的知识体系，而且在很大程度上塑造了我对世界的看法。在这个过程中，我不仅学到了关于推理和判断的知识，还学会了如何处理各种生活中的问题，成为一个更好的人。这是我一生中最珍贵的经历之一。

我认识的人中大多不看电视或极少看电视，而李几乎天天要看数小时的电视，以看体育赛事为主，当然也包括其他内容。毫无疑问，李在看电视时会疯狂地思考。小时候，他常常玩弹球游戏；最近，他又玩上了电脑游戏。我无法想象他每个月在做这些事情上花费了多长时间。同样，我认为李做这些事只是为了更好地思考。李并不是特别爱看书，但他能够看到一本书的内容简介或听到关于它的大致介绍，就能直观地了解其中大部分内容。李最近向我承认，他一生的抱负是在不费多少工夫的情况下从思想上对世界产生智力影响。在这方面他成功了，但如果没有像我这样督促他写书，没有他极具才华的合作者马克·莱珀让研究项目得以继续，他可能不会取得成功。

托马斯·赫胥黎（Thomas Huxley）是 19 世纪查尔斯·达尔文（Charles Darwin）进化论的主要支持者，但他对智力超群的达尔文却对艺术和音乐兴趣不大感到困惑。李不完全是这样。他对艺术、建筑和音乐有一定的兴趣，只是没有太多的热情。就他对这些东西的关注程度而言，他对这些东西的品位非常高，我的意思是他不仅同意我的观点，更重要的是同意社会上最杰出的品位人士的观点。我无法理解的是，他拥有如此多的知识和洞察力，却没有多少兴趣去寻求体验。

李·罗斯夫妇结婚已有 50 多年，李养育了四个有才华的孩子，他们都是有趣的、脚踏实地的人，而且也都有了自己可爱的孩子。

THINKING
A memoir | 理性

与李·罗斯合著的《人类推理：社会判断的策略与缺陷》一书对认知心理学和社会心理学产生了深远的影响，同时也引起了一些经济学家的关注，他们开始担忧人们的判断到底有多理性。阿莫斯和丹尼尔开玩笑说，是我们的书让他们出名的。这听起来很有趣，但实际上情况正好相反。

特沃斯基和卡尼曼计划遵循了在 20 世纪 80 年代开始变得普遍的做法，在本书的其余部分将被称为卡尼曼和特沃斯基计划。按字母顺序排列反映了这样一个事实，即大约从那时起，卡尼曼开始被视为与特沃斯基平等的合作伙伴，而在此之前并非如此。

卡尼曼和特沃斯基的研究受到了众多心理学家和哲学家的猛烈抨击，而李·罗斯和我也成了其中一些抨击的附带目标。你可能觉得很奇怪，但在 20 世纪七八十年代，很多人都认为心理学家无权批评人们的判断，那是哲学家和神学家的事。心理学家僭取批评权被认为是自以为是，甚至是不道德的。许多心理学家和哲学家不仅试图证明，卡尼曼和特沃斯基所标榜的"启发式和偏见"的研究是不恰当的判断，而且还试图证明他们的规范理论在哲学或统计学上也是错误的，他们的描述性工作对人类推理的本质得出了错误的结论。以下是一些引用，可以传达批评的要点。

……我们的基本认识论原则和习惯，无论它们最终究竟是什么，都是好的原则，因为它们是智慧且仁慈的大自然母亲在选择材料和整体解剖结构的前提下赋予我们的……

普通人的推理，即没有接受过系统逻辑学或概率论教育的成年人的推理，不能被视为错误的编程，它符合自己的标准。

牛津哲学家 L.J. 科恩（L. J. Cohen）

人类所使用的推理规则，就像其他生物使用的推理规则一样，必须被认为是"鉴于其感知能力、认识需求和生活经历，它应该具备的规则"。

塔夫茨大学哲学家丹·丹尼特

人类所使用的推理规则，就像其他种类的有机体使用的推理规则一样，必须被假定为"鉴于其感知能力、认识需求和生物特征，它应该拥有的推理规则"。

哲学家唐纳德·戴维森（Donald Davidson）

唐纳德·戴维森在了解卡尼曼和特沃斯基的研究之前，已经做了更深入的研究。我们不仅必须假定人们是理性的，而且必须假定他们的信念是正确的。他说："无论我们喜欢与否，慈善是我们不得不接受的，如果我们想理解别人，就必须认为他们在大多数事情上都是对的。"

人们在推理时从不犯错吗？当然会犯错。但是，正如 L.J. 科恩所说："在所有这些情况下，都必须推断出某种信息处理机制的故障，并寻求其解释。"

科恩从哪里得到这样的想法，认为除非出现了认知故障，否则必须假定人们的思维过程是正确的？唐纳德·戴维森的导师、哲学家 W.V.O. 奎因（W.V.O.Quine）是其中一个来源，他主张如果我们要理解他人，就必须假设他们是理性的。他说："如果我们假设自己理解他人所说的话，我们就必须将自己熟悉的逻辑强加给他人，即我和你的不同逻辑是不能共存的。"

是这样的吗？我不能假设你可能有一个与我的逻辑系统不同的逻辑系统吗？谁说的？不同的逻辑不仅是"可以共存的"，它们是不争的事实。如果你和很多人一样，根据赌徒谬误来推理，认为如果抛硬币连续出现的是正面，那么下一次出现反面的可能性就会更大，那么我们就是在使用不同的逻辑，而你的错误并非小毛病。这是一个原则性的决定，你会通过引用对赌徒谬误的坚持来为自己辩护。

另一个假设人们的思维过程必须正确的来源是基于语言学中的能力／表现区分，即每个人都具有相当程度的、大致相等的语法能力。人们在说话时偶尔会犯错误，但这些错误并不常见，也不会让我们认为说话者缺乏基本的语法能力。的确如此，但我们为什么要因此认为推理过程足以胜任手头的任何任务，而且人与人之间的推理过程大致相同呢？推理不是语言。无论语言学中的能力／表现区分有什么优点，将其引入归纳推理中没有令人信服的理由。

莱达·科斯米德斯（Leda Cosmides）、约翰·托比（John Tooby）、格尔德·吉格伦泽（Gerd Gigerenzer）和史蒂文·平克（Steven Pinker）等进化心理学家批评说，进化怎么可能让我们不理性地思考概率问题。真的吗？认为进化一定会产生完美功能的论点本身就值得怀疑，例如人类的背部就是一个工程学缺陷，为什么进化让我们留下它呢？事实上，哲学家伊恩·哈金（Ian Hacking）已经证明，尽管至少追溯到圣经时代就已经有了关于偶然性和概率的粗略概念，但任何具有现代概率理解的人都可以在一周内赢得整个高卢①（Gaul）！

◆　◆　◆

反对"人可能是非理性的"这一观点的哲学论点，以及某种程度上的进化论论点，都依据以下三个假设。

- 假设一，归纳推理是人类共有的能力。外行人，或者至少是未经训练的普通人，都会以同样的方式处理卡尼曼和特沃斯基类型的问题。
- 假设二，必须假定这种普通人共有的能力是正确的。
- 假设三，教育只会使归纳推理变得更糟，因为进化已经确保了我们拥有规范、正确的推理程序。

实际上，对于丹尼尔和阿莫斯，以及李·罗斯和我所研究的许多类型的问题来说，的确存在几乎一致的能力，或者说是无能。几乎所有人都会犯错误，而且通常错误是相同的。我们都倾向于向人们提出一些我们自己也容易给出错误答案的问题，例如前面提及的医院问题。对于这些问题中的许多问题，我们没有证据证明我们的大学本科生被试能够提供正确的答案。

但是，如果给人们出一些难度较低的难题，情况会怎样呢？你会发现每个人都给出了同样错误的答案吗？

在与杰出的统计学家和心理学家戴维·克兰茨合作时，我的学生克里斯托

---

① 古罗马时期地名，地域涵盖今天西欧的法国、比利时、意大利北部、荷兰南部、瑞士西部和德国南部莱茵河西岸一带。——译者注

弗・杰普森（Christopher Jepson）和我向缺乏统计学培训的学生提供了一些依赖大数定律的最佳答案的问题。这些问题在难度上差别很大。

在某个极端情况下，在我们未接受统计学辅导的本科生被试中，有94%的被试能够解决这样一个问题，这个问题要求他们认识到，少量个人获得的证据必须被放在基于更大样本的证据之后：他们认识到，关于吸烟和肺癌的人口数据不能被一个人指出他认识的老年吸烟者没有患肺癌所反驳；这是一个太小的样本，不值得认真对待。

我们的一个问题指出了这样一个"悖论"，即在每个棒球赛季初期，总有一些击球手的平均命中率达到45%或更高，但从来没有人在整个赛季结束时其平均命中率能达到这么高。大约三分之一的学生意识到，尽管每个赛季初总有一些击球手的平均命中率达到45%左右，但没有人在赛季结束时保持这么高的平均水平，因为上场击球次数越少，就越有可能导致偏离正常的百分比。毕竟，在你第一次击球后，你的平均命中率要么是0，要么是100%。然而，三分之二的学生对棒球"悖论"给出的完全是因果解释："投手做出了必要的调整。""最高平均命中率的击球手开始松懈。"

另一个问题则非常棘手，且这一问题在现实生活中经常被个人和机构搞砸，一旦搞砸后果还是很严重的。一位人事经理需要在两名应聘者之间做出选择，其中一名应聘者在工作经历上有优势，而另一名在面试中的表现更胜一筹。实际上，在制造行业、军队系统、政府部门、医疗及教育领域的职位，30分钟的非结构化面试能够预测工作绩效的相关性仅为0.10或更低。这种程度的相关性只是微不足道地增加了选择两名应聘者中较优者的概率。

而工作经历、能力测试和推荐信等方式总是更有效，组合起来效果会更好，它们是基于大量不同情境下的行为样本。工作经历通常能提供足够的信息，以预测相对于 0.40~0.50 相关性的绩效水平。然而，只有 12% 的被试能够认识到，工作经历比面试提供了更多的证据，人事经理应该选择工作经历更好的应聘者。

在评估人们对样本量重要性认识的 15 个问题中，我们发现一些被试在回答大部分问题中提到了统计原理。另一个极端是，一些被试几乎没有提供纯粹的统计学解释。

当你观察被试对难度各异的问题的回答时，你会发现一些被试对困难问题有正确的统计理解，而另一些被试即使在简单问题上也没有统计理解，可见统计能力并不是单一的；相反，一些被试相当有能力，而另一些被试则相当无能。归纳推理的"非专业能力"并不存在，正如非专业网球能力并不存在一样。

此外，偏爱我喜欢的答案的那些被试碰巧更聪明。我们将对一组问题中统计答案的偏好程度与 SAT 考试[①]中的语言加数学成绩进行了相关性分析。SAT 成绩与标准测试评估的智商高度相关。我们发现在识别样本量重要性的倾向和总 SAT 得分之间存在中等强度的关系，相关性约为 0.50。

当遵守大数定律的含义在各个方面都存在很大差异时，很难说人们在应用大数定律方面具有相同的能力。当忽略这一定律的倾向在较不聪明的人群中比在较聪明的人群中更普遍时，也很难争辩说忽略这一定律是规范上正确的事情。那么，应该把未经训练的直觉而非受过教育的直觉视为规范上正确的断言又有什么意义呢？为什么说未经训练的物理直觉比受过训练的直觉更有意义呢？或者说，未经训练的逻辑原则会被正规的逻辑训练所侵蚀？

---

① 是美国高中毕业生学术能力水平考试，SAT 成绩在申请美国大部分大学时都是必须提供的。——译者注

如果不能简单地断言人们的推理是合理的，那么应该认为哪种推理是合理的呢？什么时候你才有理由说某人的推理是不合理的？于是我就这一问题与密歇根大学迪尔伯恩（Dearborn）分校的一位名叫保罗·塔加德的哲学家朋友讨论，他现在已经是非常杰出和著名的哲学家了。我们为《科学哲学》（*Philosophy of Science*）写了一篇名为《理性与慈善》（*Rationality and Charity*）的文章，我们认为，如果你能对违反推理规范标准时所做的事情进行经验上的合理解释，那么判断人们有可能是不合理的是合适的。我们还指出，如果你要断言人们在定义上是理性的，那么你将不得不反对任何试图改善人们推理的尝试。

我和我的哲学家朋友斯蒂芬·斯蒂奇一起写过一篇论文，针对 20 世纪最著名的试图解决归纳问题的尝试进行了批判。纳尔逊·古德曼（Nelson Goodman）认为，如果我们使用的规则能产生我们认可的推理，并且我们实际做出的推理与规则一致，那么支配归纳推理的规则就是合理的。"如果一条规则产生了我们不愿接受的推理，就需要修正这一规则；如果一个推理违反了我们不愿修正的规则，那么它就会被否定"。我们渴望达到的状态就是达到这种"反思性平衡"。史蒂夫 ① 和我争辩说"这行不通"，因为我们所有人都有一些从根本上是错误的但有意识地坚持的规则，这些规则注定会产生错误的推理。推理与规则一致，但规则仍然是错误的。按照纳尔逊·古德曼的反思性平衡原理，赌场里轮盘赌的玩家认为的"因为最近黑色出现次数太多了，所以红色比黑色更有可能出现"是合理的，那他就大错特错了。只有当产生推论的规则得到我们公认的有关推论专家的认可时，我们所做的推论才是合理的。这就在归纳问题中引入了社会因素。归纳推理只有在正确的人说它们是正确的时候才是

---

① 斯蒂芬·斯蒂奇的昵称。——译者注

正确的。

史蒂夫后来成为一位杰出的哲学家，他在认识论和道德哲学方面做出了重要贡献。他的工作越来越多地受到他自己的实证研究的启发，他将其称为"实验哲学"。对于什么是知识或什么是道德行为等问题，哲学家习惯于说出"我们的直觉是什么"，史蒂夫对此提出了挑战。对于这样的说法，史蒂夫说："你说的'我们'是什么意思？"他通过实证研究表明，不同文化和不同社会阶层的人们对这些问题有着截然不同的直觉，对他们提出的各种不同版本的问题的回应也不尽相同。尽管许多哲学家试图忽略这些结果的影响，但很难想象心理学家会接受他们的理由。如果中国人和欧洲人对什么是知识或道德行为有着系统性的不同直觉，那么这就构成了一个严重的问题。继续谈论"我们"似乎是荒谬的，因为这样的"我们"几乎将除了受过哲学训练的、中产阶级和上中产阶级的西方人之外的所有人都排除在外。

这些发现强调了人们在归纳推理过程中的差异，并提醒我们在评估他人推理过程的合理性时要更加审慎。理性和非理性之间的界限并非始终清晰，而且可能受到文化、教育和个体差异等因素的影响。因此，在研究归纳推理和试图改进人类推理能力时，我们需要更多地关注这些差异以及推理规则的有效性。此外，我们还应认识到哲学和心理学研究可以相互补充和启发，以更好地理解人类推理过程中的复杂性和多样性。

◆　◆　◆

一直以来，人们都认为人类可以有非理性的信念和行为，但大多数心理学家，可能还有大多数普通人都认为，除非情感干扰了理智的思考，否则人类通常是理性的。然而，启发式思维和偏见运动迫使人们普遍接受这样一种观点，即我们的推理过程在某些方面存在严重缺陷。情感并非必须介入到我们的思考中才会搞砸它，我们的思考已经足够混乱了，无须情感参与。我相信这种观点现在在心理学界几乎是普遍的，但这种变化并非一蹴而就。

哲学家也持有与心理学家相同的理性假设观点：除非被激情冲昏了头脑，否则就是理性的。然而，当卡尼曼和特沃斯基提出代表性启发式理论中的联结效应时，大多数哲学家最终放弃了这一假设。如果人们相信某个事件比它所属的更大的事件集更有可能发生，那么他们就不是完全理性的。据我所知，现在你很难找到还坚持认为人类推理过程完全理性的哲学家了。

但还有一类学者最初以积极的宗教态度持有理性观点，他们就是经济学家。成本收益理论是经济学家关于人们如何做出选择的基本假设。选择是理性地评估所有可能行动的成本和收益，然后选择具有净收益（收益减去成本）最大的行动。我不知道有多少经济学家读过像卡尼曼、特沃斯基、李·罗斯和我这样地专注于心理学研究的著述。我猜想，少数读过的经济学家已经预感到理性假设即将崩溃。即便如此，所有的经济学家都不得不面对卡尼曼和特沃斯基的前景理论，该理论基本上将纯粹的成本收益理论打入了冷宫。他们以前景理论为名进行的研究清楚地表明，我们的选择行为和我们的推理一样存在着许多缺陷。

微观经济理论认为，人们试图使其选择的最终结果最大化。前景理论则表明，人们试图从现状中优化变化，不是"如果我做出这个选择，我的生活会有多好"而是"如果我做出这个选择，我的生活会比现在好（或差）多少"。前景理论还表明，微观经济学家认为人们会规避风险的假设只适用于人们权衡收益的情况，如"一鸟在手胜过两鸟在林"。然而，当人们考虑损失时，他们可能更倾向一种可能导致大量损失但有一线希望不会有任何损失的选择，而不是保证会有适度损失的选择。换句话说，在有潜在损失的情况下，人们会寻求风险，如"孤注一掷""一不做二不休"。最后，选择受其发生的环境和为其设定选择的方式的巨大影响。一个特定的选择如果被描述为可能会获利，那么人们就会谨慎从事；一个逻辑上相同的选择如果被描述为可能会有损失，那么人们就会冒风险。一个被告知有 90% 存活率的新疗法和一个有 10% 死亡率的新疗法，医生更有可能支持前者。在这样的结果面前，理性选择的假设不攻自破。用哲学的术语来说，人们的选择行为是不连贯的。

前景理论一问世，我就清楚地意识到，微观经济学，包括其对理性的强烈坚持，已经被彻底改变了。我问阿莫斯，经济学家的反应如何？他的回答是："大多数人不相信，或者试图淡化前景理论的重要性。学界高层的反应是'做这些事情已经够难了，还得担心你所指出的那些问题'。"时至今日，经济学家中仍有不信者。有人告诉我，许多经济学家把这项工作获得诺贝尔奖视为他们俩的羞辱（不过这只是对丹尼尔的羞辱，阿莫斯早在几年前就去世了）。

THINKING
A memoir | **归纳法**

　　要培养人们的统计直觉有多容易？或许你无法教给人们抽象而高度概括的规则，以至于无法要求他们解释日常生活中的事件。在整个 20 世纪，大多数心理学家都是这么认为的。如果是这样的话，或许最好让人们凭直觉行事。或者，或许你可以教会人们凭借直觉，但不能指望他们正确地使用它们。我曾经的辩论老对手、未来的法学巨星劳伦斯·特赖布教授发表了一篇题为《数学审判》（*Trial by Mathematics*）的著名文章，文章中他提到了许多陪审员被虚假概率推理所迷惑的例子。这些例子促使他主张，在法庭上不应该允许对证据进行统计处理，因为概率和统计原则是如此陌生和复杂。

　　但概率论和统计学原理也许并不那么抽象和陌生，以至于它们无法被教授（而教授它们就能让它们经常被正确应用）。为了弄清人们是否能够学会使用这些原则来推理，达林·雷曼（Darrin Lehman）和我设计了一套日常生活问题，如击球平均值问题（赛季初期非常高的击球平均值比赛季后期要常见得多）和人事经理问题（工作经历相比面试表现而言是绩效的更好预测因素）。

　　这套问题需要应用大数定律和其他规则，包括统计回归原则。统计回归原则认为，对于有部分偶然成分的维度，其极端值在重新测量时可能没那么极端。例如，其中有这样一个问题："为什么某个美食家在一家新餐馆用餐时，如果这家餐馆向他强烈推荐的菜品并让他吃得非常满意，再来该餐馆用餐时，他就会发现多少会有些失望？"假设餐馆的菜品呈钟形曲线正态分布，那么热卖的菜品相对较少，而中等的菜品则要常见得多。实际上，在一家餐馆吃到美味菜品是侥幸的，除非你去的是一家知名餐馆。总体而言，当你再次品尝曾经觉得非常可口的菜品时，你可能会感到失望；但当你再次品尝曾经觉得非常糟糕的菜品时，可能发现并没有那么糟糕，进而你会感到惊喜。就像无论你吃了什么感冒药，都可能觉得有效，因为你开始服药时已经病倒了，而你不管怎样都会好起来的。

这套问题还包括基础率问题以及各种检验应用科学推理概念的能力的问题，如对照组问题、日常问题。例如，一位美国中西部大城市的市长解雇了他的警察局长，因为在他执政的两年里，犯罪率增长了15%。要正确分析解雇是否合理，就必须认识到，在解雇警察局长之前，应该将其他中西部大城市作为"对照组"的犯罪率来进行检查。如果其他中西部城市犯罪率也出现了类似的增长，那么仅基于犯罪率的变化并不足以证明市长解雇警察局长是合理的。

我们将这套问题发给密歇根大学的一年级学生，并且等他们四年级结束时再发一次。当时，学术界对大学中批判性思维能力提升不明显颇有微词，这种担忧一直持续至今。此外，心理学领域有一种强大的传统观点，即基于学生基础极其薄弱的情况去教授高度抽象、高度概括的原则，比如逻辑原则，不会对人们的推理过程产生影响。

因为我们并不确定传统观点是否正确，所以当我们发现自己的这套问题在自然科学和人文科学专业学生中的归纳推理能力有了25%的提高时，我们感到非常惊讶。对于社会科学和心理学专业的学生来说，几乎所有的学生都接受了统计学和科学方法论应用于社会和心理问题的指导，他们的能力提高了65%！可以毫不夸张地说，他们的归纳推理能力发生了根本性的变化。

为了试试运气，达林·雷曼和我连同法学教授理查德·莱姆珀特（Richard Lempert）一起，为密歇根大学心理学、医学、法学和化学等专业的研究生提供了一套基本相同的问题，并在他们的第二年结束时再次提供了这些问题。令人惊讶的是，我们发现心理学专业的研究生在运用统计学和方法论原则解决问题的能力提高了70%，这还不包括他们本科时已经获得的提高。

医学专业的学生同样提高了约25%。这一提高让我们感到惊讶。直到我们听了几堂医学院的课，才知道使用这些医学生经常不断地讨论概率、基础率以及对照组的必要性。从一位教授医学决策课程的教师那里，我学到了一个需要注意基础率的有趣的警示语："当你听到马蹄声时，要想到马，而不是斑马。"

法学以及化学专业的学生在运用统计学和方法论原则解决日常生活事件的能力并没有提高。这是为什么呢？因为他们所上的课程内容没有涉及这些主题。

我与戴维·克兰茨以及杰弗里·方（Geoffrey Fong）的合作研究表明，我们可以在实验室环境下通过简短的培训来教授人们统计原则。我们发现，在一个领域教授如何应用统计规则可以转化到其他领域。事实上，在某一特定领域（如体育）的教学有时与在另一个领域（如个性特征评估）中所产生的提升效果几乎相当。这种改进足够广泛，以至于人们在完全不同于实验室环境的电话调查中，针对各种现实世界的问题（如公共政策），也更有可能给出良好的统计答案。

当你教授人们如何将统计原则应用于日常事件时，他们不会试图为自己给出的答案的原则进行辩护。他们会欣然接受所提供的原则，并理解它们的合理性和力量。哲学家 L. J. 科恩、唐纳德·戴维森和丹·丹尼特以及许多进化心理学家为我们认为错误的问题的答案辩护，因为这些问题与某些统计学或概率原则相抵触。我们关于教授这些原则的工作表明，这些学者就像一名律师为已经向法庭求助的被告辩护一样。

◆　◆　◆

我相信，我的教学推翻了大多数心理学家认为无法教授抽象推理规则的观念。一个典型的观点是艾伦·纽厄尔（Alan Newell）所持的："现代的观点认为，学到的解决问题的技能通常与任务本身具有特异性。"这是 20 世纪大部分时间里认知和发展心理学家们的普遍立场，你几乎无法想象这种观点的基础是多么薄弱。在我们的团队研究这个问题之前，从未有人真正验证过是否存在可以教授的高度普遍且抽象的推理规则这一假设。顺便提一下，你可以纯粹抽象地教授这些规则，也可以仅使用具体示例教授它们，让人们自己归纳出这些原则。当然，这两种方法相结合的教学效果要优于单独使用其中任何一种。

伟大的发展心理学家让·皮亚杰确信人们拥有抽象的解决问题的规则，但他认为这些规则仅限于所谓的"形式运算"，这些操作基本上与逻辑规则相同，并且用于评估概率的"图式"。但他在没有任何证据支持的情况下声称，抽象规则只能从日常经验中归纳获得，而无法被教授。此外，与某些哲学家的思考一致，让·皮亚杰认为所有成年人都具有与形式运算和概率图式相一致的推理能力。

我们的研究表明，推理原则可以轻松传授给学生，并且事实上每天都在大学里取得了巨大成功，甚至可能在中学甚至小学也有所教授，这包括逻辑规则。我们发现，自然科学和人文专业的学生在符合所谓条件逻辑（如果 p，则

q；p 成立，因此 q 成立，以及它的补充，如果 p，则 q；q 不成立，因此 p 不成立）的推理能力方面有相当大的提高。可惜的是，行为和社会科学专业的本科生在这种逻辑推理方面的收获微乎其微。至于原因，我也不清楚。

在我的学生里克·拉里克（Rick Larrick）和杰出的经济学家詹姆斯·摩根（James Morgan）的协助下，我创建了一个研究项目，旨在提高人们的选择推理能力。我们教授了基本的成本收益理论，包括该理论的两个极为重要的推论。

一个推论是沉没成本原则。你永远不应该为了挽回或证明已经付出的成本而去做任何事情。在研究生阶段，我就曾愚蠢地试图通过进行更多的分析和类似的研究来证明一项未能取得成果的研究，这使我更容易理解这个概念。这些分析和额外的研究基本上与最初没有任何收获的研究类型相似。经济学家本可以阻止我的这种行为，只要问我一个问题："你是因为内在的兴趣和可能的价值而进行额外的工作，还是因为你想弥补已经完成的工作的成本？"如果我不能说这项工作是我所做的最有价值的事情，那么我就必须放弃它。

经济学家恪守避免沉没成本陷阱的原则。他们不会光顾口碑很差的餐厅，也不会看无聊的电影。他们会说："我为什么要待在电影院里？那意味着我要付两次钱，一次是票钱，另一次是乏味电影的票钱。"我发现，人们只需付出一点努力就能真正理解沉没成本原则。一旦他们理解了，他们的生活将会变得更美好，至少这是我多年的见证中得知的。

成本收益理论的第二个推论具有极大的通用性和力量，那就是机会成本原则。如果有另一件对你来说更有价值、成本几乎不会增加的事情可以做，那么你就不应该去做之前那件事。如果通过一点广告就可能找到更合适的人选，那就不要雇用一个只是适度胜任某个职位的人。如果你可以在别处以适中的价格租到办公室，并通过出租自己拥有的那个办公室赚更多的钱，那么你就不应该使用自己拥有的建筑物中的办公室。

再次强调，经济学家与我们大多数人有很大不同。他们不会亲自洗车或者修剪草坪。一位英国经济学家曾告诉我："永远不要去做你雇个小孩就可以去做的事情。"你应该拥有一辆车吗？搭公交或打车的费用非常高，而自己开车似乎更好，感觉像是免费的。但实际上，这并不是免费的，购车费、汽油费、维修费、停车费、保养费、保险等都是成本。也许是因为优步（Uber）及其竞争对手的存在，许多年轻人已经意识到了这些机会成本，因此他们不再拥有汽车。

遗憾的是，教育工作者只做到了我所研究的规则中的一小部分。他们很少尝试展示他们所教授的形式原则与日常生活的相关性。我相信，如果能像我们的研究团队一样，通过一点努力教授学生如何对日常生活事件进行编码，使之与形式规则相联系，将会带来巨大的回报。老师们，请不要说因为你们需要去学习统计学、经济学或科学方法等而没有时间思考日常问题。我认为，思考日常问题是教授这些规则的好方法，比讨论关于智商测试和农田的枯燥问题要好得多。我相信，只需稍加努力，就可以教授统计学、科学方法论和微观经济学的规则。最近，我撰写了《逻辑思维：拥有智慧思考的工具》一书，并创建了一个简短且免费的在线课程，名为"逻辑思维：信息时代的批判性思维"（Mindware：Critical Thinking for the Information Age，https://www.coursera.org/learn/mindware）。

◆　◆　◆

让人们尝试解决简单的大数定律问题，是我发现自己对哲学中"归纳问题"所做贡献的关键。正如大卫·休谟所说："为什么我们总是有理由假设'我们没有经验的实例类似于我们有经验的实例'呢？"或者，正如约翰·斯图尔特·密尔所说："为什么在某些情况下，一个实例就足以进行完整的归纳，而在另一些情况下，无数个并存的实例，没有一个已知或假定的例外，对建立一个普遍命题却作用甚微呢？"

我开始与哲学家保罗·塔加德讨论归纳法问题。保罗和我意识到，日常归纳法的一个关键原则是大数定律的一个复杂版本，大多数成年人在某种程度上都能理解这一点：为了证明关于特定类型事件的概括，所需实例数量是一个关于该类型事件的预期可变性的函数。与兹瓦·昆达、戴维·克兰茨和克里斯托弗·杰普森一起，我向本科生展示了一些思想实验。针对这项研究，保罗和我发表于《哲学研究》的论文中有以下描述：

假设一下，你正在探索一座新发现的岛屿。你在岛上遇到了一种新物种鸟，你把这种鸟叫作 shreeble，你遇到的三只 shreeble 都是蓝色的。你对"所有的 shreeble 都是蓝色的"这个概括把握性有多大？现在将这种情况与你发现了一种新金属 floridium 的情况进行比较。你对金属 floridium 进行了三次加热，floridium 每次被加热时都会产生蓝色的火焰。你对"所有金属 floridium 加热都燃烧出蓝色火焰"这个概括更有信心，还是你对"所有的 shreeble 都是蓝色的"这个概括更有自信？现在考虑第三种情况。你观察到，三只 shreeble 都使用猴面包树叶子作为筑巢材料，那么你对"所有 shreeble 都使用猴面包树叶子作为筑巢材料"的概括又有多大信心呢？大多数人对金属 floridium 的概括比对 shreeble 概括的两种情况都更有信心，并且对"所有 shreeble 都使用猴面包树叶子作为筑巢材料"的概括的信心要比 shreeble 都是蓝色的更高。

这些例子说明，我们对归纳概括的信心受到事件类型所预期的可变性的影响。在 floridium 金属的例子中，人们倾向于认为所有 floridium 金属都具有相似的特性，因此较少的实例就足以让我们对概括产生信心。而对于 shreeble 鸟的颜色，鸟类的颜色变化较大，所以人们需要更多的实例来确信概括是正确的。另一方面，当涉及 shreeble 鸟使用猴面包树叶子作为筑巢材料时，我们的信心增加了。这可能是因为，在这个特定的背景下，我们认为猴面包树叶子的可用性和 shreeble 鸟对筑巢材料的选择更具有一致性。

这些发现揭示了我们如何根据不同事件的预期可变性来评估归纳概括。这对于在日常生活中进行决策和解决问题具有实际意义，因为我们需要对不同情境下的概括进行评估。通过了解这些原则，我们可以更好地理解归纳推理的过程，并更有效地运用这些思维技巧来指导我们的行为。

我们的研究团队发现，本科生与专业领域的哲学家和统计学家有着相同的直觉，事实上，人们经常自发地用大数定律及其可变性来解释他们的推论。即使只知道其中一个 floridium 金属样本的燃烧产生蓝色火焰，人们也敢确定所有 floridium 金属燃烧时都会产生蓝色火焰，因为金属是一种具有典型不变性的物质。然而，即使人们已经看到了 20 只蓝色的 shreeble 鸟，他们也不敢确定所有的 shreeble 鸟都是蓝色的，因为鸟类这一生物在羽毛颜色上可能会有所不同。人们看到的蓝色的 shreeble 鸟越多，他们对蓝色 shreeble 鸟所占比例的估计就越高，但他们仍没有十足的信心敢断言所有 shreeble 鸟都是蓝色的。这并没有解决归纳问题的所有谜团，但它确实在一定程度上为大卫·休谟和约翰·斯图尔特·密尔最关心的问题找到了一个解决方案。

这项工作使我意识到，归纳规则的教授比原来以为的更加容易，因为许多最重要的归纳原则已经在某些领域中以某种程度得到了理解。教授这些规则往往仅需要将人们的直观理解扩展到更广泛的范围，关键在于教会人们如何使用形式规则来对各种各样的事件进行编码。

◆ ◆ ◆

我对归纳法所涉及的推理、预测和学习等各个方面都很感兴趣。在 20 世纪 80 年代初，保罗·塔加德和我开始组建了一个对归纳法感兴趣的小组，小组成员中就包括计算机科学家约翰·霍兰和心理学家基思·霍利约克。

在任何社交场合或工作环境中，约翰·霍兰都是令人愉快的人。他总是那么和蔼可亲、性格开朗、好奇心强，而且随时乐于与人进行深入的交谈。他擅长在讨论中发现有价值的东西，或者在讨论的每一个想法中假装找到其价值。他可谓密歇根大学美德的化身。他合群、彬彬有礼、善良、善于互动，而且对他人的工作鼎力相助。我从他那里学到了一些非常有用的东西。当有人表达了他不认同的观点时，他回应时会这么说："查尔斯的想法非常好，这有助于我们找到正确方向。我只想在他的建议上补充一点。"然后，约翰会拆解这个想法，并提出一些截然不同的建议。最坏的结果不过是，与他意见相左的人对他的赞美表示感谢；最好的结果则是，这个人会转而支持约翰的立场。

基思·霍利约克拥有令人惊叹的头脑。我从没见过有谁能更快地领悟一个观点，或对心理学中的观点做出更明智的判断。我很快发现，如果基思认为一个想法值得考虑，那么我也应该去考虑。他现在是心理学界最负盛名的期刊《心理学评论》的编辑。我想不出有谁比他更适合担任这个角色。顺便说一下，基思的阅读速度惊人。我曾见过他短短几分钟就翻阅完一篇文章，而我阅读这篇文章并达到相同理解程度可能需要花一个小时。

虽然我们四个人有着明显相同的兴趣和一些相同的偏见，但我们在归纳问题上的立场却大相径庭。我们决定共同撰写一本书，将我们的观点整合起来，希望能形成一个归纳过程的总体理论。我们试图以约翰的机器学习的观点作为书的框架架构。这些观点曾为我和霍利约克的论证奠定基础，即几个非常简单的归纳规则可以解释行为主义理论无法解释的动物学习的某些方面。

　　然而，约翰的观点还不足以创建一个通用的归纳理论，或者说，我们这些作者还无法达到创建一个通用的归纳理论的目标。我们在书中谈到了一些有趣的观点，并在人工智能、心理学和哲学刊物上得到了好评。几十年后，我问我的认知科学家朋友爱德华·史密斯，从他的视角看归纳法的影响如何。他说："假如谁对归纳法感兴趣，那他就应该读你写的这本书！"这正是我所担心的。但说真的，如果你对归纳法感兴趣，那么你确实应该读一读这本书。

THINKING
A memoir

│ 天才

伟大的统计学家佩尔西·戴康尼斯（Persi Diaconis）这样评价阿莫斯·特沃斯基："他身上闪耀着光芒。"我当然也有同感。阿莫斯因在密歇根大学工作过很长一段时间，所以我有幸能与阿莫斯共度许多时光。当他在斯坦福大学安顿下来，我就有两个非常好的理由（另一个是因为李·罗斯）去斯坦福大学拜访他。当李和我在斯坦福写书的时候，我每次都会在帕洛阿尔托待上几周的时间。

一想到要和阿莫斯见面我就很期待，这有点像我要去看一部我预期会很精彩的电影时可能会有的那种兴奋，和他在一起是一件非常开心的事情。当我们的谈话变得比较学术的时候，谈话的结果往往会让人感到兴奋。和李·罗斯一样，阿莫斯会先接受我提出的任何想法并加以思考。不管最后的谈话结果是对之前的想法予以重新构思和扩展，还是决定放弃，和阿莫斯交谈总是大有裨益。阿莫斯和李一样，对于什么是好的想法有着自己非常独特的品位，但阿莫斯对一个想法是否靠谱或者值得继续探讨的眼光要比李稍高一些。

认识阿莫斯的人都认为他是自己认识的人中最聪明的。迈克尔·刘易斯（Michael Lewis）在他所著的有关阿莫斯和丹尼尔的传记中讲述了阿莫斯这样一段经历：

有一次，阿莫斯参加了一个由物理学家举办的聚会，以庆祝他们中的一位获得物理学界中仅次于诺贝尔奖的大奖——沃尔夫奖（Wolf Prize）。聚会中，那位获奖者整晚都在与阿莫斯交谈。宴会结束后，获奖者向其他人询问这位与他交谈甚欢的物理学家叫什么名字。"他不是物理学家，他是一位心理学家。""不可能！他是这里最聪明的物理学家。"

我曾开过一个有关阿莫斯的笑话，那就是"见到了阿莫斯，你就可以知道你自己的智商怎么样"。你越聪明，你就越快意识到他比你更聪明；只有笨得可以的人才可能永远没有办法发现这一点！阿瑟·柯南·道尔说过："平庸的人不了解比自己更高明的存在，而天才却能一眼就识别出天才。"我想，一名平庸的网球运动员是没有办法分辨出他到底是在和一名未来的世界冠军同场竞技还是在和一位很优秀的大学生球员比赛。

阿莫斯曾对我说他浪费了很多时间，但是他似乎并不后悔，反倒觉得这是个不错的方法。迈克尔·刘易斯引用阿莫斯的话说："做好研究的秘诀是始终保持一点不务正业。"这句话的意思是说，如果你总是忙忙碌碌，你就没有时间去思考，而这些思考有时候会以某种有趣的方式偏离你本来的工作。阿莫斯的这个治学方法是我能给学生最好的建议了。我都快40岁了，我大部分的时间都没有用来做什么特别的事情，只是找个人一起喝杯咖啡，或者以一种慵懒的、漫无目的的方式阅读《时代》（Time）杂志。有时候，我会发现自己在阅读一篇我根本不感兴趣的文章或者悠闲地看着广告。但是这一切都在20世纪80年代的某个时候戛然而止。我曾经和鲍勃·扎荣茨谈起发生在自己身上的这个变化，并跟他说其他学者似乎在同一时间也比以前更忙、更加专注了。鲍勃说："是女人导致的。""你说什么？""没错，现在系里有很多女教师，她们给我们这些人树立了一个相当糟糕的样板。她们不知道自己到底要多努力才能成功，所以她们就拼命地工作。"如果你周围的人上楼一次迈两级楼梯，并抱怨他们有多辛苦，你自己也会开始更努力地工作了。这样做的代价是很大的，因为只有在你放松的时候你才能想出一些好点子。

不过，我不得不承认，我并不会用"因为勤奋女性的缘故导致我在中年变成工作狂的"这一解释。就在一大批女性进入学术界的时候，我的孩子也出生了。孩子对于我来说，正如马克·吐温所描述的那样，是"无法估量的幸福和烦恼"。我花了很多时间来照顾我的孩子，以至于我不得不只能用剩余时间来做工作上的事情。

阿莫斯不仅仅是在学术上才华横溢，而且在处理日常生活的问题上也有着令人惊叹的智慧。当他 59 岁因黑色素瘤病逝后，他所在的院系随即陷入瘫痪。因为一直以来系里的教职们唯一的决策依据就是"阿莫斯怎么想""他觉得我们应该聘用谁呢""我们该如何处理研究生的生活补助问题呢"。迈克尔·刘易斯就有过这样的描述：

达美航空（Delta Airlines）曾经找过阿莫斯，请他帮忙解决一个相当严重的问题。该航空公司的飞机经常发生一些"准事故"，比如说降落在错误的机场。阿莫斯很快认识到，问题的症结在于机长们都是不容批评的独裁者。阿莫斯告诉达美航空的官员，解决的方法就是要改变驾驶舱文化，一定要让驾驶舱里的其他人在必要的时候能够质疑机长的决定。问题就这么完美解决了。

你可能从刘易斯所著的传记中得到这样的印象，即阿莫斯对生活的态度是随心所欲的，只做自己喜欢的事。但事实上，阿莫斯是极其认真负责的。他是一位出色的、细心的研究生导师，每一个他应该参加的会议他都不会缺席。李·罗斯在写给我的信中修正了刘易斯对阿莫斯的描述："在履行自己的职责方面他绝对一丝不苟，他只是从不承担那些只要说一个'不'字就可以回避的责任。"阿莫斯曾告诉我，你千万不要当场就答应下来，如果等到第二天再答复，你会惊奇地发现自己竟能想出好多拒绝的理由！"

刘易斯还写道，阿莫斯和丹尼尔在办公室里一起工作时总是笑声不断。阿莫斯是个很风趣的人，我自己在他身边时也经常笑个不停。我曾经为一本哲学杂志写过一篇从未发表过的论文，论证归纳推理的规范性标准应当来自哲学、统计学和心理学领域内这方面的专家。在论文某处我引用了一篇自己写的论文，阿莫斯看到后打趣我说，你这是把自己说成是"权威中的权威"。

阿莫斯的幽默感无处不在。他是许多聚会的焦点所在，他也乐此不疲。有一次，我和他在休斯敦的吉利小酒馆（Gilley's honky-tonk）喝酒，约翰·特拉沃尔塔（John Travolta）主演的《都市牛仔》（*Urban Cowboy*）就是在那里拍摄的。酒馆里有一头叫作埃尔·托罗（El Toro）的机械公牛，客人可以把它设定为自己能够承受的摇摆程度，然后骑上它。当时阿莫斯真的骑了上去，直至被甩了出去。我自己也打算骑上它，只不过我当时穿了件新西服而作罢。

刘易斯写的阿莫斯和丹尼尔的传记，用了大量篇幅展现了阿莫斯和丹尼尔的截然不同之处。阿莫斯才华横溢，相比之下，丹尼尔则做事慢条斯理；阿莫斯是个乐观派，而丹尼尔则相对悲观一些；阿莫斯很有幽默感，而丹尼尔则是"富有哲理思想的导演伍迪·艾伦（Woody Allen），只是没有幽默感"；阿莫斯是自信的化身，而丹尼尔则对自己的成就和能力充满了怀疑。我相信，对丹尼尔的这些描述至少一部分是有道理的。阿莫斯曾告诉过我，与丹尼尔一起做项目的时候，他可能会在项目几乎已经快要完成时开始挑剔项目中的一些问题，然后不停地纠结，直到最后整个项目变得支离破碎。

丹尼尔喜怒无常，所以在他身边也可能不会那么愉快。尽管如此，这些年我和丹尼尔相处得还是很愉快的。说他像伍迪·艾伦还是不太准确，他可能会表现得阴郁和悲观，但他也可以是一个段子手和畅聊的对象。如果丹尼尔觉得对话很有意义的话，他会露出那种充满期待、近乎小精灵般的笑容。你不必是阿莫斯，也可以在丹尼尔的陪伴下开怀大笑。

◆　◆　◆

丹尼尔不得不面对人们总是拿他跟阿莫斯进行比较的境况。在我看来，阿莫斯几乎从未在任何事情上犯过错。无论什么事情，每当我发现自己和阿莫斯的意见相左时，我就会隐约有一种不好的感觉，觉得需要改变想法的那个人一定会是我。反观丹尼尔，他和这个世界上的其他人一样，是会犯错的。当然，我不认为一贯正确是一种美德。如果你在探索一些非主流的想法时走得太远，这些想法很有可能就会半途夭折。更何况，不稳定的性情偶尔也会让一个人贸然得出一些荒谬的结论，但是这样的性情也可以不断地刺激你去思考。不过呢，我越是了解阿莫斯和丹尼尔，我就越觉得如果没有丹尼尔，阿莫斯有可能成为世界上最伟大的数理心理学家。一般而言，阿莫斯的严谨和精明与丹尼尔丰富而古怪的思维相得益彰，从而产生了比任何一方单独所能取得的都要好得多的成果，阿莫斯本人对此似乎也深信不疑。当人们明确表示，他们认为阿莫斯是个天才，而丹尼尔只是他一个很有才华的助手的时候，阿莫斯会告诉他们，他们完全搞错了。

在我的整个职业生涯中，我最欣赏的学术论文之一就是阿莫斯关于相似性的论文。椭圆像圆吗？差不多吧。但圆像椭圆吗？不太像。这种不对称性直到特沃斯基–卡尼曼合作事业巅峰期，阿莫斯发表了一篇题为《相似性的特征》①（*Features of Similarity*）的论文后才得以阐释。当我们判断相似性时，通常会把一个更大、更重要、更突出的事物当作参照物。某事物可以与参照物相似，但该参照物与它所比较的任何事物的相似度都会降低。如果 A 与 B 相似，B 与 C 相似，那么 A 和 C 就不可能完全不同，这不是很明显吗？这两个以及很多其他（相似性方面的）悖论在阿莫斯的相似性论文中都得到了很好的解释。在心理学论文中，据我所知，只有阿莫斯的这篇论文能够被评价为天才之作。我认识的很多人都给这篇论文贴上了"天才"的标签。

总之，阿莫斯和丹尼尔两人可以共同创作出非凡的杰作，与此同时阿莫斯一个人也能够创作出天才之作。基于以上这两点，人们可以得出什么结论呢？阿莫斯才是台柱子。

在我看来，人们最初认为阿莫斯是两人当中的核心主要是因为 1974 年发表在《科学》杂志上的首篇关于启发式思维的重磅文章的第一作者是阿莫斯。人们通常认为，理论论文的第一作者对该论文负有主要责任（除非作者的贡献相同，作者姓名可按字母顺序排列）。所以人们在早年总是会谈论特沃斯基和卡尼曼，很少谈论卡尼曼和特沃斯基。但就这篇论文来说，作者的顺序纯粹是随机的。阿莫斯告诉我，他们是通过抛硬币来决定每篇论文的作者顺序的！

李·罗斯和我在这方面的问题与丹尼尔和阿莫斯的问题有些相同。李自己做了很多得到高度评价的工作，而这些工作不是与我共同完成的。这倒不是什么问题。但是我们一起创作的两本书——《人类推理：社会判断的策略与缺陷》和《人与情境》，人们通常都是把大部分的功劳归于我，即便第二本书的第一

---

① Tversky，A.（1977）. Features of similarity. Psychological Review，84（4），327–352. https://doi.org/10.1037/0033-295X.84.4.327。——译者注

作者其实是李。此外，人们可能不知道的是，在我职业生涯的前30年里，我所做的一切几乎都有李深深的印记。我所做的一切实际上都是"尼斯贝特和罗斯"的作品。

我尽我所能来平衡我们得到的认可，这就包括告诉所有人李比我聪明（这是真心话），而且如果没有他的话，我的职业生涯绝不可能取得如此成功。我还花了很多精力为李提名他有资格获得的每个奖项，但这些提名和奖项并没有让李像其他人那样感到很高兴。在李读了刘易斯写的关于阿莫斯和丹尼尔的传记后，李给我写了下面这段话：

那本书很自然地让我对我们的合作关系有了一些反思。我认为，阿莫斯实际上扮演了一个出人意料但很有益的角色。有了阿莫斯的认可以及其他一些我认为真正一流的人的认可，比如诺贝尔经济学奖获得者肯·阿罗（Ken Arrow）和伟大的统计学家佩尔西·戴康尼斯的认可，对我来说，他们对我的认可比你努力确保我能获得专业上的认可更有价值。

唯一一次让我感到有些不舒服是马尔科姆·格拉德威尔说错了《人与情境》的作者署名的顺序。我当时认为，这不仅仅反映了他对我们两人各自对那本书所做贡献的看法，也反映了他对我们其他所有合作工作的一般看法。

在我与李相识的50年中，他只哽咽过一次，就是他打电话告诉我阿莫斯去世的时候。在追悼会上，丹尼尔说现在"天上又多了一颗叫阿莫斯的星宿"。对于每个认识阿莫斯的人来说，这话说到大家的心坎上了。

◆　◆　◆

另一位来自希伯来大学杰出的学者是我的学生兹瓦·昆达。兹瓦有着敏锐的思维，与大多数优秀的社会心理学研究生不同，她是一个真正的知识分子。她思考的问题包括文学、哲学、政治以及社会科学在世界中的作用。

兹瓦也是一个很有趣的人，有她在，就总能给我的办公室里带来欢声笑语。我曾在抽屉里放了一个标有"蠢想法"的文件夹，打算把逻辑推论性错误的例子收集起来。有一天，我告诉兹瓦，她要找的东西可能放在我的文件柜的某个抽屉里。后来她来找我，说她看到了我的"蠢想法"文件夹，但里面是空的。"所以，"兹瓦说，"我把它放在我的'蠢想法'文件夹里了。"①

在我研究启发式方法和认知偏差时，我所有工作的一个共同主题就是：人类的许多错误，甚至看似由动机或情感而导致的错误，也最好理解为有缺陷的思维过程的结果。人们想当然地认为，如果一位剧作家没法写出剧本来，却始终认为自己是一个非常有才华的作家，那就说明其野心和对荣誉的追求已经蒙蔽了他的判断，让他看不清其实他并不那么擅长写剧本的现实。

但是，如果我们用一个没有动机的机器人来替代这个剧作家，那么就算机器人没有创作出作品，根据它所获得的信息就足以让它相信自己是个优秀的剧作家。从读小学到读研究生，这位剧作家肯定会因他写的作品而备受赞扬。他的朋友和家人会跟他说，他的作品尚未搬上舞台或银屏，这多少有点令人费解。他们也会一再重申，他们在读了他的作品后深受感动，如果有剧本搬上舞台，一定会成功的。他们会给他加油鼓劲儿，预期在不久的将来，他获得成功是必然的。同理，就算有很多相反的证据，对信息的无动机处理同样会让机器人继续相信它自己写的剧本一定是好剧本。

你可能会惊讶地发现，用撇开动机的术语来解释明显有动机的信念是多么

---

① 尼斯贝特认为理性人在推理中也会犯错误，这句话可理解为"逻辑推论没有错误的想法才是一个蠢想法"。——译者注

容易。我把这项研究事业作为自己的职业。对我来说，这绝非儿戏。我认为，人们太倾向于用动机来解释那些对自己或他人有害的行为了。认知过程其实是非常容易出错的，所以很多时候其实根本没有必要用不良动机或扭曲的情绪来解释世界上的邪恶。

我的想法不止于此。除非有确凿的证据，否则假定动机不良是邪恶的，而且做这样的假设往往会适得其反。林登·约翰逊（Lyndon Johnson）在即将卸任总统职位时会见了黑人民权领袖，他们非常担心继任者尼克松会破坏他们的民权运动事业。约翰逊的原话是这样说的："听着，他并不认为自己是个坏人。但凡你们想影响他，那你们就必须向他传达'我们知道你想做正确的事'这样一个信息。"

当你让一个人知道你不信任他的动机时，你就会损害或终止与这个人的关系。约翰·斯图尔特·密尔曾写道，在公共讨论中，必须明确你与对手的分歧是基于信息或观点的不同。如果你想与其他人继续保持良好的关系，就永远不要把邪恶的动机归咎于对方。这就解释了为什么国会中的政客们会把他们的对手称为"尊敬的同事"或"来自某某州的尊敬的先生"了，这可能会让人觉得有点奇怪。毕竟，不断地声明你知道对方是出于善意行事的，非常有利于维护和谐的关系。

也许是被我一直坚持的"明显的动机性错误可以用纯粹的认知理由来解释"给刺激到了，兹瓦启动了一项研究计划，试图表明人们所得出的一些结论只能用动机而非冷静处理信息的方式来解释。如果你告诉人们，有一种基因会让一个人容易患某种严重的疾病，人们通常会非常肯定自己没有这种基因。他们相信自己没有患病风险的理由错综复杂甚至难以置信。

举例来说，兹瓦在学生拿到期中考试成绩之前和之后征求他们对老师的意见。在学期初期，男女老师都获得了很好的评价；在期中考试成绩出来后，无论学生的成绩好坏与否，他们对男老师的评价还都相对较高，但如果成绩令人失望，学生就会降低对女老师的评价。学生们会根据对女性不好的刻板印象来说服自己，他们自己的课业实际上是不错的。兹瓦在很多情况下都发现了这种令人担忧的结果。人们在收到他人的差评时，如果能援引有关这个人的负面刻板印象，他们很可能就会这么做。

整体上来说，兹瓦的这些研究是非常杰出的。在兹瓦之前，几乎没有任何科学证据能够无可争议地表明动机或情绪会直接影响了推理或判断。在她去世后，这一点被大量研究支持了。2004 年，兹瓦死于癌症，年仅 39 岁。对心理学界来说，兹瓦英年早逝无疑是个巨大的损失，至今我都无法从悲伤中走出来。

几乎在兹瓦去世的同时，我深爱的另一名学生安迪·里夫斯（Andy Reaves）也死于癌症。他很优秀，来自底特律市中心区，从一个供热和制冷企业退休后来读研究生。安迪对种族、贫困和暴力等话题很感兴趣，同时他是一个敏锐的社会批评家。他在心理学推理方面有一种天赋，既深刻又不落俗套，而且他是我所认识的人中最友善的一个。

1977 年，阿莫斯和丹尼尔连同他们的妻子都决心离开希伯来大学，我不知道他们的动机是什么。但就丹尼尔而言，几乎可以肯定的是，这与他娶了牛津大学的安妮·特雷斯曼（Anne Treisman）有关。在当时，安妮被公认是英国最杰出的心理学家。受聘希伯来大学对她来说可能性极大，但她既不会说希伯来语也不会说意第绪语，在以色列生活这一点肯定是她的首要压力源。

阿莫斯几乎被英语世界的每一所顶尖大学所追捧。密歇根大学自以为很有把握得到阿莫斯、丹尼尔、安妮以及阿莫斯的妻子芭芭拉（她也是一位优秀的认知心理学家）。考虑到密歇根大学各院系的规模很大，而且有很多研究所可以为这四个人提供薪资，因此密歇根大学其实是可以同时招聘他们四人，这一揽子聘用组合在密歇根大学被称为"耶路撒冷四重奏"。这个叫法来自爱德华·维特摩尔（Edward Whittemore）最近出版的系列小说的名字。

但最终的结果却是密歇根大学一位都没得到。部分原因也许是阿莫斯和芭芭拉都是在密歇根大学获得的学位，所以回到密歇根算不上是一种新的体验；密歇根大学用了好几个月才做出决策肯定也是原因之一。斯坦福大学在一次院系会议后就决定争取阿莫斯。系主任在投票之后立刻就去和院长见面，并为阿莫斯申请了一个高级的职位，同时也为芭芭拉申请一个临时的教职。院长立刻就同意了。就在系里讨论完这个问题的六个小时之后，阿莫斯和芭芭拉就收到了聘书，他们欣然接受，密歇根大学就此与他们失之交臂。而丹尼尔和安妮则去了不列颠哥伦比亚大学。

17

荣誉 | **THINKING**
A memoir

有一个词，住在梅森－迪克逊线以南的美国人经常会使用，而住在梅森－迪克逊线以北的美国人则很少使用，这个词就是"粗鲁"（rude）。南方人常说某某很粗鲁，但北方人却很少这样说。这是因为南方人比北方人更没有礼貌吗？恰恰相反，南方人一般比北方人更有礼貌。事实上，我从埃尔帕索到达美国东部后注意到的第一件事就是这里的人怎么如此无礼。不论是商店里的店员、柜台女服务员还是我的同学，他们的行为举止常常让我觉得很粗鲁。

时至今日，我还是常常觉得北方人很粗鲁。当然我也深知除了这个缺点外，北方确实有许多了不起的地方。在北方生存的优势之一是，中产阶层不会相互残杀。这在埃尔帕索虽然并不常见，但肯定是发生过的。上高中时，有几次我星期一来到学校就听说琼斯家的男孩在周末枪杀了史密斯家的男孩。当我住在埃尔帕索的时候，学校的校长枪杀了学校董事会主席（抑或相反）。还有一次，我的一位亲戚在抓到丈夫出轨现行时直接开枪打死了他，而她绝对是中产——她扣动扳机时，她是《埃尔帕索先驱邮报》（*The El Paso Herald Post*）负责社会版面的编辑。

当我在1990年左右决定要做文化心理学研究时，这些信息就派上了用场。

当时，有一个名为"跨文化心理学"（cross-cultural psychology）的边缘领域，相关研究没有引起人们的兴趣 ①。从事这一领域的研究人员发现，生活在不同国家的人的态度、信仰和公共行为有时是不同的，只不过这些研究基本上没有什么令人惊讶之处。在其他的一些研究中，他们试图用其他国家的人口来复现在美国进行的研究。一个表面上很有意思的事实是，日本社会心理学家无法证明日本人经历过认知失调。在强制服从研究中，调查人员要求被试做或说一些违背他们信念的事情，但结果并没有导致日本被试的信念向其行为所暗示的方向转变。在自由选择研究中，人们在两件物品之间做出选择，但是被试并没有比选择前更喜欢被选择的物品以及更不喜欢未选择的物品。当我读到这些研究时，我把这样的结果归结为研究者缺乏专业知识。我的学生蒂莫西·威尔逊也曾试图进行一项认知失调类型的研究，但却一直没能得到预期的结果，直到有一位认知失调专家来拜访我们，观察了蒂莫西的操作并指出了他的错误所在。

我将日本研究人员没能观察到认知失调减少现象归因于研究者缺乏专业知识还有一个更深层的原因，那就是我在认知过程方面是一个完全的普世主义者。我深信，每个人都会对信念和行为之间的不一致做出相似的反应（即认知失调现象）。我和李·罗斯合著的《人类推理：社会判断的策略与缺陷》一书的书名就是我关于普遍性信念的一个线索。当人类学家罗伊·德安德拉德（Roy D'Andrade）读了这本书并把它称为优秀的人种学著作时，我就意识到自己的普遍主义可能过于极端了。人种学！还不如说我写的是色情小说。

但在《人类推理：社会判断的策略与缺陷》出版 10 年后，我开始对文化

---

① 这里可能更多的是作者从他的视角来看跨文化心理学当时的情况。其实在 20 世纪 80 年代，已经涌现了一批对后期有深远影响的跨文化研究，在这之前还有大量的来自心理人类学和文化人类学的跨文化研究。——译者注

差异产生了兴趣。这种兴趣就算不是在认知过程层面，至少也是在有趣的社会行为层面。我决定研究美国北方人和南方人在凶杀方面的差异。

我做的第一件事就是去证明非西班牙裔白人男性的凶杀率在美国南方（以及西南部和西部山区①）高于北方（以及中西部和西部沿海地区）。我将某一州来自南方的定居者的百分比与该州白人男性的杀人率的相关系数作为一个指数。根据这一指数，南方各州当然排名最高，但俄克拉何马州和得克萨斯州等西南各州紧随其后，西部山区也相对较高。中西部偏上地区和西部偏远地区（加利福尼亚州、华盛顿州和俄勒冈州）比较低，东北部地区当然就非常低。当然，某个州的南方指数越高，白人男性凶杀率就越高。

幸运的是，我在做这项研究的时候没有先去查阅文献。这种疏忽常常给我带来有益的结果，尽管不可否认，我也偶尔为此付出高昂的代价（我已经有过几次闭门造车做无用功的经历）。确实有一些文献，主要是由社会学家撰写的，这些文献定义了南方性特征指标，并将这一衡量标准与凶杀率联系起来，同时控制了贫困人口的比例和黑人的比例。控制贫困率和黑人人口占比的原因是，贫穷的人比不贫穷的人犯下更多的凶杀案，黑人比白人犯下更多的凶杀案，而且南方有更多的穷人和黑人。结果显而易见：控制贫困和黑人人口占比之后，南方人和杀人犯之间并不存在相关性。这类研究的作者就会据此得出结论说，南方并不存在所谓的暴力文化，只是完全由于贫穷和／或黑人的人口比例造成了暴力的地区差异。如果我在做自己的研究之前先看一下这些文献，估计我就不会再继续探究了。"好吧，不存在文化差异，只是种族和贫困差异罢了。换一个问题。"

---

① 西部山区包括亚利桑那州、犹他州、新墨西哥州、蒙大拿州、科罗拉多州、内华达州、怀俄明州。——译者注

通过将数据"分解"为非西班牙裔白人男性与其他所有人，我极其偶然地发现：至少对非西班牙裔白人来说，其实是有证据表明存在区域性的暴力文化的。我进一步按城市规模分类并发现了一些起初我无法解释的现象：城市越小，非西班牙裔白人的南方性和凶杀案之间的关系就越强。

◆ ◆ ◆

我开始与足智多谋的研究生多夫·科恩（Dov Cohen）一起搞研究。我们商定，他将在民意调查文献中搜索与暴力有关的态度，看看在对暴力的态度方面是否存在地区差异。经过一个月对盖洛普咨询公司（Gallup Consulting Company）、美国国家民意研究委员会（the National Opinion Research Council）、社会研究学院（the Institute for Social Research）开展的民意调查和其他大量民意调查的整理，多夫·科恩得出的结论是暴力态度并没有多少地区性差异。我请他重新研究一下这些民意调查，看看能否找出一些存在差异的调查问题。

多夫发现，在绝大多数调查问题上，南方人在对待暴力的态度上可能比北方人更为积极，也更有可能更为消极，两种情况相当。比如说，南方人更有可能说"有时以暴制暴很有必要"，但他们也有可能倾向于"当一个人伤害你时，你应该转过脸原谅他"。然而，在"面对侮辱时什么样的回应是合理的""为保卫家园应采取什么行动""孩子在交往中，哪些行为适合采用"这三类问题上，南方人非常一致地更加支持诉诸暴力。也就是说，南方人更有可能说"把勾引你女朋友的人揍一顿是没问题的"；他们也更有可能认为，攻击甚至杀死入侵者是很合理的；他们也更有可能赞同打孩子屁股这种教育方式。

如何解释这种特殊的模式呢？当多夫把数据发给我时，我正住在法国南部美丽的普罗旺斯地区艾克斯市（Aix-en-Provence）。之前，我曾和密歇根大学的大一、大二学生以及同为法语爱好者的海泽尔·马库斯一起，尝试着学习了两年的法语，于是我正好能在那里试着用一下自己学过的法语。恰好，世界上主要的地中海研究中心就在艾克斯的一所大学里。由于地中海地区素有比北欧更暴力的名声（想想科西嘉岛和黑手党），我当时就想去见见该中心的主任。我和他分享了凶杀案和民意调查的数据。因为当时主任不会说英语，所以我当时只好用我的法语磕磕绊绊地完成了我人生中一次短暂的法语交流。

"有证据表明，"地中海研究中心主任说，"美国南部是我们所说的荣誉文化。"他让我读一篇很精彩的关于荣誉文化的文章，作者是人类学家朱利安·皮特－里弗斯（Julian Pitt-Rivers），正是这篇文章让我对这种文化差异有了一个整体上的认识。在一些文化中，"侮辱"被理解为可诉诸暴力或以暴力相威胁。如果你胆敢质疑我的正直或男子气概，抑或拿我开涮，要么你收回自己的话，要么就等着挨拳头。面对任何对我的家庭或我的财产构成威胁的言行，我都应该亲自用暴力予以严惩。在这种文化里，父母会教育孩子尤其是男孩子，要用暴力来保护自己免受任何形式的威胁或侵犯。当孩子们不守规矩时，父母就通过打他们的屁股让他们坚强起来。

为什么有些文化是这样的？产生荣誉文化的一个不可避免的因素是，依靠放牧的经济是主要经济。如果你偷了我家养的猪，你就把我的家人置于危险之中；如果你放倒了我畜栏的栏杆，我可能会在瞬间失去一切。所以我要向所有人表明，我不是一个可以被随便招惹的人。有谁敢威胁我、贬低我、嘲笑我，那他就做好受伤或更糟的准备吧。你可以去偷别人家的牛，但别来惹我。

这就非常好地解释了地中海的情形。大规模的耕作并不适合该地区的经济，而且从历史上看，这里的人们非常依赖畜牧业。此外，与农耕地区相比，牧区的人口密度很低，这意味着，至少法律可能根本无法保护你。那美国呢？

也是一样。在美国南方定居的苏格兰人、爱尔兰人和苏格兰－爱尔兰人有很多都是牧民；而在北方定居的英国人、德国人和荷兰人之前主要是农民。显然，南方而非北方一开始就有很浓厚的荣誉文化，这种文化也一直保留至今。

荣誉文化假说可以解释，为什么美国南方小城市的凶杀率大大高于北方的小城市，而大城市的凶杀率却差别不大。小城镇主要分布在农村、人口密度低的地区，那里主要以农耕或放牧为主。在人口密度低的地区，当你需要警察的时候，他们不太可能出现在你身边。北卡罗来纳州有一句谚语："每个人都是自己家的警长。"

荣誉假说让我们重新审视凶杀案的发生条件。碰巧的是，美国联邦调查局记录了一些似乎可以推定发生了侮辱情况的案件背景，如三角恋、酒吧斗殴或邻居之间的争吵。在小城市，因侮辱而发生的凶杀案在南方的发生率是北方的两倍以上。如果排除侮辱情节的案件，这些城市之间的凶杀率只有非常小的差别。所以，我的南方社会学家朋友约翰·谢尔顿·里德（John Shelton Reed）说："只要你远离错误的酒吧和卧室，你在南方和在北方一样安全。"

◆　◆　◆

为了进一步检验荣誉文化假说，多夫·科恩采访了一些南方和中西部农村地区的非西班牙裔白人男性，发现他们对暴力所持有的态度是不一样的，有时甚至差异非常大。例如，尽管有相同比例的南方人和中西部人报告，他们会对和他们打过架的人生气超过一个月，但在受到侮辱后会生气超过一个月的南方人是中西部人的两倍多，而赞成"揍一个撞到自己和妻子的醉汉"的南方人是中西部人的三倍。

当我们关于荣誉文化的研究项目正在筹备之时，德国社会心理学家诺伯特·施瓦茨（Norbert Schwarz）来到密歇根大学。诺伯特说："你们为什么不做真实行为实验呢？别忘了你们是实验社会心理学家，而不是历史学家或社会学家。"于是，多夫和我前往实验室，再加上诺伯特和本科生布莱恩·鲍德尔（Brian Bowdle），我们一起在社会研究所的地下室设置了一系列场景。我们联系了密歇根大学的男生，他们要么是北方人，要么是南方人。我们告诉他们参加的是一项关于时间限制对各种判断的影响的研究。被试首先在大厅填写了一份调查问卷，并被要求把问卷送到狭长走廊尽头的桌子那里。当被试走在过去的时候，另一名我们事先安排好的学生从一个标有"照片实验室"的门里走出来，并走到走廊中间的一个文件柜前查阅文件。为了让被试能通过，这名学生不得不将拉出的文件抽屉推进去。过了一会儿，当被试走回来时，刚刚重新拉出文件抽屉的学生不得不再次关上抽屉。该学生会猛地关上抽屉，用肩膀撞一下被试，并随口骂一句"混账东西"，然后迅速地返回"照片实验室"并用力摔门。

两名观察员就待在大厅里，以便能够判断被试被侮辱后的反应。当然，观察员并不知道被试来自美国的哪个地区。来自北方的被试最常见的反应是感到莫名其妙："这人什么毛病？"而来自南方的被试最常见的反应则是愤怒。通常情况下，南方被试会面红耳赤，脸上露出愤怒的表情："搞什么鬼？"

在随后的实验中，我们测量了侮辱事件前后被试的皮质醇和睾酮水平。皮质醇是压力的一个指标，而睾酮随着攻击性的增加而增加。一些被试受到了侮辱，另一些则是在控制组（没有受到侮辱）。无论他们是否受到侮辱，来自北方的被试的皮质醇和睾酮水平都没有变化。如果受到侮辱，来自南方的被试这两种激素水平都会增加；如果没有受到侮辱，则不会增加。

在另一项后续实验中，当被试在放下问卷返回大厅时，另一名我们安排好的学生会走向他。这名学生身高 6 英尺 3 英寸 ①，体重 250 磅。走廊非常狭窄，以至于一个人不得不靠边站，另一个人才能通行。而我们事先安排好的学生收到的指示是，无论如何他都要一直走在走廊的中间。在实验中，所有被试都靠到一边让我们安排的学生先通过。无论在之前的实验中是否受到过侮辱，来自北方的被试都会在平均距离超过 5 英尺时就让到了一边；如果没有受到侮辱，来自南方的被试展示了他们有礼貌的一面。他们在 9 英尺远的地方就靠边站了。但是如果他们被侮辱过，他们平均在距离 3 英尺远的地方才让开，这意味着有一半人甚至在 3 英尺以内才转过身去。在现实生活中，每年都会有一定数量的年轻人因为这种行为而被杀害。

❖ ❖ ❖

顺便提一下，诺伯特·施瓦茨是一位非常有合作价值的同事。他是第二次世界大战后德国涌现出的最早一批优秀心理学家之一。在我看来，战争以及之前的希特勒政权从根本上摧毁了德国本可以是最好的国家心理学研究计划。战后 30 年，德国才开始出现大量优秀心理学成果。一位物理学家朋友告诉我，这场灾难对德国的物理学来说也同样严重，德国的物理学在第二次大战前一直是顶尖的。

诺伯特在很多方面都独树一帜，自成一派。他是我认识的人中最了解社会心理学的人。每当有学生向我提出有关社会心理学的问题时，我就把他们介绍给诺伯特，而诺伯特也极少让人失望。诺伯特有一点也很不寻常，至少在我最初认识他的时候，他是我认识的唯一一位不认为自己是一流心理学家的一流心理学家。不用说，那些不是一流却认为自己是一流的反例也不少见。这里我想

① 1 英寸 ≈0.0254 米。——译者注

对"一流"的观察做个额外说明。我确实认识一些一流的女性，她们不认为自己是一流的，或者至少她们深深地担心自己不是一流的。当一个男人受到批评时，他很可能会认为批评者是有偏见的或者根本就是无能的。可是女性则更有可能怀疑自己是否有这个能力。顺便说一下，我的观点是有数据支持的，这可不仅仅是我的个人观点。

诺伯特有时很易怒，所以有的时候他会让"棕色袋子"（brownbag talk）报告会[1]变得令人头疼。如果学生报告的研究成果不佳，或者报告的研究成果很差，那就会遭殃了。许多学生和一些教师认为，诺伯特的批评实在是很过分，但我一般并不这么想。因为我没有尽到批评的职责，我很欣赏有人在这样做。我觉得诺伯特的残忍是出于善意。

我前面提到多夫足智多谋。在完成走廊实验的过程中，他接着展示了南北方之间许多其他的差异，而这些差异都可以根据荣誉文化假说来解释。在美国，北方各州制定就枪支管制的法律要比南方各州严格得多。在多夫做这项研究时，北方有两到三倍于南方的州要求一个人从攻击者面前撤退而不是杀死他。如果乔治·齐默尔曼[2]（George Zimmerman）的行为发生在康涅狄格州而不是佛罗里达州，那么他就会因为在特雷冯·马丁（Trayvon Martin）袭击他时杀死马丁而入狱。多夫发现，对任何一项国防法案投赞成票的国会议员中，

---

① 是美国高校常见的一种不太正式的报告会，一般是午餐时间或者其他时间，听众可以一边吃饭或者零食一边听报告。——译者注

② 乔治·齐默尔曼事件是一起在美国佛罗里达州发生的枪击案。该事件于 2012 年 2 月 26 日晚上发生，当时乔治·齐默尔曼是一名志愿的邻里守望者。他在巡逻途中看到 17 岁的黑人少年特雷冯·马丁便开始追踪他。后来，他们发生了争吵，导致乔治·齐默尔曼开枪打死了特雷冯·马丁。这起事件引起了广泛的社会关注和抗议，一些人认为乔治·齐默尔曼的行为是种族主义和暴力行为的体现。最终，乔治·齐默尔曼在 2013 年 7 月被判无罪释放。这个案件对美国社会产生了深远的影响，并引发了对种族、暴力和司法不公的广泛讨论。——译者注

南方人都是北方人的两倍。几乎一半的北方州规定对实施家庭暴力者要予以逮捕，而没有一个南方州这样做。全美一共有 19 个州允许在学校进行体罚，除了一个州在北方之外，其他州都在南部地区、西南部地区或西部山区。

在另一项我最喜欢的荣誉文化研究中，多夫假扮一名求职者向南方和北方的 1000 家企业发送了一封咨询就业可能性的信件。求职者的履历表明，他有资格胜任一个低级别的管理岗位。在信的结尾处，多夫写道：

有一件事我必须解释清楚。因为我觉得我必须诚实，也不希望有任何误解。我曾因过失杀人被判入狱服刑……我和一个与我未婚妻有染的人打了一架。当时我住在一个小镇上，有一天晚上在酒吧里，这个人当着我朋友的面前质问我。他告诉大家，他和我的未婚妻上床了。他当着我的面嘲笑我，还说如果我够男人的话就到外面去和他单挑。我当时很年轻，不想当着众人的面退缩。当我们走到巷子里时，他开始攻击我。他把我打倒在地，还拿起了酒瓶。我本可以逃跑的，法官也说我应该逃跑，但我的自尊心不允许我这样做。于是，我捡起地上的一根管子朝他打去。我并不想杀死他，但几个小时后他就死在了医院。

一些企业主给写信人（多夫）寄来了一份工作申请表，或者提供了一个联系人的名字让他打电话，有些企业主甚至还寄来了便条。与北方的企业主相比，南方的企业主更有可能以这种方式予以回应。而且，南方企业主写的便条更富有同情心。一位南方女企业主这样写道：

关于你提到的过去这件事，任何人都可能以你的方式来处理。这只是一个不幸的事件，而这一不幸不应该对你产生不利影响。你的诚实表明你是真诚的……我祝愿你未来一帆风顺。你有着积极的人生态度和工作意愿……如果你就在附近，可顺道来看看。

北方企业主的回信对申请人没有丝毫的同情。

人们对"南方人更暴力"的这个研究结果有什么反应呢？成千上万的人在多夫和我写的书中，或者在报刊等大众媒体上看到了我们的研究。还有很多人听我谈论过这项研究。在众多反馈中，我只收到了三条抱怨的反馈，都是北方人为南方人鸣不平的，反对我们对南方人的这种令人反感的结论。那南方人的反应是什么？"北方人怎么会如此懦弱？"

通过对南方文化的研究，我学到了许多意想不到的有趣知识。第一，虽然南方人更有暴力倾向，但是没有理由像很多人倾向的那样将之与愚蠢或恶劣行为关联。第二，这项研究表明，深层次的文化趋势可以在产生它们的环境中生存下来。我们密歇根大学的南方学生不会成为牧民，他们会成为银行家和牙医。第三，我原本以为自己是一个彻底的自由主义者、和平主义者、美国公民自由联盟①（American Civil Liberties Union，ACLU）成员，但是我发现我身上肯定有一些荣誉文化的痕迹。我对侮辱比我的大多数北方朋友更敏感，而且我很快就能觉察到他人的无礼。有几次，我很愚蠢地冒着危险去保护自己的财产。有一次，我回到我的公寓时惊动了一个窃贼，他跑了出去，我拼命地追了上去，我的行为只有一个可能的好结果——让小偷跑了，庆幸的是，我没有追到小偷。还有一次，我儿子大概三岁，他做了一件明显让我觉得应该打他屁股的事情。出生在布鲁克林（Brooklyn）的犹太妻子说，如果我打儿子的屁股，她就会离开我，这才让我收手没打孩子。现在来看，我养育了两个非常棒的孩子，而且从未打过他们的屁股。因此我非常确信，不打孩子并不一定会把孩子

---

① 美国公民自由联盟是一个非党派组织，致力于捍卫和维护美国宪法和美国法律所保障的个人权利和自由。通常，美国公民自由联盟成员会被认为是自由主义者或进步派，并且反对暴力。——译者注

惯坏。

那么，南方人为什么如此有礼貌呢？伟大的科幻作家罗伯特·海因莱因（Robert Heinlein）就这个问题给出了自己的答案："一个武装的社会就是一个有礼貌的社会。"

18

直线思维与曲线思维 | THINKING
A memoir

　　大约在我开始研究荣誉文化的时候，我去了一趟海泽尔·马库斯的办公室。我告诉她，我要去教文化心理学的研究生课程。我以为她会说"只有傻瓜才研究文化"；相反，她却说"不，不是你教，而是我教"。我不知道的是，海泽尔一直在与密歇根大学毕业生北山忍一起撰写一篇论文，这篇论文将成为心理学界有史以来被引用次数最多的论文之一，并将成为这个新领域的奠基之作。它明确地指出，东亚人和西方人在基本的社会取向方面存在着深刻的差异。东方社会中的个体在很多方面是高度相互依存的，而西方文化中的个体则更独立。

　　这种区别与集体主义与个人主义的概念相重叠，但比后者更为广泛。从本质上讲，西方人认为，"自我"是一个有各种属性的单独实体，其他人与这个"自我"有关，但不是它的一部分。东方人则将"自我"理解为关系网中的一个节点。如果一个人失去了一个朋友，东方人就会觉得自我已经改变了。认知失调研究之所以在日本行不通，是因为日本人不像西方人那么注重为自己的选择辩解，但如果让他们为其他人做出选择，他们就会显示出认知失调效应。

　　当然最后的结果是，我和海泽尔一起教授那门研究生课程，而这门课程也成为我职业生涯中最激动人心的教学经历。第一批学生包括才华横溢的多夫·科恩、迈克尔·莫里斯、彭凯平、崔仁哲、里克·拉里克和阿拉·洛伦萨扬。有这样优秀的学生，这门课程是令人振奋的。大家都很清楚，文化与心理这个领域就像是一个果园，里面到处是唾手可得的果实。同样显而易见的是，学生们和我们这两位老师同样有能力去摘取这些果实。

第一批学生之后，又有一批出色的学生接踵而至，如纪丽君、增田孝（Taka Masuda）、宫本由里（Yuri Miyamoto）、汉娜·蔡（Hannah Chua）、梁扬（Jan Leu）、杰弗里·桑切斯－伯克斯（Jeffrey Sanchez-Burks）以及艾谢·乌斯库尔（Ayse Uskul）。由于许多学生是来自东亚的中国人、日本人和韩国人，我开始在研究中比较东亚人（在这里我称他们为亚洲人或者东方人）和西方人（主要指欧洲文化下特别是西北欧文化下的个体）。结果我们发现，不同国家背景的东亚人之间差异不大，西方人之间的差异也不大。唯一一个例外就是，我们发现北美人比其他西方人更西化。根据以上原因，我们将比较的两组群体称为东方人与西方人是合理的。

1982年，我在北京大学担任客座教授，我和第一批文化心理课程的学生中的一个中国学生曾经有过交集，而这段经历对我产生了非常大的影响。在我去中国之前，我阅读了大量关于中国历史、文化和思想的书籍。阅读之后的感觉就是，不会有两种先进的文化比20世纪末的美国和中国更加不同。

我被我在中国的所见所闻深深吸引。最让我震撼的一个领悟就是：一个先进的社会不一定要建立在以启蒙思想为基础的社会契约这个概念上。在个人权利问题上，中国人根本不要求获得美国人认为理所当然的杰斐逊式的社会权利。对中国人来说，国家是第一位的，个体所拥有的任何权利都是国家赋予的。个体没有与生俱来的绝对权利。

第二个发现更让我感到震撼。从历史上看，中国的形而上学与西方的形而上学有很大不同。中国人从未发展出一种西方科学方式来理解世界。但令人震惊的是，中国古代智慧的许多方面直到近代以前都比西方要准确得多。"超距作用"（action at a distance）的概念在中国被正确理解比西方早了 2000 年，古代中国人早就掌握了声学和磁学知识，也探知了海洋潮汐的真正原因，这些甚至连伽利略都没意识到。尽管西方科学家一开始还曾致力于证明超距作用是不存在的，但后来还是西方首先提供了存在超距作用的证据。

最后，令我印象深刻的是，我所熟悉的中国人似乎和任何一群美国人一样，彼此之间都不一样，而且在人格的相同维度上也不一样。后来的人格研究支持了这一观点。事实上，我们了解他人的个性所依据的维度几乎是普遍适用的，它们包括外向性、宜人性和神经质。我认识的中国人之间的差异和我认识的美国人之间的差异一样大，包括规范性、幽默感和坦率度。我以理解美国人的方式来理解中国人，使我忽略了中美文化在思想和感知方面的巨大差异。

◆ ◆ ◆

在北京大学，我遇到的一个特别的人是本科生彭凯平。他旁听了我的社会心理学课，也来拜访过我几次。他个子高高的，做事认真且充满自信，对心理学充满了好奇。与彭凯平的交谈中发现他非常聪明，只是英语有点蹩脚。10 年后，彭凯平作为密歇根大学社会心理学专业的研究生出现了，那时也正好赶上了文化心理学上的变革，我和他都很希望与对方一起工作。

在密歇根大学工作了一段时间后，彭凯平观察到"中国人和美国人的思维方式非常不同——美国人的思维方式是分析性和线性的，中国人则是辩证的和整体性的"。我被这个想法吸引着，也准备相信中美文化在推理习惯方面可能存在实质性的差异，因为我对哲学家中村元（Hajime Nakamura）所著《东方人的思维方式》（*Ways of Thinking of Eastern Peoples*）一书非常熟悉。令人惊讶的是，中国和日本都没有逻辑学的传统。在东方，逻辑学从未被正规化，而且思维过于抽象或刻意遵循逻辑总会被视为缺乏智慧和不成熟的表现。

我和彭凯平开始了比较东西方思维方式差异的研究（同时启动的还有一个名为"文化与认知"的大学项目），随后迈克尔·莫里斯、崔仁哲和阿拉·洛伦萨扬也很快加入其中。说起来，我们小组的第一个东西方思维方式差异研究是由迈克尔·莫里斯和彭凯平来做的。

根据海泽尔·马库斯和北山忍的相互依存与相互独立的差异理论，迈克尔·莫里斯和彭凯平的研究指出：中国人更倾向于将个人行为归因于情境因素，比如其他人的行为；而美国人更倾向于将同样行为归因于人格特征和动机。例如，一名邮政员工杀了老板，中国人倾向于认为该谋杀行为是由老板和谋杀他的员工之间的恶劣关系造成的；美国人则更倾向归因于谋杀者的人格特征。事实上，迈克尔·莫里斯和彭凯平的研究表明，即使对动物行为的解释，中国人和美国人也是不同的。美国人更有可能将一条鱼的特定行为解释为其出于动机或意图，而中国人更可能将同一行为解释为这条鱼对其他鱼行为的反应。

大量证据表明，亚洲人也会犯基本归因错误。社会心理学家丹·吉尔伯特（Dan Gilbert）曾说过，如果有火星人，他们也会犯这种错误。但是，亚洲人犯这类错误并不像西方人那样严重或者频繁。同美国大学生一样，韩国大学生也会认为，哪怕是应心理学研究者的要求，一个人写了一篇赞成大麻合法化的文章，那这个人往往也是赞成大麻合法化的。在研究中，崔仁哲要求一些学生被试写一篇文章，支持某一特定的观点。经历过这一过程的其他韩国学生被试随后就不会认为写文章的学生被试一定持其所写文章中的观点；但美国学生被试却不受这个操作的影响，他们认为不管写文章的学生之前是否被别人要求写文章，文章所传达的观点正是他自己所坚信的。换句话说，他们对个人选择和其行为之间的因果关系的信念，足以使他们认为别人实际上是持有他的文章中所采取的立场的，不管他们自己是否经历过在要求下做自己不相信的事情。一般来说，西方人往往对社会对他们行为造成的影响视而不见。

◆ ◆ ◆

除了更有可能将因果关系归结于所在的情境和环境之外，亚洲人更有可能从环境中看到了更多的事物。我和增田孝在研究中分别向日本被试和美国被试展示了水下场景，然后请他们报告他们看到了什么。关于最大的、最突出的鱼的属性，日本被试报告的信息量与美国被试差不多，但日本被试报告的关于环境（岩石、植物或者小动物）的信息比美国被试多出 60%、关于物体之间的关系（大鱼向小鱼游去）的信息多出一倍。

当你观察东方人和西方人在特定时间段内看到的内容时，你会发现为什么东方人比西方人更容易记住关于环境以及物体与环境之间关系的信息。我和汉娜·蔡、同事朱莉博兰（Julie Boland）在几秒钟内向美国和中国被试展示了几个比较显眼的物体放置在不同环境中的图片。被试都戴着一个仪器，这样我们能够知道他们每一毫秒都在看什么。美国被试几乎把所有时间都花在了最显眼的物体上，中国被试花了更多的时间来观察环境，并在物体和周围环境之间频繁地来回扫视。这么来说，具有这些观察习惯的人发现了超距作用原理的确是没什么可奇怪的。

东方人高度关注物体之间的关系，而西方人则更关注将他们看到的物体进行分类，以及辨识支配物体和物体行为的规则。我和纪丽君向中国和美国学生被试展示不同的三个词汇组成的词组，比如猴子、熊猫、香蕉，并要求被试告诉我们哪两个物体是应该在一起的。中国人把注意力集中在关系上，认为这是放在一起的关键，他们可能会说猴子和香蕉是一起的，因为猴子吃香蕉；美国人更倾向于猴子和熊猫在一起，因为两者都是动物。

我认为，正是因为古希腊人更倾向于用分类和规则来看待世界，所以是古希腊人而不是古中国人发明了科学。科学是基于分类和规则的，你甚至可以说科学就是分类和规则。科学还大量使用了形式规则，即逻辑规则，然而逻辑规则在东方思想史上的地位也并不高。

阿拉·洛伦萨扬、金范俊（Beom Jun Kim）、爱德华·史密斯和我在研究中向被试展示了各种论证，并要求他们告诉我们该论证在逻辑上是否成立。研究中的一部分论证是有效的，并且结论也是合理的，如"没有警犬是老狗，一些训练有素的狗是老狗，因此有些训练有素的狗不是警犬"；有些论证虽然有效，但结论是不合理的，如"所有由植物制成的东西都有益健康，香烟是由植物制成的东西，因此香烟有益健康"。

韩国被试比美国被试更受结论合理性的影响。如果论证是有效的，但结论是不合理的，他们比美国被试更有可能认为该论证在逻辑上无效。韩国被试和美国被试一样有能力对抽象概念进行逻辑推理，比如所有的 A 都是 B，只是不如美国被试那样善于将逻辑应用于有意义的陈述中。

彭凯平告诉我，在进行推理过程上跟使用逻辑规则更为基本的层面上，西方人和亚洲人是有差别的。自亚里士多德时代以来，西方思想的逻辑特征一直以下面三个原则为基础。

- 同一律。A 就是 A，该事物就是它本身，而不是其他事物。

- 不矛盾率。任何陈述都不可能既是真的又是假的。

- 排中律。一个陈述不是真的就是假的，"句子 A 要么是 B，要么不是 B"
  这个判断不包含有用的信息。

在你看来，这些原则可能是显而易见、毫无争议的。如果是这样的话，说明你有一个彻底的西方化的推理思维方法。但并非所有人都这样。根据彭凯平的说法，中国人的思维方式是辩证的。它与形式逻辑不同，以下面三个原则为基础。

- 变化原则。现实是一个过程，它不是静止的，而是在不断变化的。

- 矛盾原则。现实不是精确的、一成不变的，而是充满矛盾的。新与旧、好
  与坏、强与弱存在于一切事物之中。因为变化是普遍存在的，所以矛盾也
  是普遍存在的。

- 整体性原则。作为变化和矛盾的结果，没有任何东西是孤立的、独立的，
  一切都是有联系的。借用受东方思想影响的格式塔心理学的一句口号就
  是"整体大于部分之和"。

这些原则体现在道家太极阴阳图中：圆圈图中有"阴"，一个黑色的漩涡，里面有一个白色的圆点；圆圈图中有"阳"，一个白色的漩涡，里面有一个黑色的圆点。这个圆点提醒人们，世界处于一个特定的状态是暂时的，它会产生矛盾和变化，而最真实的阳是在阴中的阳。

大多数西方人都非常熟悉"辩证法"一词，它是通过卡尔·马克思从黑格尔哲学中得来的。黑格尔的辩证法指的是正题、反题、合题（即正反合）的顺序。一个论点被提出，另一个论点与之相抵触，然后达成和解——只是为了重

新开始这个过程而已。先是世界的一种状态存在，世界的另一种状态与之对立，然后发生融合。中国的整体性原则包括了黑格尔的概念，同时范围更广，实际上与黑格尔的概念有着本质的区别，因为它并不"咄咄逼人"。黑格尔的辩证法基本上关注的是解决矛盾，而不是接受矛盾。

我和彭凯平着手从以下几个方面来证明西方逻辑思维和东方辩证推理之间的差异。首先，东方的民间智慧经常以一种包含矛盾的谚语来表达，如"过于谦虚就是骄傲""捅你刀子的往往是你的朋友而非敌人"。我们的研究表明，相对于不表达矛盾的谚语的数量，汉语中表达矛盾的谚语比英语多得多。为了避免基于熟悉程度的偏好，我们要求被试对包含矛盾的意第绪谚语和不包含矛盾的意第绪谚语进行评分。中国被试比美国被试更喜欢辩证的谚语，但对非辩证的谚语则没有这种差异。

我们要求中国被试和美国被试在不同类型论证中做出选择。一种论证在本质上始终是符合逻辑的，适用不矛盾律；另一种论证符合整体性原则。例如，我们向被试展示了伽利略的证据，论证亚里士多德认为的"重物比轻物下落得快"是错误的。假设你把一个较重的物体放在一个较轻的物体上面，如果亚里士多德是对的，那么这种复合体应该比较重的物体单独下落得快。然而，较轻的物体在较重的物体下面，所以它应该对较重的物体起到制动作用。这当中就存在矛盾，所以亚里士多德的假设必然是错误的。一个相对应的辩证法论证了同样的结论，但运用了整体性原则，强调了背景的重要性。因为亚里士多德将物体与可能的周边因素（如风、天气和高度）隔离开来，所以不能指望他的等速假设总是成立。对于每一对类似这样的不同论证方式，中国被试更喜欢辩证的论证方式，美国被试更喜欢基于避免矛盾的论证方式。

❖ ❖ ❖

在我们研究小组关注的所有差异中，对我来说最引人注目的是对变化的理解。西方人相信恒常性。如果世界现在是一个样子，它可能会在以后的某个时刻仍然处于同样的状态。正如法语说的那样："变化越多，就越像以前一样（Plus ça change，plus c'est la meme chose）。"或者说，如果要有变化，那也是线性的，即世界将继续沿着它一直遵循的方向发展。对于东方人来说，世界处于某个特定的状态，恰恰表明它即将进入另一个状态。而变化往往是曲线型的，更多的时候其实是循环的。

为了证明这一点，我和纪丽君向中美两国的被试展示了近期各种维度的数据，如世界经济增长率或全球癌症病患死亡率，我们要求被试在图表中填写每个维度的未来状态。美国被试倾向于认为变化的方向会继续下去，如果过去是增长的，那么未来也会增长。与美国被试不同，中国被试更倾向于认为变化的方向是曲线型的，即如果过去是增长，那么未来就会下降。

纪丽君发现，东西方商学院的学生在选择股票的偏好上存在明显差异。美国学生倾向于股票上涨时买入，并抛售下跌的股票；而中国学生则有相反的偏好。顺便提一下，这会不会是一个严重的错误？就我个人来说，卖掉赚钱的股票，留下赔钱的股票，岂不越来越穷？

为什么东西方对变化的看法会有如此大的分歧？我还真不知道。我所能给出的最好的解释就是：如果你总是密切关注你周遭的环境，你会比不密切关注的人更经常地注意到变化。

针对推理习惯和认知习惯的巨大文化差异，我则有一个更有把握的解释。我认为，这些差异最初都来自古代中国和古希腊的生态差异。中国有广袤的耕地平原，适合大规模农业生产。这种生存方式需要农民与农民、农民与地主之间的合作。可以说，农民在很大程度上是被迫相互依存的。希腊的生态环境由高山一直延伸到海洋，大规模的农业生产一般来说是不可行的；相反，人们通过牲畜饲养、菜园种植和商贸活动谋生，这些活动给予人们相当大的独立性。

相互依存需要对他人的关注。这种关注延伸到了外部世界，就包括了对各种事物的关注。相互依存需要解决矛盾，或在必要时接受矛盾。而独立性允许个体主要关注自己的目标和计划，并且鼓励依靠逻辑来瓦解矛盾，赢得争论。

因为我们相信我们的生态学观点是正确的，所以我和北山忍以及非常有才华的土耳其研究生艾谢·乌斯库尔一起研究了生活在土耳其海岸的一个村庄里的人们的认知过程。这些人分别从事三种不同的职业：耕作、捕鱼或放牧。耕作和在公海上捕鱼两种职业都需要相当多的合作，业内相互依存性高；而放牧则可以在更大程度上独立于其他人的需求和活动。果然，我们发现农民和渔民的感知比牧民的感知更全面。与牧民相比，农民和渔民对物体的感知更受物体周遭环境的影响；与牧民相比，农民和渔民更有可能根据物体的相似性和关系（猴子与香蕉），而不是共同的类别（猴子与熊猫）来分组。

北山忍与托马斯·塔尔海姆（Thomas Talhelm）以及其他几位研究人员一起比较了水稻种植区的中国人和小麦种植区的中国人的认知能力。水稻种植需要在每个环节上进行紧密的合作，特别是灌溉的协调。而小麦种植对并不要求如此频繁且紧密的合作。来自水稻种植区的人更倾向于根据事物的关系而不是类别来对事物进行分组，这意味着他们的认知更具有整体性原则。

文化与认知项目的第一批学生都在学术上取得了巨大成功。迈克尔·莫里斯曾在斯坦福大学和哥伦比亚大学的商学院担任教授。彭凯平曾在伯克利大学担任多年教授，后来成为中国最负盛名的清华大学社会科学学院的院长。崔仁哲成为韩国顶尖大学首尔国立大学的教授，并成为一个知名的公众人物——"电波中的社会心理学先生"。阿拉·洛伦萨扬是加拿大不列颠哥伦比亚大学的教授，并与同事约瑟夫·亨里奇（Joseph Henrich）以及史蒂夫·海涅共同撰写了21世纪迄今为止被引用次数最多的行为科学论文之一。约瑟夫·亨里奇后来也在文化与认知项目做了博士后，史蒂夫·海涅可以说是当代文化心理学领域的另一位奠基人。他们的研究认为，在行为科学中被研究最多的人是世界上并不具备代表性的人，他们是 WEIRD 群体——西方人（western）、受过教育的人（educated）、工业化的人（industrialized）、富有的人（rich）和民主的人（democratic）。在人类学家、经济学家、社会学家和政治学家所研究的一系列重要现象当中，世界上大多数人其实与东亚人的相似程度要高于西方人。

在这之后的几届文化与认知项目的学生也都成绩斐然。

最后，文化与认知项目当中的研究已经开始证明，文化差异会产生生物学后果。杰出的前密歇根大学教授、同时也是我的密友丹尼斯·帕克（Denise Park）在研究中发现，西方人处理焦点对象的脑皮层部位比东方人更活跃，而东方人处理背景环境的脑皮层部位则更活跃。也是我的密友和最频繁的合作者之一的北山忍，几乎以一己之力开创了文化神经科学的领域。他的研究表明，东西方人的大脑以不同的方式、在大脑的不同位置处理不同的认知过程。大脑中也存在着与行为差异相一致的结构性差异。例如，与相互依存的东方人相比，独立的西方人大脑中与计划有关的区域更大。北山忍还开创了文化遗传学领域。他的研究证实，如果你拥有 DRD4 基因上的特定等位基因，你在相互依存的文化中比你的同伴更相互依赖，在独立文化中比你的同伴更独立。这种基因应该被称为"濡化"（enculturation）基因。

THINKING
A memoir

第六部分　图森

- 不论具有高智商的人没有取得太多成就，还是智商一般的人却做出了很多有价值的、智力上的贡献，我们都不应该感到惊讶。
- 智商固然重要，但它并不是智力的全部，更不是智力发展的终极目标。
- 拥有良好的启发式思维能力则是高智力的重要体现。我相信，未来的智商测试将测量对这些启发式思维的理解。
- 如果能为社会经济地位较低的黑人提供更好的教育，包括学前教育，那么黑人与白人的差距可以更快地缩小。
- 研究人员发现，高中毕业后的几十年里，亚裔孩子的职业表现要好得多。尤其是美籍华人，他们从事专业、技术或管理岗位上的比例比欧裔美国人高出 62%！

——理查德·E. 尼斯贝特

THINKING
A memoir

智商

我是在美国亚利桑那州图森市（Tucson）的家中写下这最后一章的，现在我每年有一半时间在这里度过。你或许可以猜到另一半时间我在哪里度过。自2010年起，我住在一栋圣达菲风格的房子里，里面摆放着我童年时就喜欢的墨西哥艺术品和家具。房子位于萨瓜罗国家公园（Saguaro National Park）山边。萨瓜罗是一种有多条枝干的巨大仙人掌，重量达 10 000 磅。大漠荒山是我儿时的成长之地，这些年来一直在召唤着我。

鉴于我对推理的兴趣，你可能不会感到惊讶，我一直都在关注有关智力的大量技术文献。然而，或许会让你感到惊讶的是，直到我职业生涯后期，我才开始以专业人士，即所谓的"智力专家"的方式研究智商。

20 世纪中叶至 21 世纪初，大多数专家对智力领域的理解主要基于理查德·赫恩斯坦（Richard Herrnstein）和查尔斯·默里（Charles Murray）合著的《贝尔曲线》（*The Bell Curve*）一书中提出的观点和论据。《贝尔曲线》是一本人们在关于智商的讨论中被广泛阅读和广泛提及的书，下面是该书主要观点的简要总结。

- 智商的遗传性非常高，在成年人中高达 0.80，这意味着人群中 80% 的智商

差异是由基因差异造成的，如此高的遗传性意味着环境因素对智力的影响
不大。请注意，遗传性是指对于某个群体来说有多少智商的变化可以归因
于个体之间的遗传差异，并不是指某一特定个体的智力有多少是由遗传造
成的。

- 只要一个人在相对正常的环境下成长，他们的智商就会按照他们的遗传倾
向发展。家庭环境对智商影响不大，青春期后家庭环境对智商的影响更是
微乎其微。学校教育几乎也不会影响智商。

- 受"遗传不良"现象影响，人口的平均智力可能出现下降趋势。自 19 世
纪末以来，社会经济地位较高的人（他们往往有较高的平均智力）比地位
较低的人生的孩子少。因此，随着时间的推移，人口的平均智商可能会越
来越低。

- 黑人的平均智商比白人低 15 分。15 分相当于一个标准差，它大致相当于
普通技工或文员与大学毕业生之间的智商差值。

- 黑人和白人的智商差异可以部分归咎于遗传因素。

- 亚洲人的平均智商比白人高。

- 在白人和亚洲人的智商差异也可以部分归咎于遗传因素。

- 政策建议：不建议将资源投入提高贫困少数族裔儿童的智商中，因为其影
响可能有限。

在越来越熟悉智商相关的文献后，我开始怀疑这些命题的有效性。直到
2009 年，当我所著的《认知升级》出版时，我确信这些命题的每一条都是错
误的。

智商测试可以很好地衡量人们解决问题的能力，但这些问题对大多数人来
说往往是抽象的、缺乏实际意义的，而且只有一个正确答案。如果我们将智商

视为真正的智力衡量标准，那么我们会坚持认为它能预测一些事情，如学业成绩和职业成就。然而，其相关性往往不大，很少超过 0.40 或 0.45。

现在有证据表明，还存在其他类型的智力，它们或是与智商型智力没有关联或是关联度较低，实用型智力就是其中之一。实用型智力指的是通过收集、组织和整理具体的信息找到看待问题新视角的能力，并由此解决问题。在这种情境下，正确的解答往往不止一个。与智商型智力相比，实用型智力也能够预测学业成绩和职业成就。另一种类型的智力是创造力，通常由"不寻常用途测试"等方法来衡量。这种测试要求人们想出某物品（如砖头）的所有可能用途，或者要求他们编写一个以《章鱼的运动鞋》为标题的故事。创造力依旧可以预测学业成绩和职业成就。

我还研究了各种解决问题的技能，例如从统计学、概率论、科学方法论、微观经济学衍生出的启发式方法，以及支撑辩证思维的启发式原理。这些技能是智商测试根本无法测量的，但拥有良好的启发式思维能力则是高智力的重要体现。我相信，未来的智商测试将测量对这些启发式思维的理解。

除了这些类型的智力外，我们还可以加上好奇心。虽然好奇心不完全是一种能力，但它与智商测试预测的那些结果具有相关性。更进一步讲，还有一些与智力成就相关的动机因素，比如自控力。

这些发现意味着，不论具有高智商的人没有取得太多成就，还是智商一般的人却做出了很多有价值的、智力上的贡献，我们都不应该感到惊讶。

智商固然重要，但它并不是智力的全部，更不是智力发展的终极目标。

◆　◆　◆

　　我们如何得知智商是可遗传的呢？首先，在同一家庭中长大的同卵双胞胎的智商相关性高达 0.80 左右，是异卵双胞胎和兄弟姐妹之间约 0.40 的相关性的两倍，所以很明显存在一定的遗传因素。分开养育的同卵双胞胎之间的相关性通常在 0.70~0.80 之间，这使得智商研究者认为，环境对智商的贡献相对较小。而且，通常被视为关键证据的是，被领养儿童的智商与亲生父母的智商相关性约为 0.40，但与领养父母的智商几乎没有任何相关性。因此，智商研究者认为，兄弟姐妹生活的共同环境（如家庭、社区和学校）对智商的贡献不大。一般认为，共同环境的贡献通常被认为在 0.20 左右。对于从美国家庭环境总人口中随机抽取的任何两个家庭环境之间的平均差异来说，影响并不是很大。即使 0.20 这么低的相关性，在青春期之后更是会接近 0。

　　这是许多教科书中关于遗传性的说法，但它在几个方面是有偏差的。首先，只有当双胞胎的生活环境是随机选择的情况下，我们才能根据生活在不同环境中的双胞胎智力相关系数为 0.80 中推理得出遗传率是 0.80。但是，正如你可能猜到的那样，同卵双胞胎的安置通常并不是随机的。通常情况下，他们在同一个城市长大，也住在同一个社区，而且经常与亲生父母及他们的亲属在一起。如果你研究同卵双胞胎所处的环境，并聚焦于那些在社会阶层和其他与智力有关的因素确有不同的双胞胎时，你会发现同卵双胞胎的智力分数之间的相关性在 0.40~0.50 的区间内。

　　我们应该对养父母的智商与被收养儿童的智商相关性非常低的事实感到担忧吗？答案是否定的。养父母在总人口中属于相对较小的群体，而且考虑到有能力领养孩子的群体往往也能提供更好的环境条件，这对于智商来说其实是有利的。然而，当环境差异不大时，遗传因素将起主导作用。

还有一个现象：至少在美国，生活在社会中上阶层家庭中的儿童的智商遗传性为 0.70~0.80，而生活在社会下层家庭中的儿童的智商遗传性只有 0.10~0.20。这是怎么一回事呢？当我们注意到史密斯医生的家庭与琼斯律师的家庭环境差异不大时，谜团就消失了。这两个家庭都提供了非常有利的环境，因而任何两个生活在社会上层家庭的孩子之间的智商差异主要是由他们的基因决定的。但是生活在社会下层的孩子的家庭环境可能存在较大差异。一些社会下层家庭提供的环境可能与中上层家庭的环境一样好，而另一些家庭的环境在方方面面可能都是混乱不堪的。可以想象，即使拥有非常好的基因潜力的孩子，在非常糟糕的环境中也无法把他的潜力挖掘出来。当环境差异很大时，环境因素将对这个群体的孩子的差异性产生较大影响。

这恰恰是为什么被收养儿童的智商与养父母的智商之间的相关性极低这一现象并不值得在意。典型的被收养的孩子来自相对贫穷的家庭，而收养家庭通常是中产以上阶层。在来自同一家庭的孩子中，被领养的孩子与留在原生家庭的孩子之间的平均智商差异很大，从 12 到 18 分不等。这个较大的差异表明，孩子的成长环境确实对他们的智商有很大影响。

一项针对瑞典 19 岁双胞胎兄弟（其中有些是由亲生父母抚养的，有些是领养的）的研究表明，养父母的教育水平与孩子智商之间的差异存在着明显的关联。由受过高中教育的养父母抚养的男子，其智商比由没有受过高中教育的养父母抚养的兄弟高 7.6 分。我们有理由相信，环境差异带来的智商的实际差异可能比研究中观察到的还要大。第一个原因是，即使是教育程度低的收养家庭也会比教育程度低的非收养家庭为儿童提供更好的家庭环境，至少在美国是这样子的。第二个原因是，瑞典有强大的社会支持网络，其实际贫困率很低，相对的环境差异可能不那么大。因此，在瑞典，环境差异与教育结果的关联度不会像美国那么强。

让我们继续挑战"智商主要由遗传决定"的观点。我的朋友比尔·狄更斯（Bill Dickens）和詹姆斯·弗林（James Flynn）认为，即使分开抚养的同卵双胞胎的智商的相关性高达 0.80，这也并不意味着环境对智商的影响很小。同卵双胞胎和其他人一样，在一定程度上会自己选择环境。例如，打篮球的能力显然在很大程度上受到遗传因素的影响。然而，两个在不同环境下成长的同卵双胞胎不会坐等他们的篮球技能提升，他们要通过篮球训练来提升他们的技能。即使他们在非常不同的环境中长大，他们篮球相关的经历也可能非常像。因为如果他们都很强壮、速度快，而且身手敏捷，他们都会参加篮球运动，也会得到教练的关注，并被篮球队选中。因此，他们的基因极大影响了他们对环境的选择。如果你非要阻止他们俩其中一个进入这种有利于发展篮球能力的环境，你就会看到环境是多么重要了。

对于智商来说也一样。两个拥有良好智力基因的同卵双胞胎即使成长环境很不同，仍然有可能和聪明的孩子一起玩儿，跟家庭成员进行更有趣的谈话，经常利用图书馆学习，小学时被老师布置额外的算术题，上高中时选修大学先修课程，被鼓励去追求智力目标。

鉴于遗传率的计算方式，人们将在不同环境下成长起来的同卵双胞胎之间的相似性全部归咎于基因。这种方法在计算上可能没错，但是可能会产生误导，让人们低估了环境的影响。因为同卵双胞胎也可能因为某些基因因素，选择了类似的环境。孩子们离开家后，选择环境的自由度越来越大，这也部分解释了童年环境对智商的影响开始大幅减弱的现象。

环境的重要性的最有说服力的证据是，几十年来，生活在经济发达国家的人的智商有了大幅提高。自第二次世界大战结束以来，美国人的平均智商已经提高了 18 分以上。

平均智商一直保持在 100 分，是因为平均智商按照惯例会被设置为 100 分。随着时间的推移，人们可以在智商测试中解决更多的问题，但无论如何，平均值都被限制在 100 分。因此，今天智商为 100 的人比几十年前智商为 100 的人要聪明得多。也就是说，一名在 2020 年随机选择的成年人在智商测试中的得分比一个在 1945 年随机选择的人在同一测试中的得分高出 18 分左右。

在特定人群中，基因变化的速度非常缓慢，因此几十年来的智商增长无疑完全是由环境差异所致。18 分的差距是社区大学辍学的学生和医生之间的差距。智商确实提高了这么多吗？可能不是。让我们看看子测试分数的变化情况，以了解变化的程度。

对世界运作方式的理解（如为什么医生要定期接受培训）已经提高了 10 分以上。那些能理解医生定期接受培训是因为医学在不断变化的孩子，比没有想到这一点的孩子更聪明。智商测试中的另一个子测试，旨在测量个人进行比较和识别不同物体或概念的相似性的能力。在过去的几十年里，这个子测验的成绩增加了 23 分！那些能够解释复仇和宽恕之间相似之处的孩子，比无法解释二者关系的孩子更聪明。

儿童的词汇量的子测试分数增加得很少，这可能跟教科书的词汇量在过去的 70 年里一直在稳步下降有关，但成年人的词汇量子测试增加了 15 分。而且你知道的单词越多，你所能理解的概念就越广泛。所以，毫无疑问，我们确实变得聪明了，只是缺乏精确的指标来告诉我们具体提高了多少。

为什么会出现这种增长？这里我们只能猜测，电脑、电子游戏和娱乐可能起了一定的作用。20 世纪 50 年代热播的肥皂剧《我爱露西》（*I Love Lucy*）很有趣，但并没有太多的内容可以拓展思维。然而在今天，很多电视节目复杂度和信息量都极高。成年人智商的提高的原因其实没有那么神秘。1947 年，美国只有约 25% 的成年人完成了高中教育；到了 2018 年，约 85% 的成年人拥有高中文凭或普通教育证书。1947 年，只有 5% 的成年人完成了大学学业；而到 2018 年，超过三分之一的人完成了大学学业。

学校也变得更好了，而且更倾向于教授那些能让学生获得高智商分数的技能。现在，一年级的教材中就包括空间和数字问题，与智商测试中出现的问题相似。在 20 世纪初，大学教授们都知道，给大学高年级之前的学生教微积分是不可能的；而如今，给 16 岁的孩子教微积分已是家常便饭。

在过去的一个世纪里，可能确实存在一些智力发育不良的现象，即便这种情况真的发生了，它造成的影响也非常小。如果把所有智商在 115 以上的人从人口中剔除，下一代的平均智商只会降低一分。这表明，任何可能的智力发育不良都会被环境的改善所抵消。

智商测试结果逐年提高的现象被称为弗林效应（Flynn effect），是以证明这一现象的詹姆斯·弗林的名字命名。弗林提供了强有力的证据，证明环境在决定一个人的智力水平方面起着关键作用。弗林效应和"遗传性并不代表可塑性"一样都是挑战"智商主要由遗传决定"观点的好例子。结合来看，遗传和环境因素都可以在决定智商方面发挥重要作用。

◆ ◆ ◆

大约 50 年前，我在《哈佛教育评论》（*Harvard Educational Review*）上读到阿瑟·詹森（Arthur Jensen）撰写的题为《我们能在多大程度上提高智商和学术成就》（*How Much Can We Boost IQ and Scholastic Achievement*）的爆炸性文章。詹森在参考了大量数据后得出，非洲裔美国人的智商平均比美国白人低

15 分的结论，而且造成这种情况的原因至少有一部分是遗传因素。我在读到这篇文章后的第一反应是，这太令人失望了。

由于一些我已不记得了的原因，我在 20 世纪 80 年代末期仔细研究了詹森的证据。我了解得越深入，詹森的论据越显得不可靠。詹森的大部分证据都是非常间接的。例如，处于各个社会阶层的黑人的智商都明显低于白人。这恰恰意味着，不同的经济环境无法解释所有的差异，但正如下文我要阐述的，文化差异可以而且确实解释了一些差异。像"启蒙计划"这样的学前教育项目对提高黑人儿童的智商并没有明显影响，这是因为学前教育项目本身的设计目的是为了提高儿童健康和社会适应能力，而非最大限度地提高智商。种族差异在智商这类文化公平（culture-fair）测试中尤为显著。例如，这些测试考察的是对图形推理和发现图片中缺失部分的能力。看起来，关于形状和图片推理似乎是一种不太受文化影响的活动，因此智商测试者声称它们是"文化公平"的。但事实证明，"文化公平"测试是近几十年来分数提高最多的测试，高达两个标准差。也就是说，这些所谓的文化公平测试充满了文化的影响。

当我开始寻找时，发现有大量关于智商和遗传学方面种族差异的直接证据。美国黑人中有相当多的欧洲基因混杂，占 20% 左右。大量的黑人有着纯粹的非洲基因，但也有相当多的黑人实际上有更多的欧洲基因而非非洲基因。有许多方法可以评估某个黑人基因的欧洲化程度，最简单的方法是看他的皮肤颜色和外貌特征。即使这些因素与智商有显著关联，也不能令人信服地证明欧洲基因更优越。因为外观更具欧洲特征可能会转化为更好的经济发展机会，从而提升这个人接受良好教育的机会。但是事实上，基于外貌和智商之间的相关性非常低，通常在 0.10~0.15 之间。

另一种方式评估欧洲基因影响黑人智商的方法是研究高智商的黑人群体。

他们的祖先更有可能是欧洲人吗？答案似乎是否定的。对芝加哥公立学校具有高智商的黑人学生进行的一项研究发现，他们的家庭背景中欧洲血统的比例并不比整个黑人群体平均的欧洲血统比例高。

还有一种评估方法是通过检查个体所具有的特定血型来确定其非洲血统的程度。结果表明，通过血型评估的非洲血统与智商之间不存在相关性。

第二次世界大战后，德国发生了一个有趣的自然实验，许多孩子的父亲是美国人。因此对黑人父亲的孩子和白人父亲的孩子的智商进行比较是可能的。两类孩子的智商都与父母同是德国人的德国孩子的平均智商有细微差别。

黑人和白人在认知社会化实践方面同样存在着差异。认知社会化实践指的是教导儿童思考和了解周围世界的方式。白人的典型做法更有可能帮助孩子打下良好的学习基础，让孩子在了解世界方面有一个良好的开端。这些做法包括给孩子读书、与他们进行长时间且有深度的对话、带他们参观博物馆，以及参加其他有趣的活动。

还有两项研究是在黑人和白人的社会化差异可能比现在更大的时期进行的。这两项研究关注父母一方为白人、另一方为黑人的儿童，目的是调查根据儿童的母亲或父亲的种族是否影响孩子的智商差异。如果母亲被认为对孩子的社会化更重要，那么可以预期母亲为白人的混血儿的智商会比父亲为白人的混血儿高。研究结果显示，事实上，母亲是白人的孩子的智商比母亲为黑人的孩子高 9 分，这在当时是相当大的智商差异。

当时，最有说服力的研究是对被黑人或白人中产阶级夫妇收养的黑人儿童和混血儿童的调查。结果发现，无论是黑人儿童还是混血儿童，他们的智商都大致相当，这表明拥有 50% 的欧洲基因并不是什么优势。但是，无论是黑人儿童还是混血儿童，如果由白人父母抚养，他们的智商大约比由黑人父母抚养高 13 分。这基本上就是当时存在种族之间的全部差异了。然而，这项研究距今已有 30 年，现在不确定是否还能观察到白人家庭抚养的孩子和黑人家庭抚养的孩子在智商上仍有如此显著的差异。现如今，黑人家庭的社会化几乎肯定会与白人家庭的社会化更加相似，因此与 30 年前相比，黑人抚养的孩子与白人抚养的孩子的智商可能会更加相似。

的确，黑人和白人之间的智商差距（如考试成绩和学术成就）已经逐渐缩小了。现在的差距约为 8 分或 9 分，比过去观察到的 15 分的差距要低很多。为了让大家更直观地了解这一差距，可以类比成"今天 9 岁的黑人儿童的阅读水平相当于 40 年前 13 岁黑人儿童的阅读水平"。

◆　◆　◆

黑人和白人之间的智商差异会消除吗？在我看来，这种差异可能会迅速消除。截至 20 世纪中叶，爱尔兰人的智商水平大约与美国黑人相当。英国心理学家 H.J. 埃森克（H.J. Eysenck）将此归因于一个所谓的遗传后果，即更聪明的人已经逃离爱尔兰去了其他地方，留下了所谓"愚笨"的人和他们的"劣等基因"。然而，爱尔兰的基因库一定比埃森克认为的更加强大，因为爱尔兰人的智商现在与英国人相等，爱尔兰儿童的识字率也高于英国儿童。这一成就并非偶然，它是 20 世纪 60 年代开始的强化教育计划的部分成果，爱尔兰投入了大量的资金和精力来改善办学条件和增加教育年限。爱尔兰的大学入学率从 1965 年的 11% 增长到 2003 年的 57%。变得更聪明是变得更富有的好方法。目前，爱尔兰的人均 GDP 已明显超过英国。

如果能为社会经济地位较低的黑人提供更好的教育，包括学前教育，那么黑人与白人的差距可以更快地缩小。有两个非常好的实验性学前教育项目的效果非常显著。从效果来看，两个项目在学业成功率和成年后的生活质量方面都取得了巨大的进步。具体而言，这些项目可以将特殊教育班级中的儿童数量减少一半以上。其中一个项目将学业成绩超过第 10 个百分位的儿童数量从 13%增加到 48%，另一个项目将需要重读一年的儿童数量减少了 80%；其中一项计划使高中毕业人数增加了 30%，另一项计划则增加了 50%；其中一项计划将 27 岁之前一直领取救济金的人数减少了一半以上，而另一项计划则将接受高等教育或从事技术工作的人数增加了 72%。

我们现在关于教育改善的对照实验表明，大幅提高贫困少数族裔儿童的小学阶段学习成绩是可行的。其中一个项目叫作"知识就是力量项目"（Knowledge is Power Program，KIPP），能够让平均成绩在全美倒数第三的五年级学生，到了八年级其平均成绩超过全美四分之三的学生。当然，这样的成果需要大量的投入。在最有效的项目中，学生的在校时间大大超过了全美平均水平。教育不仅仅是死记硬背的练习，这个项目里的孩子们还接触到中上阶层的活动，如参观博物馆、演话剧、学习演奏乐器，等等。

在《认知升级》一书中，我对所有关于智力的可塑性都进行了探讨。这本书出版的那一年，吉姆·弗林、比尔·狄更斯和我作为赛奇（Sage）基金会的学者都在纽约。与我们经常会面的还有其他教育和智力专家，包括乔希·阿伦森（Josh Aronson）、克兰西·布莱尔（Clancy Blair）、戴安娜·哈尔彭（Diane Halpern）和埃里克·特克海默（Eric Turkheimer）。我负责主导一篇由我们七个人共同撰写的文章，介绍智力领域的最新发展，包括我在本章中所提到的那些关键问题。

这本书和相关文章所提供的信息表明，心理学家对智力的理解在几个关键方面发生了变化：遗传性并非像先前假定的那么大；在计算遗传性时，过多地考虑了遗传性相对于环境因素的作用；教育和文化对智力的可塑性远大于先前的假设；黑人／白人在智商和学业成就上的差距已经显著缩小，而且如果我们愿意，这种差距可以进一步迅速地减小。

亚洲人的智商如何？他们是否比白人的智商高？关于这个问题的证据要比黑人和白人的比较少得多。但我们可以这样说，尽管一些研究者认为亚洲儿童的智商比白人高，但是这些研究存在很多误区。然而有一个非常重要的能力差异值得关注。一项针对高中生进行的大规模研究发现，亚裔美国孩子和欧裔美国孩子的智商大致相等，但亚裔学生的 SAT 分数比白人高了整整三分之一个标准差。SAT 分数反映智商，但与智商分数相比，SAT 分数更能反映出学生在学习教材方面所付出的努力。研究人员发现，高中毕业后的几十年里，亚裔孩子的职业表现要好得多。尤其是美籍华人，他们从事专业、技术或管理岗位上的比例比欧裔美国人高出 62%！

智力的研究不是我做过的最有趣的工作，但却是最重要的工作。在心理科学协会的全体会议上，我就这项工作发表了演讲，听众的反应非常热烈，这让我感到非常欣慰。心理学家是一群开明的人，大家都热切期待着我能展示给他们的基于科学的研究成果。虽然在这个领域，不是每个人都同意我的观点，但自从《认知升级》一书面世以及和多人合著的关于智力的文章发表以来，已经过去了很多年，仍没有一个结论被系统地反驳。

我现在在做什么呢？主要是关注政治和时事。我经常提出一些研究想法。如果有一个好的研究生在我身边合作就好了！

北京阅想时代文化发展有限责任公司为中国人民大学出版社有限公司下属的商业新知事业部，致力于经管类优秀出版物（外版书为主）的策划及出版，主要涉及经济管理、金融、投资理财、心理学、成功励志、生活等出版领域，下设"阅想·商业""阅想·财富""阅想·新知""阅想·心理""阅想·生活"以及"阅想·人文"等多条产品线，致力于为国内商业人士提供涵盖先进、前沿的管理理念和思想的专业类图书和趋势类图书，同时也为满足商业人士的内心诉求，打造一系列提倡心理和生活健康的心理学图书和生活管理类图书。

《说谎心理学：那些关于人类谎言的有趣思考》

- 樊登读书2018年度好书《好奇心》作者又一力作。
- 多视角剖析说谎行为在人类进化史中的作用与意义。
- 有趣有料，彻底颠覆你对人为什么要说谎这件事的认知。

《妙趣横生的认知心理学》

- 这是一本通俗易懂且知识点较全面的认知心理学入门读物，作者深入浅出地剖析了人类认知加工的注意力、情绪力、记忆力和思考力，理论介绍和实操方法完美结合，为读者提升学习和工作效率提供了认知心理学的核心路径。
- 中国科学院心理研究所所长傅小兰、北京大学心理与认知科学学院教授苏彦捷、复旦大学心理学系教授张学新、北京大学心理与认知科学学院副教授陈立翰、中国指挥与控制学会认知专委会常委林思恩联合推荐。

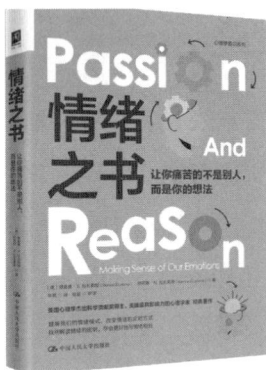

《情绪之书：让你痛苦的不是别人，而是你的想法》

- 这本书能让我们理解我们的情绪模式、找到解读情绪的密钥、改变情绪的应对方式、学会更好地与情绪相处。
- 美国心理学杰出科学贡献奖得主、国际知名压力应对专家毕生奉献。

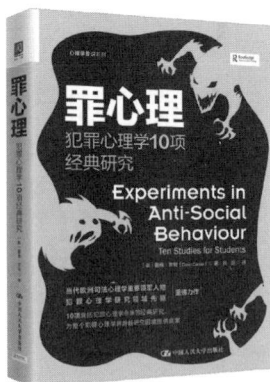

《罪心理：犯罪心理学 10 项经典研究》

- 当代欧洲司法心理学重要领军人物、犯罪心理学研究领域先驱的重磅力作，囊括犯罪心理学命脉的 10 项经典研究，为整个犯罪心理学界跨越研究困境提供良案。
- 中国政法大学犯罪心理学研究中心主任马皑教授作序推荐，南开大学周恩来政府管理学院社会心理学系乐国安教授、甘肃政法学院公安分院犯罪心理学范刚教授、中国心理学会法律心理学分会委员刘建清教授倾情推荐。

《利他实验：人类真的只关心自己吗》

- 深耕利他主题研究近 40 年的权威心理学家倾情之作，探微人性千年之辩的终极追问，破除利他与利己的认知迷障。
- 以侦探小说般的写作手法，探索利他行为动机的心理机制，直击人性古老问题——我们关心他人是发自内心，还是出于私利？
- 当代心理学家研究利他的佳作，采用问题牵引、动机取向的"共情"叙事，将科学实验和生活案例完美结合，清晰呈现了对利他理论假说、机制和影响的丰富探索和独特理解。